本书属2021年度教育部人文社会科学研究青年基金项目
《博物馆研学活动的学习样态构建与教师实践技术搭建研究》（21YJC880080）

博 物 馆

研学实践教育研究

钟　玲／著

四川人民出版社

图书在版编目（CIP）数据

博物馆研学实践教育研究／钟玲著. — 成都：四
川人民出版社，2023.8
ISBN 978－7－220－13358－9

Ⅰ．①博… Ⅱ．①钟… Ⅲ．①博物馆－社会教育－研
究 Ⅳ．①G266

中国国家版本馆 CIP 数据核字（2023）第 137928 号

BOWUGUAN YANXUE SHIJIAN JIAOYU YANJIU

博物馆研学实践教育研究

钟 玲 著

出 版 人	黄立新
责任编辑	王卓熙
封面设计	张迪茗
版式设计	张迪茗
责任校对	林 泉
责任印制	周 奇

出版发行	四川人民出版社（成都三色路 238 号）
网 址	http：//www. scpph. com
E-mail	scrmcbs@ sina. com
新浪微博	@ 四川人民出版社
微信公众号	四川人民出版社
发行部业务电话	（028）86361653 86361656
防盗版举报电话	（028）86361653
照 排	四川胜翔数码印务设计有限公司
印 刷	四川华龙印务有限公司
成品尺寸	165mm×240mm
印 张	19
字 数	225 千
版 次	2023 年 8 月第 1 版
印 次	2023 年 8 月第 1 次印刷
书 号	ISBN 978－7－220－13358－9
定 价	86.00 元

目　录

绪　论

第一章 博物馆研学实践教育及其核心价值

第二章　国际博物馆研学实践教育现状

第四章 博物馆研学实践教育社会需求的实证研究

第五章　博物馆研学实践教育的实施探索

第六章 博物馆研学实践教育的促进实施

绪 论

一、研究背景

（一）一个博物院就是一所大学校

博物馆是历史与自然的保存者和记录者，也是保护和传承人类文明的重要殿堂。博物馆提供给人们学习知识、欣赏美和体验艺术的机会。从公共博物馆出现的那一天开始，博物馆就被赋予了公众教育、文化传播、科学研究、征集收藏的任务。公众越来越渴望从博物馆汲取营养，通过博物馆开阔视野，参观博物馆亦日益成为人们社交和休闲的主要方式。"一个博物院就是一所大学校。"① 博物馆本质上是一个教育机构，它让历史说话，让文物说话，让观众在传承祖先的成就和光荣、增强民族自尊和自信的同时，也谨记历史的挫折和教训。对于青少年而言，博物馆教育是"实践教育"的重要形式，"纸上得来终觉浅，绝知此事要躬行"。

近年来，我国博物馆事业迈向高质量发展的新阶段，博物馆在促进人的全面发展和社会全面进步方面的作用日益显现。博物馆是促进

---

① 习近平春节前夕赴陕西看望慰问广大干部群众 ［N］. 人民日报，2015 - 02 - 17.

世界文明交流互鉴的重要平台、文化展示传播的重要窗口，是沟通中外、增信释疑、消弭分歧的文明使者。博物馆是厚植家国情怀的重要场所、维护国家文化安全的重要阵地，是弘扬中国精神、凝聚国家认同、增强历史自信的文化卫士。博物馆是助推经济社会发展的重要动力、维护社会和谐的重要纽带，是彰显地区风貌、提升城乡内涵、拉动文旅消费的文化空间。博物馆将文物资源禀赋积极转化为文化发展动能，为推进区域协同发展、城市有机更新、乡村振兴发展贡献力量。博物馆是提供公共文化服务的重要机构、传承人类文明的重要殿堂，是科普知识、提升审美、浸润人心的精神家园，不断满足人民群众美好生活向往，为提升人民思想道德素质、科学文化素质、身心健康素质贡献力量[①]。截至 2022 年 10 月份的统计数据，全国备案博物馆6183 家，免费开放率达91%，各具特色的博物馆成为重要的文化地标和文化中心。近年来，博物馆陈列展览数量保持在每年 2 万个以上，博物馆参观人数从 2012 年的 5.6 亿人次增长到 2019 年的 12 亿多人次；云展览、云教育、云直播等线上传播方式，使数以亿计的观众足不出户就可共享博物馆发展成果[②]。

党的十八大以来，习近平总书记站在实现中华民族伟大复兴的中国梦的高度，对以社会主义核心价值观为引领，发展社会主义先进文化，弘扬革命文化，传承中华优秀传统文化，满足人民日益增长的精神文化需求，巩固全党全国各族人民团结奋斗的共同思想基础，不断

---

① 国家文物局. 国家文物局关于开展 2022 年度"5·18 国际博物馆日"宣传活动的通知：文物博函〔2022〕80 号［A/OL］.（2022 - 01 - 28）. http://www. ncha. gov. cn/art/2022/1/28/art_ 2318_ 45241. html.

② 国家文物局.《文物事业十年成就丨赓续文明根脉 筑牢自信根基》［EB/OL］.（2022 - 10 - 20）. http://www. ncha. gov. cn/art/2022/10/20/art_ 722_ 177806. html.

提升国家文化软实力和中华文化影响力等发表了一系列重要论述，就博物馆事业发展提出一系列新理念、新思想、新要求。2013 年 12 月，习近平总书记在中共中央政治局集体学习时强调："要系统梳理传统文化资源，让收藏在禁宫里的文物、陈列在广阔大地上的遗产、书写在古籍里的文字都活起来。" 2015 年 2 月，习近平总书记在陕西考察西安博物院，他强调："一个博物院就是一所大学校。要把凝结着中华民族传统文化的文物保护好、管理好，同时加强研究和利用。" 2019 年 9 月，习近平总书记在河南考察了鄂豫皖苏区首府革命博物馆，总书记强调："革命博物馆、纪念馆、党史馆、烈士陵园等是党和国家红色基因库。要讲好党的故事、革命的故事、根据地的故事、英雄和烈士的故事，加强革命传统教育、爱国主义教育、青少年思想道德教育，把红色基因传承好，确保红色江山永不变色。" 2021 年 5 月，中央宣传部、国家发展改革委、教育部、科技部、民政部、财政部、人力资源社会保障部、文化和旅游部、国家文物局印发《关于推进博物馆改革发展的指导意见》（文物博发〔2021〕16 号），围绕解决博物馆发展不平衡不充分与人民美好生活需要之间的矛盾，在发展定位、体系布局、功能发挥、体制机制等方面部署了改革发展任务，以持续推进我国博物馆事业高质量发展。2021 年 11 月，中央深改委第二十二次会议强调，要加强文物保护利用和文化遗产保护传承，提高文物研究阐释和展示传播水平，让文物真正活起来，成为加强社会主义精神文明建设的深厚滋养，成为扩大中华文化国际影响力的重要名片。2022 年 7 月，习近平总书记给中国国家博物馆老专家回信："坚持正确政治方向，坚定文化自信，深化学术研究，创新展览展示，推动文物活化利用，推进文明交流互鉴，守护好、传承好、展示好中华文明优秀成果，为发展文博事业、为建设社会主义文化强国不断作出新贡献。"以上充分体现了以习近平同志为核心的党中央对博物馆事业的殷切关怀，也是习近平新时代中国特色社会主义思想在博物馆领域的具体体现，为新时代中国博物馆事业的发展指明了前进方向。坚持以人民为中心的工作导向，坚持守正创新，坚持创造性转化和创新性发展，秉承新发展理念，将博物馆事业主动融入国家经济社会发展大局，加强考古成果和历史研究成果的转化与传播，博物馆可以为坚定文化自信、传承中华文明、推动中国特色社会主义文化繁荣发展、满足人民美好生活需要、建设社会主义文化强国、实现"两个一百年"奋斗目标和中华民族伟大复兴的中国梦作出积极贡献。中国博物馆事业迎来了改革发展的春天。

（二）研学实践教育与博物馆的天然联系

对于青少年学生来说，博物馆是一个蕴藏了无数奥秘和乐趣的大宝藏，涉及自然、科学、人文、历史、艺术等门类。博物馆教育以"物"为原点，将"博"与"悟"有机融合，从博物学的视角审视世界的变迁和人类文明的发展，以大视角和更为直观的方式启发儿童青少年对宇宙、世界、艺术精华和历史发展等的理解，形成贯穿古今的思维方式，全面实现核心价值观的渗透①。

近年来，党和国家高度重视发挥博物馆青少年教育功能，出台了一系列政策措施，推动中小学生利用博物馆资源开展学习，促进博物馆与学校教学、综合实践有机结合，为提高青少年思想道德素质和科学文化素质发挥了重要作用。2015 年，国家文物局、教育部印发《关

---

① 黄琛. 成长，在博物馆发生［J］，教育家，2021（40）.

于加强文教结合、完善博物馆青少年教育功能的指导意见》（文物博发〔2015〕9号），引导广大中小学生了解中华优秀传统文化，积极践行社会主义核心价值观，实现博物馆青少年教育资源与学校教育的有效衔接，探索构建具有均等性、广覆盖的中小学生利用博物馆学习的机制。2016年，教育部、国家发展改革委、公安部、财政部、交通运输部、文化部、食品药品监管总局、国家旅游局、保监会、共青团中央、中国铁路总公司等11部委联合印发《关于推进中小学生研学旅行的意见》（教基一〔2016〕8号），要求秉承"创新、协调、绿色、开放、共享"的发展理念，落实立德树人根本任务，帮助中小学生了解国情、热爱祖国、开阔眼界、增长知识，着力提高他们的社会责任感、创新精神和实践能力。通过集体旅行、集中食宿方式开展的研究性学习和旅行体验相结合的校外教育活动，以实现学校教育和校外教育有效衔接，达到综合实践育人的目标。2017年，教育部印发《中小学综合实践活动课程指导纲要》（教材〔2017〕4号），明确中小学生综合实践活动包括博物馆参观，同时要求地方教育行政部门加强实践基地建设，强化资源统筹管理，强化公共资源间的相互联系和硬件资源的共享，为学校利用校外图书馆、博物馆、展览馆、科技馆、实践基地等各种社会资源及丰富的自然资源提供政策支持。

2020年，教育部、国家文物局印发《关于利用博物馆资源开展中小学教育教学的意见》（文物博发〔2020〕30号），围绕推动博物馆教育资源开发应用，拓展博物馆教育方式途径，建立馆校合作长效机制，加强博物馆教育组织保障等方面提出了13条具体指导意见。2021年，教育部印发《革命传统进中小学课程教材指南》《中华优秀传统文化进中小学课程教材指南》（教材〔2021〕1号），强调开展中小学中华优秀传统文化教育，对于永续中华民族的根与魂，坚守中华民族的共同理想信念，筑牢民族文化自信、价值自信的根基，维护国家文化安全，增强国家文化软实力，培养青少年做堂堂正正的中国人，具有重要意义。同时，对中小学生进行革命传统教育，植入红色基因，是贯彻党的教育方针、落实立德树人根本任务的需要，是增强学生对伟大祖国、中华民族、中华文化、中国共产党、中国特色社会主义认同的必然要求，对于传承革命文化和社会主义先进文化，培养德智体美劳全面发展的社会主义建设者和接班人具有重要意义。

2021 年 7 月 24 日，中共中央办公厅、国务院办公厅印发《关于进一步减轻义务教育阶段学生作业负担和校外培训负担的意见》（中办发〔2021〕40 号），受到社会广泛关注。《意见》为持续规范校外培训，有效减轻义务教育阶段学生过重作业负担和校外培训负担（以下简称"双减"），对压减学生作业总量和时长、提升学校课后服务水平、规范校外培训、大力提升教育教学质量等方面提出了 30 条具体要求。"双减"政策的实施，可谓是中国基础教育界最重要的事件之一，以雷霆万钧之力，引发了教育生态的大变局。"双减"政策的目标是构建全社会良好的教育生态，推进教育高质量发展，强化学校教育主阵地作用，切实提升学校育人水平，让教育回归本质，健全学生人格和健康体魄的养成，落实立德树人根本任务，促进学生全面发展和健康成长。"双减"的政策并非仅仅是教育领域的变革，其本质是个体的福祉和国家核心竞争力的塑造。"双减"政策明确了"不做"或者"少做"什么，同时我们更要思考应该"做些"或者"多做"什么。"双减"政策的落实，对推动博物馆教育与学校教育的对接融合，将博物馆资源融入中小学教学，探索博物馆专业人士到校提供专业辅导机制，增加课后文博资源供给，拓宽课后服务渠道，让更多中小学生有机会走进博物馆开展探究式学习提供了更广阔的空间。

博物馆根本上是一个教育机构，其作为社会文化事业的重要内容，在文化遗产保护、国民教育和公共文化服务体系建设中的地位和作用日益重要①。开展以公众为中心的教育活动应是博物馆工作的核心内容，所有博物馆工作人员都有义务为社会提供教育服务。美国民间有一句谚语："告诉我，我会忘记；教给我，我能记住；让我参与，我能学会。"《荀子·儒效篇》中"不闻不若闻之，闻之不若见之，见之不若知之，知之不若行之"亦有相同的诠释。无论古今中外都提倡以"参与"和"实践"为学习核心的观念。当我们体验到深切之处，自有肺腑之言。博物馆是非正式学习的最佳场所，为学习者提供真实或模拟的情境，让学习者在活动中充分参与来获得直接的经验、感受并进行交流和分享，然后通过反思再总结提升为理论或成果，最后将理论或成果应用到实践中。今天我们的新课程框架下，中小学特别强调通过探究性学习来提升学生的实践能力、创新能力和综合分析解决问题的能力。当学生走进博物馆场域，就开始了学习，他可以自主选择喜欢的展项，自己决定在展品前停留时间的长短，自己决定是否参加场馆内的教育活动，他在博物馆的参观学习行为都取决于他的自主选择，自我学习就这样自然地发生了。博物馆可以提供给学生探索自我的广阔空间，提供给学生识别自我个人特长和兴趣的支持系统。实际上博物馆可以满足不同学生的需求，不同学生的兴趣和爱好，博物馆学习可以打破学校学习课程资源统一而不够灵活的局限②。

---

① 单霁翔. 抓住历史机遇，推进新时期中国博物馆的蓬勃发展 [N]. 光明日报，2010 - 11 - 05.
② 钟玲. 一个延伸的"城市博物馆之旅" [C] //中国国家博物馆社会教育部主编. 馆校合作背景下博物馆实践课程开发研究与探索论文集. 北京：商务印书馆国际有限公司，2020：190 - 195.

（三）博物馆教育发展的现实需要

截至 2019 年①，全国已备案博物馆达 5535 家，比上年增加 181 家，其中非国有博物馆 1710 家。全年举办展览 2.86 万个，教育活动 33.46 万场，接待观众 12.27 亿人次，比上年增加 1 亿多人次。尤其是"十三五"以来，我国平均每 2 天新增一家博物馆，达到 25 万人拥有一座博物馆②。相对于我国 14 亿多人口来说，平均每位国民 1 年多进一次博物馆，这与欧美发达国家民众参观博物馆的频率仍有不小差距。据美国博物馆联盟网站的数据，美国一年约有 9 亿人次参观博物馆，这一数字远远超过大型体育赛事和主题公园吸引的人数总和③，平均每位美国人一年参观博物馆达 3 次。有统计资料显示，我国青少年学生年均进馆仅为 0.15 次，每年进过一次博物馆的，每 10 个青少年里还不到 2 个，这和欧美发达国家青少年每人每年至少进入博物馆 2—3 次，相差甚远④。除了参观频率低，我国博物馆陈展水平不高、展览手段较单一，向青少年观众提供的学习活动和参观体验也不够丰富，无法吸引他们经常走进博物馆。

① 考虑到 2020 年新型冠状病毒肺炎（2022 年 12 月更名为"新型冠状病毒感染"）疫情暴发，博物馆各项数据的特殊性，故选择 2019 年数据。
② 人民网. 国际博物馆日活动开幕 刘玉珠：博物馆进入最好发展时期 [EB/OL]. (2020 - 05 - 18). http//culture. people. com. cn/nl/2020/0518/c1013 -31713724. html.
③ American Alliance of Museums. About Museums [EB/OL]. https://www. aam - us. org/programs/about - museums/.
④ 王珏. 人民日报新评弹：把博物馆装进书包 [N]. 人民日报，2014 - 05 - 15（17）.

具有国际权威性的《地平线报告》① 将"博物馆教育版"与"基础教育版""高等教育版"并列为教育三大板块，足见国际上对于博物馆公众教育的重视。在欧美博物馆发达的国家，博物馆教育发展水平较高，已经从理论上、方法上形成了一个比较完整的教育体系，并与学前教育、基础教育、高等教育的课程内容及标准紧密结合，与当地教育机构合作分层次设计内容，使学生在完成课内标准知识内容的同时可以在博物馆内让知识得到充分延展，并激发出新的学习兴趣②。

博物馆教育发挥着联系历史与现实、科学文化与社会公众、博物馆与社会这三个层面的桥梁和纽带作用。在我国博物馆工作中，教育服务即运用展陈、藏品、相关资料以及社会资源，通过讲解及导览、教育活动策划组织、电化教育手段的实施等一系列有计划的教育行为，灵活多样地搭建社会交流的平台，传播科学文化知识，进行自然、历史、文化、艺术、科学等方面的审美教育，为社会和社会发展服务③。但博物馆教育在中国博物馆业务体系中仍属于起步阶段。从新中国成立到 21 世纪前后，博物馆教育形式主要为讲解导览服务，教育活动内容缺乏对馆藏文物和基本陈列的深入挖掘，缺少对教育受众的观察和研究，面向青少年的博物馆教育活动不重视与学校教育课程标准的结合，缺乏有效的教育手段和方法，缺乏为青少年学习服务的活动场所和互动空间，博物馆提供给青少年学习和体验的机会匮乏使得我们的

① 《地平线报告》即《新媒体联盟地平线报告》，从 2003 年开始，每年一期，是国际教育领域最关注的调查报告之一，由高等教育版、基础教育版和博物馆教育版三个全球版本组成，报告聚焦于在未来五年可能成为主流应用的新兴技术或实践以及它们对教育教学实践带来的关键趋势和重要挑战。

② 钟玲. 成为重要的教育合作伙伴——美国博物馆青少年美术教育理念及案例研究 [J]. 中国美术教育，2016 (3).

③ 中国博物馆协会社会教育专业委员会. 中国博物馆开放服务指南 [M]. 北京：《中国学术期刊（光盘版）》电子杂志社有限公司，2019.

博物馆无法满足青少年多样化的文化诉求。

因此，深化博物馆教育工作，为观众提供广泛且有针对性的教育活动，让博物馆成为公众终身学习的场所是博物馆工作的当务之急，也是博物馆塑造品牌和保持长久生命力的重要契机。除了博物馆的建筑、环境、教育人力资源、藏品以及各类展览和活动等有形资源外，博物馆还包括历史建筑负载的历史信息、博物馆的人文环境和学术声誉、人力资源所具备的各种知识和能力、藏品负载的文化和历史信息、展览传递的信息等无形教育资源。在"十四五"乃至更远时期，博物馆如何进一步弘扬中华优秀传统文化、革命文化和社会主义先进文化，利用国家构建公共文化服务体系，服务人民美好生活，推动经济社会发展的契机和相关研究成果，发挥教育功能，优化传播体系，将自然、科学、艺术、文化的价值让公众共享，并且让观众在其中学习文化多样性的意义，更重要的是体验历史并在其中创造出现代生活的意义，成为研究深化博物馆教育功能的现实需要。

二、研究意义

博物馆从诞生之初就承载着教育这一职能。但是，中国的博物馆对"人"的重视和研究还没有提到与对"物"同等的水平，这样的现状在很大程度上影响和制约着中国博物馆教育事业的发展。在本研究中，笔者计划通过研学实践教育研究，提出中国博物馆研学实践教育的策略和模式，构建博物馆研学实践教育课程和活动的流程，探索其标准化制定和评价体系的建立。除此之外，还跟博物馆的实际工作有着紧密关联。

（一）提供研学实践教育活动的理论和实践依据

　　本书系统研究了博物馆研学实践教育的核心价值、设计取向和主要内容等，为开展博物馆研学实践教育活动提供了理论和实践依据。长期以来，我们的博物馆教育产品同质化程度比较高，不论是从事博物馆教育工作的人员还是博物馆其他部门的工作人员，大多数尚未真正认识到博物馆研学实践教育的理论以及研究方法，习惯于在经验层面探讨问题；即便是意识到博物馆的社会教育职能，许多博物馆的工作人员仍然缺乏相应的研究方法和研究能力，大多数教育活动属于"摸着石头过河"，不知如何科学开展博物馆教育活动，以至于每次博物馆对外开展的活动都非常随机，对公众教育的定位和目标也比较模糊，教育活动的形式和方法比较随意，出现了教育活动的社会影响力不明显等现象。"凡是感到自己是一个研究者的教师，则最有可能变成教育工作的能手。"① 学习、研究并掌握"教育学理论"，且运用到博物馆研学实践教育工作中是当下博物馆教育工作的当务之急，通过相关研究可以让博物馆教育产品更具理论性和系统性，让博物馆人明白教育项目"为什么""做什么""如何做"等问题。

　　我国博物馆群体中，以历史文化类博物馆占大多数，这类博物馆典藏丰富，是中华优秀传统文化集大成者。优秀传统文化如何融入中小学教育教学，教育部印发的《中华优秀传统文化进中小学课程教材指南》是有顶层设计的。"进什么、进多少、如何进"等问题是有所

---

① 　B. A. 苏霍姆林斯基. 给教师的建议 [M]. 杜殿坤，编译. 北京：教育科学出版社，
1984.

遵循的。但诸如此类的指南和遵循，博物馆界研读和研究得并不透彻。博物馆研学实践教育的核心价值到底是什么，具有哪些独特的功能，只有站在时代的高度、全局的角度，结合博物馆学和教育学理论，以及当前发展实际对其进行科学界定，在此基础上，深入分析博物馆研学实践教育活动的相关标准要求和设计取向，厘清博物馆研学实践教育活动的具体目标、学习内容、载体形式等，进而形成中小学中华优秀传统文化教育学科协同育人合力。所以，开展博物馆研学实践教育研究，可以启发从业人员加深对博物馆教育职能的认识，促进大家自觉提升研究能力和工作水平，帮助大家从"行而后知"变"知而后行"，让大家明白每一次研学实践教育活动都基于怎样的目的、可以用到什么样的方法、如何开展有效的教育活动，以及怎样进行评价等。

（二）丰富博物馆学理论

结合教育学原理与博物馆学理论，本书系统研究阐述了博物馆研学实践教育与中国博物馆事业发展之间的关系，为丰富博物馆学理论夯实了基础。中国博物馆正在由原来的藏品保护研究的单一管理体制，进入文化遗产保护传承体系与现代国家公共文化服务双重管理体制并存的局面。大势所趋，博物馆正在向更加专业的行业管理发展，并承担起更多的对外传播中华文化、提升国家文化软实力的重任，将中华优秀传统文化的丰厚积淀转化为文化软实力、文化竞争力和文化影响力。从博物馆学理论来讲，国内一直未能形成一个比较完善的博物馆教育体系和研究方法，以至于大多数情况下博物馆开展的教育活动都比较盲目，教育活动的效果不令人满意，距离高质量的现代公共文化服务水平仍有不小的距离。开展博物馆研学实践教育理论和实践的研究可以帮助博物馆公共教育领域引入教育学原理等相关理论做指导，使博物馆开展的教育活动更具指导性；通过不断学习和创新，架构起理论与实践的桥梁，提升博物馆教育活动效果和社会影响力，丰富博物馆学理论，一定程度上解决我国博物馆教育服务与公众需求之间不充分不平衡的问题。

（三）探索系统、完善的博物馆研学实践教育活动策略

探索系统、完善的博物馆研学实践教育活动策略，持续推进博物馆教育功能的发挥。博物馆教育的优势在于其多元、灵活，强调的是实物基础和互动体验的过程，由欲望、兴趣、疑惑而探索、思考、实践，更接近于现实世界学习的本来过程，与学校教育的系统和线性有着很大的区别。如果说学校教育的重心在于"教"，博物馆教育则在于"学"。博物馆学习通过实物和实践掌握认识世界的角度和方式，分析问题的办法与途径，达成目标的步骤和态度。博物馆必须有这样的使命感与前瞻性①。

从博物馆研学实践教育活动的具体工作来讲，国内大量的研学实践教育活动都比较零散，缺乏一个覆盖观众调查、文物研究、课程课标研究、学习模式、实践方式研究和绩效评估等环节的活动流程，这种专业性上的缺失为博物馆研学实践教育活动的开展和研学结果的检验带来了很大的阻碍。笔者对博物馆研学实践教育活动依据的理论、运用的方法和路径进行了分析与研究，并对典型案例加以分析，尝试

---

① 陈曾路. 体系和品牌——博物馆未成年人教育的一些思考与实践［J］. 中国博物馆，2017（4）.

从观众研究入手，通过了解教育对象的需求，以馆藏文物研究为核心，以中小学课程课标等为指南，以不断创新的技术手段为支撑，制定出较为完整的博物馆研学实践教育方案，并建立相应的评价体系，制定博物馆研学实践教育活动标准，使博物馆研学实践教育活动更有意义，同时，也有助于探索一个教育手段系统、运作环节完善的博物馆研学实践教育流程和相应的策略。

三、文献综述

（一）博物馆教育研究的发展

教育，即培养新生一代准备从事社会生活的整个过程，主要是指学校对儿童、少年、青年进行培养的过程①。教育是博物馆的主要社会功能之一。博物馆教育是以实物组成的陈列及其他辅助形式对观众进行直观教育活动。博物馆教育的主要研究内容有博物馆教育理念、教育对象、教育方式、教育内容等。从 20 世纪 70 年代开始，国际博物馆界开始关注博物馆与社会、博物馆与环境的问题，博物馆对外的教育功能被大大延伸，以人为本、为人服务、为社会和社会发展服务，成为博物馆的根本任务，同时传统的博物馆教育也被赋予了全新的理念②。博物馆教育研究发展的过程中，亦吸收和运用了观众人口学、观众心理学、博物馆公共关系学等学科的重要内容。

当参观博物馆成为越来越多人文化消费的首选，"到博物馆去"

---

① 中国社会科学院语言研究所词典编辑室. 现代汉语词典（第 5 版）[M]. 北京：商务印书馆，2005.
② 李慧竹. 中国博物馆学理论体系形成与发展研究 [D]. 济南：山东大学，2007.

成为社会新风尚，人们在见证源远流长的中华文化魅力、唤醒文化自信的同时，博物馆学的发展是否走到了相适应的阶段？对于博物馆学到底有没有方法论，是不是一门科学，仍存在讨论。

博物馆学是一门实践性很强的学科，它是在博物馆的实践中形成和发展起来的，博物馆学的理论水平与博物馆的实践积累密切相关。博物馆实践越丰富，博物馆学理论必然会得到相应发展。博物馆教育学作为应用博物馆学①的重要组成部分，一定程度上能够反映中国博物馆百年发展的阶段性特点。根据我国博物馆发展的重大变化，对中国博物馆教育的研究大致可以分为如下几个阶段，可以追溯出博物馆教育不断发展和上升的轨迹。

第一阶段：1905 年至 1949 年，从 1905 年，张謇独立创办中国第一座公共博物馆南通博物苑为开端，到中华人民共和国成立。在第一阶段，中国博物馆发展刚刚萌芽，对博物馆的认知和实践研究主要以借鉴和引入欧美、日本等地和国家的研究成果为主。张謇 1903 年东渡日本，带回了日本"作为学校教育补充的博物馆"理念，回国后，创办了合博物、图书二馆为一体的博览馆，实现他"教育救国"的主张，他认为教育事业关系着国家命运和民族存亡，而博物馆是普及知识、培养人才的教育机构，是学校教育的后盾。1936 年，费畊雨、费鸿年编著的《博物馆学概论》，以日本棚桥源太郎所著《诉于眼的教育机关》为蓝本，介绍了博物馆发展史与博物馆工作概况。陈端志编著的《博物馆学通论》以国际联盟学术合作委员会所著《博物馆学》

---

① 应用博物馆学：指研究博物馆的藏品征集、鉴定、分类编目、保管、修复；陈列展览的设计、组织；对观众的服务、教育等工作原则和方法；博物馆组织机构、工作人员的运作；等等。它们分别发展为藏品管理学、陈列学、博物馆教育学、博物馆管理学、博物馆建筑学等。

两卷本为蓝本，为中国第一部系统论述博物馆理论及工作方法的博物馆学专著。1934 年，在北京景山，马衡、傅斯年、袁同礼、翁文灏、朱启钤、叶恭绰、李济等老一辈中国博物馆工作者共同发起成立了中国博物馆协会，博物馆教育引入了西方的先进理念，学界对博物馆教育的研究也逐渐展开。李济《博物馆与科学教育》、陈大白《欧美博物馆之教育设施》、杨宽《论推展我国社会教育必须扩展博物馆事业》等是其中代表性文献。在近半个世纪的时间里，中国学者对国外的研究成果很快吸收和转化，但由于当时的中国贫穷积弱，战争不断，博物馆实践没有很好的物质基础和现实条件，自身研究水平还难以达到高度。但中国自从开创自己的博物馆事业以后，几十年间，博物馆一直是隶属于教育部门，成为教育事业的一部分。

第二阶段：1950 年至 1977 年，从中华人民共和国成立之初到改革开放前。这一阶段，中国博物馆的运行体制比较单一，管理模式和机构设置等主要是学习借鉴苏联。中国学者以苏联博物馆学为典范，翻译了多部苏联的博物馆学著作，如博物馆科学工作研究所筹备处编译的《苏联博物馆学基础》，这本书成为中国博物馆界的必读教科书，对 20 世纪 50 年代中国博物馆学发展具有相当大的影响。在学习苏联博物馆学的基础上，并结合中国的博物馆实践，傅振伦编著的《博物馆学概论》成书于 20 世纪 50 年代，是新中国成立之初少有的关于博物馆理论与实践方面的论著，对中国博物馆事业的发展产生了巨大的影响。1956 年 4 月，全国博物馆工作会议在北京召开，对博物馆的基本性质和任务提出了明确的阐述，即"三性二务"：博物馆的三重基本性质和两项基本任务。三重基本性质——博物馆是科学研究机关、文化教育机关、物质文化和精神文化遗存或自然标本的主要收藏所；两项基本任务——博物馆应为科学研究服务、为广大人民服务，博物馆的职能以政治教育、历史教育、爱国主义教育为目的。在第二阶段，新中国成立后，中国博物馆事业虽然改属于文化部门，但它的教育功能一直在加强着，其主要表现形式为围绕两项基本任务实施阵地式宣传和口头讲解，运用流动展览深入基层发挥教育作用等。

第三阶段：1978 年至 2007 年，从 1978 年改革开放到 2007 年博物馆实施免费开放前。这一阶段，中国博物馆从闭塞开始走向开放，博物馆发展有了崭新的局面。20 世纪 90 年代，中国博物馆学的研究力作相继面世，如王宏钧所著《中国博物馆学基础》，系统地介绍了有关博物馆的社会功能、组织管理、工作原则、博物馆教育与服务等专业知识①；《中国大百科全书·文物·博物馆》对"博物馆教育"的词条描述，包括博物馆教育的定义、主要内容、面向人群、特征和教育方式等，词条中还特别强调了社会对博物馆教育的需求不断增加，博物馆逐渐向多功能的文化中心方向发展，博物馆教育的内容及方式将更加丰富多彩②；苏东海所著《博物馆的沉思——苏东海论文选》中提出"博物馆教育是一种围绕着物化的教育，只有紧紧围绕着物，博物馆教育才会在社会各种教育中独树一帜，呈现异彩"③。在第三阶段，中国博物馆界开始更清醒地观察和分析世界，中国博物馆的实践和对外交流也与日俱增，出现了不少反映世界博物馆发展态势的著作，如段勇的《当代美国博物馆》，为作者对美国 100 余家博物馆进行实地考察后的研究性论著，书中对美国博物馆的管理阶层、组织结构、运作机制、业务流程以及社会环境等方面做了细致的调研，并进行了

① 王宏钧. 中国博物馆学基础［M］. 上海：上海古籍出版社，1990.
② 中国大百科全书总编辑委员会《文物·博物馆》编辑委员会. 中国大百科全书·文物·博物馆［M］. 北京：中国大百科全书出版社，1993.
③ 苏东海. 博物馆的沉思——苏东海论文选［M］. 北京：文物出版社，2006.

深入的分析，对于中国博物馆的建设和发展具有重要的参考和借鉴价值①；杨玲、潘守永主编的《当代西方博物馆发展态势研究》，对当代西方博物馆多元化、多样化发展态势进行总体研究，对中国博物馆发展有比照借鉴作用②。在这一阶段，中国博物馆教育已经意识到学校教育与博物馆教育的重大区别，博物馆要通过调动和满足学习者的各种不同的自我学习的需要去实现教育目的，博物馆人对创造出更多富有博物馆文化特色的教育方式方法，树立真正的博物馆教育，从而真正强化博物馆的教育功能有了更清晰的认识③。

第四阶段：2008 年至今，从博物馆免费开放至今，是中国博物馆蓬勃发展的阶段。2008 年 1 月，中宣部、财政部、文化部和国家文物局印发《关于全国博物馆、纪念馆免费开放的通知》（中宣发〔2008〕2 号），除文物建筑及遗址类博物馆外，全国各级文化文物部门归口管理的公共博物馆、纪念馆，全国爱国主义教育示范基地全部实行免费开放。通知强调，博物馆、纪念馆是陈列、展示、宣传人类文化和自然遗存的重要场所，是国民教育体系的重要组成部分。博物馆、纪念馆免费开放符合世界文物展示业的发展趋势，有利于完善我国现代国民教育体系和履行教育功能。单霁翔认为，应当将博物馆纳入国民教育体系，推动博物馆与学校教育、社会教育的紧密结合，组成更加健全的社会教育网络④。免费开放使得许多博物馆的观众数量激增，对博物馆教育工作提出了更高的要求。博物馆人身处行业发展的洪流，从实践的不同角度对博物馆免费开放后如何强化教育职能提出了自己

---

① 段勇. 当代美国博物馆［M］. 北京：科学出版社，2003.

② 杨玲，潘守永. 当代西方博物馆发展态势研究［M］. 北京：学苑出版社，2005.

③ 苏东海.《中国博物馆群众教育工作手册》序言［J］. 中国博物馆，1992（4）.

④ 单霁翔. 博物馆的社会责任与社会教育［J］. 东南文化，2010（6）.

的主张，如王彬"博物馆人首先应更新观念、更新知识结构，努力强化博物馆的服务意识。使展览更亲民，力争所办的展览让不同层次的观众都看得懂、喜欢看，记得住"①；刘玉珍"博物馆之友和志愿者工作已成为博物馆社会教育工作中的重要组成部分，也是博物馆免费开放之后社会教育工作中必须长期、深入开展的中心工作"②。

　　博物馆免费开放工作的实施，让更多人进入博物馆，促进了博物馆各项工作的发展和提升，博物馆亦在人民群众文化生活中扮演着越来越重要的角色。2015 年 1 月 14 日，国务院第 78 次常务会议审议通过《博物馆条例》，于 2015 年 3 月 20 日施行。《博物馆条例》从法规上明确了博物馆的定位和教育属性，条例第三十五条规定"国务院教育行政部门应当会同国家文物主管部门，制定利用博物馆资源开展教育教学、社会实践活动的政策措施。地方各级人民政府教育行政部门应当鼓励学校结合课程设置和教学计划，组织学生到博物馆开展学习实践活动。博物馆应当对学校开展各类相关教育教学活动提供支持和帮助"。2016 年 12 月 25 日，《中华人民共和国公共文化服务保障法》经第十二届全国人大常委会第二十五次会议表决通过，于 2017 年 3 月 1 日施行。博物馆、图书馆、文化馆、美术馆等场馆被明确为公共文化服务机构。该法第十条明确规定"国家鼓励和支持公共文化服务与学校教育相结合，充分发挥公共文化服务的社会教育功能，提高青少年思想道德和科学文化素质"。2016 年，国家文物局颁布了《博物馆定级评估办法》《博物馆定级评估标准》和《评分细则计分表》（文物博发〔2016〕15 号），并在 2019 年进行了修订。新的评估体系更加重

---

① 王彬. 免费开放后区域博物馆如何更好地发挥教育职能［J］. 中国博物馆，2008（4）.
② 刘玉珍. 浅议博物馆免费开放后的社会教育工作［J］. 中原文物，2008（5）.

视公众使用博物馆的体验，既关注作为藏品的"物"，更关照作为博物馆建设、发展和受益主体的"人"，增加了对"博物馆主动融入城乡人民文化生活""结合中华传统节日、重要纪念日开展专题活动""博物馆资源进校园"以及免费服务等方面的考察，强化了博物馆观众调查、开放服务、讲解导览、志愿者服务等直面公众的指标设计①。2019 年，中共中央、国务院相继印发《新时代公民道德建设实施纲要》（中发〔2019〕41 号）、《新时代爱国主义教育实施纲要》（中发〔2019〕45 号），作为博物馆教育工作的重要指导，两份纲要明确了重点任务之一是传承中华传统美德，应充分发掘文化经典、历史遗存、文物古迹承载的丰厚道德资源，弘扬古圣先贤、民族英雄、志士仁人的嘉言懿行，让中华文化基因更好植根于人们的思想意识和道德观念；要组织大中小学生参观纪念馆、展览馆、博物馆、烈士纪念设施等，更好地了解国情民情，强化责任担当。这一阶段的博物馆教育工作，已经从第三阶段的认知与比较研究，发展到了拥有更加丰富的实践和更全面、更深入的思考，博物馆教育有了更健全、更完善的发展，理论和工作方法取得了丰硕的成果。一个完整的独立的博物馆学科逐渐形成，多学科交叉运用到博物馆教育研究正在成为趋势，高校学者、博物馆从业者和教育界人士之间的联系逐步加强，宏观的政策导向和顶层设计，与微观的实践交流相互结合，博物馆工作逐步从"藏品中心"向"公众中心"转变。

---

① 中国经济网. 新版《博物馆定级评估办法》出台有四个主要变化［EB/OL］. （2020 - 01 - 22）. https://bgimg. ce. cn/culture/gd/202001/22/t20200122_34177156. shtml.

（二）研究性学习 （综合实践活动课程） 的发展

研究性学习最早出现在我国教育主管部门的官方文件中是 2000 年，教育部于 2000 年 1 月印发了《全日制普通高级中学课程计划（试验修订稿)》（教基〔2000〕3 号），其中综合实践活动板块提到了研究性学习。它是指学生在教师指导下，从学习生活和社会生活中选择和确定研究专题，主动地获取知识、应用知识、解决问题的活动。研究性学习与社会实践、社区服务、劳动技术教育共同构成"综合实践活动"。对研究性学习的发展研究大致包括如下阶段。

第一阶段：1980 年至 1999 年，研究性学习在欧美等地区的国家发展。20 世纪 80 年代以来，世界各国的课程改革都把学习方式的转变视为重要内容。欧美等国家纷纷倡导"主题探究"与"设计学习"活动。研究性学习这种模式和标准被美国列为基础教育改革的重要原则之一，被认为是促进美国科技创新发展的一条成功之路。日本在新课程体系中专设"综合学习时间"，目的是"追求跨学科的、综合性的学习；并确认这种学习对培养儿童的'生存能力'，让他们更好地适应以国际化、信息化等为标志的社会变化是十分必需的"①。

学校课程资源统一而不够灵活，课程体系深陷于分科主义的泥沼之中。这种课程体系忽视了世界的整体性，忽视了学生个性的健全发展，忽视发现、探究、学习在人的发展中的价值，把学习理解为封闭在书本上和禁锢在屋子里的过程，忽视了人的社会经验的获得和实践

_____

① 天笠茂. 论综合学习与综合学习课程［J］. 李季湄，译. 教育发展研究，2001（1）.

能力的形成①。1999 年 6 月，中共中央国务院作出《关于深化教育改革全面推进素质教育的决定》（中发〔1999〕9 号），提出全面推进素质教育，培养适应 21 世纪现代化建设需要的社会主义新人；深化教育改革，为实施素质教育创造条件；优化结构，建设全面推进素质教育的高质量的教师队伍。其中第 14 条提到，调整和改革课程体系、结构、内容，建立新的基础教育课程体系。改变课程过分强调学科体系、脱离时代和社会发展以及学生实际的状况。抓紧建立更新教学内容的机制，加强课程的综合性和实践性，重视实验课教学，培养学生实际操作能力。《决定》的发布开启了中国课程改革的新局面，设置"综合实践课程"成为贯彻这一精神的重要举措。通过让学生在动脑、动手的实践中，利用学到的知识发现问题、解决问题。课程通过让学生亲身体验进行学习，积累和丰富直接经验，培养创新精神、实践能力和终身学习的能力。在第一阶段，研究性学习还未真正进入中国课程体系，但它在欧美、日本等地区和国家已经蓬勃开展起来。

第二阶段：2000 年至 2014 年，研究性学习在中国开始探索式发展阶段。教育部于 2000 年 1 月颁布的《全日制普通高级中学课程计划（试验修订稿）》（教基〔2000〕3 号）中把"研究性学习"课程规定为重要内容。所谓研究性学习，是指学生在教师指导下，通过选择一定的课题，以类似科学研究的方式，进行主动探究的一种教学方法。在这一过程中，学生是主体，通过发现问题，研究解决问题的路径，进而实现解决问题的目标。"研究性学习课程"即是指在基础性课程、拓展性课程的基础上，运用研究性学习方式，以学生自主探究为主，以培养学生的研究能力、实践能力、创新精神、创新能力为主要目标

---

① 张华. 论"综合实践活动"课程的本质 [J]，全球教育展望，2001（8）.

的课程。作为与学科课程迥异的课程形态，"研究性学习课程"的根本特性是整体性、实践性、开放性、生成性和自主性①。这些特点与博物馆学习有着极高的统一性。在这一阶段的基础教育课程体系中，"研究性学习课程"是"综合实践活动课程"的有机构成部分，与"社区服务与社会实践""劳动与技术教育"课程一起由国家指定。研究性学习方式和研究性学习课程逐渐地从高中阶段往义务教育阶段推进，国家通过倡导学习方式的变革，引导中小学生跨学科、综合实践学习能力的提高。

　　研学旅行是将研究性学习和旅行体验相结合的校外教育活动，具有教育与实践的双重意义。在这一阶段，我国许多地区都曾尝试把"研学旅行"作为推进素质教育的一个重要内容来开展。2013 年，逐步推进中小学研学旅行的设想在国务院办公厅印发的《国民旅游休闲纲要（2013—2020 年）》（国办发〔2013〕10 号）中被提出，自此，"研学旅行"一词作为素质教育的有力推手和旅游转型的全新方式，开始频繁出现在各类政策文件中。2014 年 8 月，国务院印发《关于促进旅游业改革发展的若干意见》（国发〔2014〕31 号），这份文件首次明确了"研学旅行"要纳入中小学生日常教育范畴。按照全面实施素质教育的要求，将研学旅行、夏令营、冬令营等作为青少年爱国主义和革命传统教育、国情教育的重要载体，纳入中小学生日常德育、美育、体育教育范畴，增进学生对自然和社会的认识，培养其社会责任感和实践能力。面向中小学生开展的"研学旅行"应按照教育为本、安全第一的原则，建立小学阶段以乡土乡情研学为主、初中阶段以县情市情研学为主、高中阶段以省情国情研学为主的研学旅行体系。

① 张华. 论"研究性学习"课程的本质［J］，教育发展研究，2001（5）.

研学旅行的思想古今中外皆有之。从孔子周游列国、游说讲学到亚里士多德的自然教育，从杜甫、李白等诗人在游历大好河山中写下脍炙人口的传世诗篇，到郦道元、徐霞客等地理学家用脚丈量山河，写下《水经注》《徐霞客游记》等专业著作，再到马可·波罗著下知名的《马可·波罗游记》；从杜威先生提出"教育即生活"到他的弟子教育学家陶行知提出"知行合一""生活即教育、社会即学校"，古今中外无不在强调教育与旅行体验的关系，或者说旅行本就是教育的一种形式，教育的内涵自然赋于旅行之中①。

第三阶段：2015 年至今。研究性学习以及与之相关的研学实践教育、研学旅行等发展势头强劲，从中央到地方，从教育、文旅等部门到多部门联合出台相关政策文件，"研学"二字炙手可热。2015 年，国家文物局、教育部联合发布《关于加强文教结合、完善博物馆青少年教育功能的指导意见》（文物博发〔2015〕9 号），意见要求保障广大青少年特别是农村青少年的文化鉴赏权益；把博物馆资源与中小学课堂教学、综合实践活动的实施有机结合，增强博物馆青少年教育的针对性；坚持"机制创新"原则，以构建中小学生利用博物馆学习的长效机制为目标，使利用博物馆学习成为中小学校日常教学的有机组成部分。同年，国务院办公厅印发《关于进一步促进旅游投资和消费的若干意见》（国办发〔2015〕62 号），其中第十五条明确提出支持研学旅行发展。把研学旅行纳入学生综合素质教育范畴。支持建设一批研学旅行基地，鼓励各地依托自然和文化遗产资源、红色旅游景点景区、大型公共设施、知名院校、科研机构、工矿企业、大型农场开

① 中国旅游研究院产业所.《中国研学旅行发展报告 2021》在京发布［EB/OL］.（2021 - 11 - 09）. http://www.ctaweb.org.cn/cta/gzdt/202111/758e08f9b8264e73ae1cd9abb6300d1c.shtml.

展研学旅行活动。建立健全研学旅行安全保障机制。旅行社和研学旅行场所应在内容设计、导游配备、安全设施与防护等方面结合青少年学生特点，寓教于游。加强国际研学旅行交流，规范和引导中小学生赴境外开展研学旅行活动。

2016 年进入"十三五"发展阶段，也是研学旅游发展的元年。我国研学旅行的发展处于"从自发走向自觉，从小众走向大众"的阶段。2016 年国家旅游局印发《关于公布首批"中国研学旅游目的地"和"全国研学旅游示范基地通知"》（旅发〔2016〕8 号），通知要求各研学旅游目的地和示范基地要进一步挖掘研学旅游资源，深化打造主题品牌，扩大对青少年人群的政策优惠，加强接待配套设施建设，切实提高管理服务水平和安全保障，不断提升研学旅游的综合吸引力和品牌认知度。2016 年 9 月，《中国学生发展核心素养》正式发布，这是落实立德树人根本任务的一项重要举措，也是适应世界教育改革发展趋势、提升我国教育国际竞争力的迫切需要。成果报告强调，突破本位与应试教育的藩篱窠臼，引领学生培育适应社会发展与终身发展需求的必备品格和关键能力，研究性学习能力的培养至关重要。2016 年底，教育部、文化部等 11 部门印发了《关于推进中小学生研学旅行的意见》（教基一〔2016〕8 号），这是我国基础教育领域人才培养模式的重大创新，是学校教育和校外教育相互衔接、综合实践育人的新途径，对于推动中小学教育教学改革、促进中小学生全面发展具有重要指导意义①。意见指出，中小学生研学旅行是由教育部门和学校有计划地组织安排，通过集体旅行、集中食宿方式开展的研究性

---

① 王晓燕. 研学旅行的基本内涵和核心要义——《关于推进中小学生研学旅行的意见》读解 [J]. 中小学德育，2017（9）.

学习和旅行体验相结合的校外教育活动，是学校教育和校外教育衔接的创新形式，是教育教学的重要内容，是综合实践育人的有效途径。将研学旅行纳入中小学教育教学计划。意见明确了研学旅行的原则、内容、范围和时间等。该意见强调，研学旅行要坚持教育性原则，结合学生身心特点、接受能力和实际需要，注重系统性、知识性、科学性和趣味性，为学生全面发展提供良好成长空间；坚持实践性原则，要因地制宜，呈现地域特色，引导学生走出校园，在与日常生活不同的环境中拓展视野、丰富知识、了解社会、亲近自然、参与体验；坚持安全性原则和公益性原则，从制度上落实保障。自此，"自上而下"的引导力量将研学旅行产业的发展带入了快车道，国家级政策密集出台，地方相关主管部门积极跟进，相关产业扶植政策、规范标准等文件陆续出台①。

2017 年，教育部印发《教育部办公厅关于开展 2017 年中央专项彩票公益金支持中小学生研学实践教育项目推荐工作的通知》（教基厅函〔2017〕25 号），该通知对中小学生研学实践教育项目的落地与实施起到了坚实有效的保障和支持作用。由教育部牵头在各地遴选命名了一批"全国中小学生研学实践教育基地"和"全国中小学生研学实践教育营地"，并在"十三五"期间，每年向命名基地拨付 50 万元、命名营地 1000 万元的经费广泛开展中小学生研学实践教育活动。在这一年，《中小学综合实践活动课程指导纲要》（教材〔2017〕4号）由教育部印发。作为国家义务教育和普通高中课程方案规定的必修课程，综合实践活动与学科课程并列设置，并以培养学生综合素质

---

① 中国旅游研究院产业所.《中国研学旅行发展报告 2021》在京发布［EB/OL］.（2021 - 11 - 09）. http://www.ctaweb.org.cn/cta/gzdt/202111/758e08f9b8264e73ae1cd9abb6300d1c.shtml.

为导向，让学生从个体生活、社会生活及与大自然的接触中获得丰富的实践经验，形成并逐步提升对自然、社会和自我之内在联系的整体认识，具有价值体认、责任担当、问题解决、创意物化等方面的意识和能力。综合实践活动的主要方式包括考察探究、社会服务、设计制作和职业体验等。除此之外，还有党团队教育活动、博物馆参观等。

学生综合实践能力的提高与研究性学习密不可分。在教师指导下，学生从自然、社会和学生自身生活中选择和确定研究专题，主动地获取知识、应用知识、解决问题，这种学习活动就是研究性学习。研究性学习是新一轮课改所倡导的一种重要学习方式，无论综合实践活动课程，还是学科课程，都要引导学生采取研究性学习方式进行，强化主动探究意识，培养科学精神。《指导纲要》中所强调的野外考察、社会调查、研学旅行等，都是研究性学习的具体形式，研究性学习强调学生通过实践，增强探究和创新意识，学习科学研究的方法，发展综合运用知识的能力。学生通过研究性学习活动，形成一种积极的、生动的、自主合作探究的学习方式。我们今天倡导的"研究性学习课程"不仅仅是转变学习方式，还通过转变学习方式促进每一个学生的个性健全发展。它尊重每一个学生的独特个性和具体生活，为每一个学生个性的充分展开创造空间。

同年，教育部还发布了《中小学德育工作指南》（教基〔2017〕8号），对如何深入贯彻落实立德树人根本任务，加强对中小学德育工作的指导提出了详尽的要求和实施途径。《指南》明确通过课程、文化、活动、实践、管理和协同育人等方式构建方向正确、内容完善、学段衔接、载体丰富、常态开展的德育工作体系。《指南》建议，应组织研学旅行。把研学旅行纳入学校教育教学计划，促进研学旅行与学校课程、德育体验、实践锻炼有机融合，利用好研学实践基地，有针对性地开展自然类、历史类、地理类、科技类、人文类、体验类等多种类型的研学旅行活动。要考虑小学、初中、高中不同学段学生的身心发展特点和能力，安排适合学生年龄特征的研学旅行。要规范研学旅行组织管理，制定研学旅行工作规程，做到"活动有方案，行前有备案，应急有预案"，明确学校、家长、学生的责任和权利。

在这一阶段，研究性学习有了前所未有的发展，以研究性学习为核心的研学课程不管是数量还是质量都有了明显的提高，综合实践活动课程在立德树人中的重要作用，更加凸显。立德树人成为国家中长期教育改革和发展规划锁定的教育改革根本任务。"立德"，强调修己，强调三大素养：社会责任、国家认同、国际理解。"树人"，首先把学生培养成人，进而把学生培养成为一个具有乡土情怀的社群人，在这个基础上把学生培养成为具有家国情怀、中华底蕴的中国人。当然，还要把学生培养成具有国际视野、国际素养的世界人①。

（三）博物馆与学校教育融合研究的发展

欧美国家关于博物馆教育的研究开始很早，也形成了较为系统的理念和方法，美国博物馆的教育效果和成就尤为突出。1906年美国博物馆协会成立时的宣言是"博物馆应成为民众的大学"。美国博物馆界普遍认为"若典藏品是博物馆的心脏，教育则是博物馆的灵魂"。1984年，美国博物馆协会出版的关于美国博物馆未来的报告——《博物馆新世纪》对未来博物馆的教育职能，以及如何发展进行了构想，

---

① 钟玲. 一个延伸的"城市博物馆之旅"［C］//中国国家博物馆社会教育部主编. 馆校合作背景下博物馆实践课程开发研究与探索论文集. 北京：商务印书馆国际有限公司，2020：190 - 195.

"博物馆担任着教育方面的重要使命。要成为名副其实的教育机构，还需充分发掘其潜能……博物馆和学校之间还有巨大的合作空间，尤其是在当前学校急需教育伙伴来加强科学、艺术、人文等方面教育的情况下……"①。这30多年间，美国一直致力于推动博物馆教育与学校教育的融合，并取得了非常显著的成效。在美国，几乎所有的博物馆都为不同年龄段的学生观众提供与之相适应的博物馆课程，学校的许多课程甚至直接在博物馆进行，由博物馆教育员带领完成相关的学习活动。美国在博物馆教育理论和实践方面取得的成就可以说是首屈一指。美国学者注重认知心理学、当代教育学和社会学等学科对博物馆教育的发展和影响，形成了一套理论性强、学术规范的博物馆教育理念和做法，成为世界各国开展博物馆教育事业的典范。

　　反观国内，在博物馆教育方面却与美国等博物馆文化发达国家存在着较大的差距。虽然几十年来关于博物馆教育的文章数不胜数，但是与西方国家相比，我们更多的是停留在单一教育活动或者讲解活动的经验总结或归纳上，缺乏将这种经验的归纳和总结上升到理论层面，这一方面源自过去对博物馆及博物馆学的不重视，另一方面也源自博物馆工作人员自身对理论的掌握与熟悉程度不够。近十余年来，国内许多学者和博物馆工作人员纷纷发表文章或著作，介绍西方国家先进的博物馆教育理念和实践活动，对推动我国博物馆教育观念的转变，改革旧有的博物馆教育工作模式都起到了积极的作用。但是，我们清楚地看到，我国的博物馆教育仍停留在比较低的水平，对博物馆教育的研究往往都是零散的活动总结，很少提出理论性的、普适性的、属

---

① 湖南博物院.《向"重要教育合作伙伴"目标迈进》文章发表　总结美国近10年博物馆教育实践［EB/OL］.（2011－12－27）.

于博物馆的教育理念。博物馆教育活动缺乏对教育受众的需求和心理学研究，教育活动对馆藏文物的研究不够深入，文物的内涵和价值没有得到充分的阐释和体现，教育活动的评估更是鲜有提及。学校和老师对如何利用博物馆开展综合实践课程等知之甚少，除了综合实践活动不受重视的因素外，博物馆教育研究的滞后也使得学校方面很难找到相应的途径去利用博物馆资源开展相关的教育教学活动。因此，开展博物馆研学实践教育研究，尤其是面向青少年的研究不仅有助于推动博物馆教育与学校教育的对接融合，促进将博物馆纳入国民教育体系、服务学校教育，而且有利于消化和吸收国外先进的博物馆教育理念，并结合国内博物馆实际情况，发展适合于我们自己的博物馆学理论，推动我国博物馆教育在专业性、学术性方面上升到一种更新的局面①。

从核心素养培养的角度来说，不管是教师和学生在课堂上运用到博物馆的教育资源，还是来到博物馆进行现场学习，我们都要从提升他们的核心素养的角度来考虑。以历史学科为例，要有助于让学生形成时间空间的观念；有助于让学生积累更丰富的史料、史实；有助于增进学生对历史事件、历史人物的理解；有助于提升学生解释历史事件，解释历史人物的能力；有助于培养学生的历史价值观。以艺术学科角度来看，学生应该具备分析研究艺术家代表作的能力，通过课堂研讨会或工作坊等教学形式，培养学生分析和评价艺术内涵的个人理解能力，并对中华文明具有高度的文化自信。目前不管是在语数外，还是在理化生史地政音体美这些学科学习当中，学生们基本上还是在

---

① 钟玲. 成为重要的教育合作伙伴——美国博物馆青少年美术教育理念及案例研究 [J]. 中国美术教育，2016（3）.

分学科学习。新课程改革非常强调要让学生在分科学习之外，尽量给学生提供综合学习的机会。因为生活是综合的，问题一定也是综合的。当博物馆教育工作者从情感、态度和价值观层面来设计与研发课程的时候，我们的博物馆教育才具备较高的价值，才能在传承发展中华优秀传统文化、革命文化和社会主义先进文化方面发挥重要的作用。

四、研究方案

（一）研究思路

不管是我国的新课程改革，还是博物馆教育实践，建构主义和实用主义思想的影响都极其深远，社会文化历史观对博物馆教育实践的理论框架奠定了基础。本书紧扣中小学生利用博物馆资源开展学习的政策背景与博物馆完善青少年教育功能的现实需求，采用理论分析和实证研究相结合的方法进行研究。

1. 建构主义

建构主义源自儿童认知发展理论。建构主义强调以学生为中心，要求充分发挥学生的主动性、积极性和首创精神，来实现自主学习的目的。建构主义强调学习过程的最终目的是完成意义建构，学习的过程比目的更为重要。博物馆教育应该把"不知的美德"放在重要的位置[①]。建构主义认为，学习是学习者主动建构知识的过程，应与生活相联系、身心共同参与，并需要学习者与世界交互（Hein，1991）。

---

① 贾珀尔·L. 鲁普纳林，詹姆斯·E. 约翰逊. 学前教育课程 [M]. 黄瑾，等译. 上海：华东师范大学出版社，2005.

博物馆给观众提供学习的环境和机会，并以观众为中心，利用符合主题的情境、小组合作、协商对话、动手体验等要素让观众温故知新，形成和调整自己的经验结构①。将建构主义运用到博物馆研学实践教育活动中，有利于培养中小学生的创新精神和实践能力。建构主义强调小组合作学习，并展开讨论和交流，并在讨论中把问题引向深入，这不仅使青少年学会陈述自己的观点、倾听他人的意见，而且还学会了与他人交往和合作。观众在博物馆中会心生感悟，然后按照自己的理解把这些知识组织起来。建构主义学习理论中，情境、协作、会话和意义建构等要素与博物馆所营造的沉浸式体验、实物教学、创意物化等要素相勾连，有助于学习者运用建构主义方法提升学习质量，提高博物馆学习获得感。这与《中小学综合实践活动课程指导纲要》中的课程理念与实施方式都高度重合。

2. 实用主义

博物馆教育作为非正式教育体系的重要组成部分，其发生和发展深受杜威的影响。对于教育的目的，杜威认为不存在有"教育过程以外"的目的，教育目的只存在于"教育过程以内"。杜威以实用主义的哲学、机能主义的心理学和经验自然主义的教育学，对博物馆教育的思考奠定了基石。没有在"做中学"的概念，就没有博物馆实物教育的理论基础。杜威提出了广为人知的"思维五步法"：设置疑难情境、确定问题、提出假设、进行推断以及验证或修改假设（John Dewey，1981）。在博物馆的教育实践中，事实上也正是通过这五步实现其教育目的的：博物馆教育工作者通过展陈环境的布置，为公众营造

---

① 乔治 E. 海因. 学在博物馆 [M]. 李中，隋荷，译. 北京：北京燕山出版社，2010.

真实的经验情境；公众看到有趣的展品时会产生疑问，引起思考，激起他们对这一问题的积极探寻；公众阅读展品旁的说明性文字材料或与他人交谈展开探究，对展品蕴含的科学知识形成初步了解；随后，公众通过与展品的交互——动手操作，加深对这一科学知识的理解①。杜威在《我的教育信条》中指出："教育过程有两个方面：一个是心理学的，一个是社会学的。它们是平列并重的，哪一方面也不能偏废；否则，不良的后果将随之而来。"博物馆学习所具有的交互特征使得在博物馆发生的学习行为兼具心理学方面和社会学方面的天然统一，博物馆的教育功能的重要性不言而喻。杜威确立的博物馆教育以学习者为中心的基本价值取向，影响了博物馆教育数十年来的发展。如今，越来越多的博物馆将杜威"从做中学"的教育理念运用到博物馆教育实践中，通过让儿童参与和实践，来促进儿童的自然发展和自我学习。

3. 社会文化历史理论

如果说杜威建立在实用主义哲学基础之上的教育哲学，为博物馆教育实践确立了经验自然主义这一基本的价值取向，那么维果茨基创立的社会文化历史理论，则是在博物馆教育实践中普遍应用的技术路线。综观世界各地的博物馆，目前对博物馆教育最有影响的心理学就是社会文化历史观，这种心理学理论现已成为博物馆教育实践最基本的科学理论框架②。维果茨基的社会文化历史理论重视社会文化对人的心理产生和发展的影响，强调社会文化对人的心理发展的决定作用，

① 郑旭东，李洁. 经验、教育与博物馆：走近杜威的博物馆教育思想 [J]. 现代远程教育研究，2019（1）.
② SCHAUBLE L，LEINHARDT G，MARTIN L. A framework for organizing a cumulative research agenda in informal learning contexts [J]. The journal of museum education，1997，22（2）.

而文化是多元的，预示着不同文化背景的人的心理发展的差异性。社会文化历史理论认为游戏在儿童发展中具有重要作用，强调游戏、认知和情绪发展的关系，认为游戏是发展过程的基础；强调活动和交往在教学中的作用，认为教学的本质即交往。联系学校教育现状，一方面，教师影响学生的单方面活动多，而学生反作用于教师的活动少；另一方面，即使谈及活动，也仅是从让学生发挥主观能动性的角度来谈活动，真正实施时也不免形式化。而事实上，活动是双向的，交往是互动的。维果茨基认为任何活动都是从人际间开始的，学习与发展也是一种社会合作活动①。博物馆选择将社会文化历史理论作为教育实践的理论框架，就是把以"实物"为载体的活动看作是儿童主体与环境的中介，只有通过活动的中介才能实现儿童认知的发展，博物馆通过创设有效的教育环境充分发挥学生的主体性和自我学习的动能。

4. 博物馆研学实践教育的核心价值与立德树人的根本任务

博物馆的核心价值确立了博物馆的发展方向，是博物馆所有工作的"魂"，决定了博物馆工作的理念与路线。我国教育的根本任务是"立德树人"，培养社会主义建设者和接班人，是国家各项事业不断取得新发展的关键所在。博物馆的核心价值是博物馆落实立德树人的关键，在落实教育根本任务的过程中既体现了博物馆的核心价值，又实现博物馆教育功能的完善，并找到新时期博物馆研学实践教育高质量发展的路径。

（1）探究博物馆研学实践教育的核心价值。 博物馆通过专业手

---

① 唐秀美. 浅谈维果茨基及"社会文化历史发展理论"对我国教育的启示［J］. 科技信息，2011（34）.

段，积聚知识，传播中华优秀传统文化、革命文化和社会主义先进文化，展示世界不同文明成果，为培养具备价值体认、责任担当、问题解决、创意物化等能力的创新型人才营造积极有利的环境，为建设学习型社会提供更多的机会。博物馆研学实践教育核心价值的建立、完善和实施与时代背景和特定的社会环境息息相关。博物馆如何在新时代培根铸魂，通过创造性转化和创新性发展实现藏品为研究和教育服务，为社会和社会发展服务，实现博物馆物与人的价值统一，做到自身核心价值的最大化，值得研究者思考。

（2）落实立德树人根本任务。作为教育的根本任务，立德树人须融入思想道德教育、文化知识教育、社会实践教育各环节，贯穿基础教育、职业教育、高等教育各领域。作为一个"大学校"的博物馆，责无旁贷地应在培养学生主动参与、乐于探究、勤于动手能力，塑造学生搜集和处理信息的能力、获取新知识的能力、分析和解决问题的能力以及交流与合作的能力等方面扮演更重要的角色，这与博物馆教育的使命是统一的。博物馆还应在以美育人、以文化人，提高学生审美和人文素养等方面发挥一个艺术宝库的滋养作用。

本研究首先思考博物馆研学实践教育的核心价值，在核心价值引导下提出落实立德树人根本任务的抓手，即博物馆研学实践教育的目标、原则、内容和策略，梳理博物馆研学实践教育的设计取向、主要内容、流程构建、标准化判定和评价体系，并结合博物馆研学实践教育案例等资料，研究课程、活动等形式，并为促进博物馆研学实践教育的实施提出安全与保障机制、馆校合作机制等策略建议。

（二）研究方法

1. 内容分析

通过文献研究法、调查研究法、行动研究法、案例研究法等对获取的所有文献资料，包括各类网络文献资料、政策报告、研学实践教育案例和尚未公开出版的文献资料等，进行客观、系统地定量描述和分析，提炼分析国内外博物馆教育研究的现状和发展趋势，尤其是要总结出国内在这方面的不足及存在的发展潜力；分析国内外研究性学习、综合实践活动课程和研学旅行等的现状和发展趋势，提炼出研究性学习在博物馆落地的方向和策略，构建博物馆研学实践教育研究的整体框架，探寻博物馆研学实践教育的系统的思路。

2. 资料分析

（1）定量分析。为了解博物馆研学实践教育社会需求情况，四川省文博研学联盟开展了社会调查。采用定量研究为主、定性研究为辅的调研方式，通过问卷调查和深度访谈相结合，对四川省内博物馆、中小学校教师、成都市内"5＋2"区域居民开展调查，其中博物馆和中小学校教师采用网络问卷和深度访谈方式，成都市居民采用网络问卷方式。

（2）问卷调查分析。四川历史悠久，人文荟萃，文博资源丰富。近年来，四川文博事业迎来历史性发展机遇。至2022年底，在四川省文物局备案的博物馆达413家，全省全年举办展览近千个，举办约3000次专题教育活动，参观人数超4000万人次，博物馆在传承中华优秀传统文化、弘扬社会主义核心价值观方面发挥的作用更加突出，影响力和美誉度持续提升。全省国家一级、二级、三级博物馆共 56 座，数量居全国第八位①，占全省博物馆总量的 11.5%。四川省博物馆类型丰富，涵盖了历史文化、革命、艺术、自然地质、文化遗址等类型，国有博物馆占主体地位。四川博物院、成都博物馆等综合类博物馆凭借丰富的馆藏、专业化的运营受到群众喜爱；广汉三星堆博物馆、成都金沙遗址博物馆等考古遗址类的专题性博物馆赢得观众的青睐；以近现代、自然、地质、艺术、民俗、非遗、工业、农业遗存等为主题的博物馆不断完善和丰富了全省博物馆结构体系。

2021 年 5 月 18 日，四川省文博研学联盟在成都成立。该联盟由四川省文物局倡导，四川省博物馆学会指导，四川博物院作为发起牵头单位，联合 55 家省内定级博物馆、20 所中小学校和 12 家社会教育服务机构共同发起成立。联盟旨在更好地传承和弘扬四川的历史文化、自然遗产，积极有效实现文物资源向教育资源的转化，联合相关单位加强研究、利用、转化全省文博教育资源，促进文博研学事业的发展；为中小学生以及更广泛的年龄层提供主题鲜明、内容丰富、形式多样的文博研学课程和活动。

尽管四川省博物馆事业取得了显著的成效，博物馆数量和定级博物馆数量等指标跻身全国博物馆大省行列——一级博物馆 12 座，全国排名第五②，但四川省不同区域博物馆发展不均衡，博物馆资源融入中小学教育教学的广度和深度都还停留在较小和较浅的层次，已有的博物馆研学实践教育课程和活动质量参差不齐，馆校合作的水平还有待深化，省内大部分博物馆对学生的课程资源开发仍处于发展初期，

---

① 　根据国家文物局网站 2020 年 5 月发布的《2019 年度全国博物馆名录》及中国博物馆协会公布的第三批、第四批国家一、二、三级博物馆名单整理而成。
② 　一级博物馆：北京 18 家、山东 18 家，并列第一；浙江 13 家、江苏 13 家，并列第三。

中小学教师对如何利用博物馆资源开展课堂教学、设计课后活动和实现职业自我提升还很模糊，各级教育主管部门对博物馆研学实践教育活动不甚了解，这些现状与四川省委、省政府提出的建设文化强省、旅游强省目标，满足人民日益增长的美好生活需要之间还存在着较大差距。因此，将文旅文物资源丰富、博物馆类型多样的四川作为博物馆研学实践教育现场调查的样本省份，对全国其他省份开展博物馆研学实践教育相关研究，具有重要的参考价值。

2022年9月至2023年3月，四川省文博研学联盟开展了专题社会调查。调查专门设计了博物馆调查问卷和深访提纲。调查内容包括研学活动基本要素、组织方式、研学目标实现度、活动开展效果、活动宣传情况等。问卷调查对象涉及省内12个地级市36所博物馆82位博物馆从业者（含高、中层管理者和基层实施课程的员工），深度访谈对象涉及5所博物馆7位高、中层管理者。调查专门设计了中小学教师调查问卷和访谈提纲。调查内容包括研学活动基本要素、开展频率、组织方式、开展主题、研学目标实现度和开展效果等，问卷调查对象涉及省内73所中小学641名学校领导及教师，深度访谈对象涉及7所学校7名教师。调查针对成都市居民设计了调查问卷。调查内容包括研学活动参与情况、活动偏好和参与意愿度等，问卷调查对象涉及成都市"5+2"区域630位学生家长。调查对回收的问卷进行了整理分析。调查以定性资料收集和定量实证研究相结合。

①省内博物馆教育从业者调查问卷和深访提纲

②省内中小学教师调查问卷和深访提纲

③成都市"5+2"区域居民调查问卷

以上问卷和提纲详见附录。

3. 定性分析

主要对研究中获取的博物馆管理者、中小学校教师、学生家长等关键知情人访谈信息进行整理分析。同时为了更深入了解博物馆教育管理政策与法规等，还收集了部分关于博物馆和博物馆教育、博物馆资源与学校教育资源对接融合的政策文件、工作报告、年鉴资料等，并对这些资料进行整理分析。

| 第一章 |
博物馆研学实践教育及其核心价值

一、博物馆研学实践教育的概念

博物馆用实物组成的陈列及其他辅助形式对观众开展直观的教育活动。不管是自然科学类、历史人文类、革命纪念类，还是艺术非遗类，博物馆通过展示或体验体现"物"的价值，为人的学习服务。博物馆研学实践教育，即博物馆依托藏品，运用研究性学习方式，设定情境，以学生自主探究为主，以培养学生的研究能力、实践能力、创新精神、创新能力为主要目标的教育活动。博物馆研学实践教育在我国虽然发展历程不长，但它从博物馆学习和研究性学习的体系中生发，在综合实践活动课程中落地生根，具有蓬勃发展的态势。

（一）博物馆研学实践教育的课程目标

博物馆研学实践教育是在博物馆或学校等地点开展的，面向中小学生的综合实践活动课程。它的课程目标、内容选择和实施方式等应该按照综合实践活动课程的基本要求，并整合博物馆学习的方式与特点制定。2017 年，教育部组织研制了《中小学综合实践活动课程指导纲要》，强化了课程育人、实践育人导向，明确提出了价值体认、责任担当、问题解决、创意物化的课程目标。在综合实践活动课程指引下，学生能从个体生活、社会生活及与大自然的接触中获得丰富的实践经验，形成并逐步提升对自然、社会和自我之内在联系的整体认识，从而使学习"活"起来，"做"出来。

1. 价值体认

早在春秋战国时期，《礼记·大学》中就提到"修身、齐家、治国、平天下"，《大学》讲"大学之道"，论述如何成就崇高德行和人格，怎样成为经国济世的人才。"格物、致知、正心、诚意、修身、齐家、治国、平天下"是儒家对人的培养和塑造标准，是对人的"核心素养"的要求，也是至圣的追求。要求人要有高尚的道德修养，才能管理好家庭和家族，才能治理好国家，才能使天下公正和谐。教育要以人为本，必须明确回答到底要关注人的什么。改革开放之初，我们谈论最多的是知识技能，是"基础知识和基本技能教学"，这在当时是很有现实意义的。每个时代有每个时代的责任，在当下，我们更要关注"立什么德，树什么人"的问题。德行养成、价值体认，构建与培养中国青少年完整的素养体系，以促进个人修养、社会责任、家国情怀的养成为目标，传承和发展中华优秀教育传统，培养"全面发展的人"。因此，在青少年学生的成长过程中，学习过程不只是单纯的认知，它还是修习涵养过程，而知识的重要性就在于它为学生的修习涵养提供了不可缺少的精神营养①。

---

① 柳夕浪，张珊珊. 素养教学的三大着力点［J］. 中小学管理，2015（9）.

体认，既要体验、体会、体悟，还需要认识、认可、认同。价值体认在综合实践活动课程目标中处于首要、指导位置。价值体认是从知到行的过程；知是学生将价值信念纳入自己认知结构的内化了的"知"，行是按照自己的价值信念去行动、遇到困难再想办法解决问题并螺旋上升的"行"。知不易，行更难①。中小学学生要逐步具有价值体认的意识和能力，仅仅靠在学校的各学科学习显然是不够的，学校、家庭、社会，处处皆学问。生活是综合的，问题也是综合的，基于真实生活和发展需要的问题，是学生进行实践探究的动力源。价值是理想中的事实。综合实践活动的价值附着在活动中，价值体认是在活动过程中孕育、形成和提升的。规则规范、集体思想、组织观念，小学生需要在社会生活中参与和融入，通过亲历、参与少先队活动，博物馆、纪念馆、图书馆等场馆活动和主题教育活动，参观爱国主义教育基地等，获得有积极意义的价值体验。培养对中国共产党的朴素感情，为自己是中国人感到自豪。初中阶段是人体生长发育和逐渐心理成熟的最佳时期，也是人生的第一个转折关键期。从实践育人、活动育人的理念出发，学生在体验的基础上建构自己的价值认知。初中生应常和同伴交流思想意识，形成国家认同，热爱中国共产党。通过职业体验活动，发展兴趣专长，形成积极的劳动观念和态度，具有初步的生涯规划意识和能力。高中生需要深化社会规则体验、国家认同、文化自信，初步体悟个人成长与职业世界、社会进步、国家发展和人类命运共同体的关系，增强根据自身兴趣专长进行生涯规划和职业选择的能力，强化对中国共产党的认识和感情，具有中国特色社会主义共同理想和国际视野。

---

① 郭红霞. 综合实践活动如何落实价值体认？[J]. 中国德育，2018（2）.

2. 责任担当

中华文化源远流长、博大精深，在长期的发展进程中，不断积淀并形成了自己独特而伟大的民族性格与民族精神。这种民族性格与民族精神主要表现为敢于担当、自强不息、厚德载物、居安思危、乐天知足、崇尚礼仪等。"利于国者爱之，害于国者恶之""忧国忘家，捐躯济难，忠臣之志也""位卑未敢忘忧国""先天下之忧而忧，后天下之乐而乐""犯其至难而图其志远"，这些敢于担当的民族精神、勇于担当的民族品质，为民尽责的担当意识活化在仁人志士的模范中，存在于我们古往今来的诗词歌赋里，体现在我们蔚为壮观的文化遗产上。

责任担当主要是学生在处理与社会、国家、国际等关系方面所形成的情感态度、价值取向和行为方式，具体包括社会责任、国家认同、国际理解等基本要点①。成长为一个具有责任意识、具备担当能力的人不是一蹴而就的。日常生活、家庭社区、自我他人，责任意识的培养需要分阶段实施。"自己的事情自己做，班集体的事情抢着做，别人的事情帮着做"，小学生围绕日常生活开展服务活动，能处理生活中的基本事务，并初步养成自理能力、自立精神、热爱生活的态度，具有积极参与学校和社区生活的意愿。进入初中阶段，视野要从日常生活圈进一步扩大半径，围绕家庭、学校、社区的需要开展服务活动，增强服务意识，养成独立的生活习惯；愿意参与学校服务活动，增强服务学校的行动能力；初步形成探究社区问题的意识，愿意参与社区服务，初步形成对自我、学校、社区负责任的态度和社会公德意识，初步具备法治观念。高中阶段，不仅应关心他人、社区和社会的发展，

---

① 核心素养研究课题组. 中国学生发展核心素养［J］. 中国教育学刊，2016（10）.

能持续地参与社区服务与社会实践活动，还应该具有主人翁意识，关注社区及社会存在的主要问题，热心参与志愿者活动和公益活动，增强社会责任意识和法治观念，形成主动服务他人、服务社会的情怀，理解并践行社会公德，提高社会服务能力。综合实践活动课程贯穿整个基础教育阶段，"活动育人"对于学生而言，意味着"在行动中成长"，在实践活动中构建起来的价值信念还要回到实践活动中检验、调整、落实，从而在活动过程中完善价值信念，成为一个有责任担当的人①。

3. 问题解决

问题解决即发现问题的答案和结论。传统的教学方式是老师"教"，学生"学"，教学指向统一的答案和结论。问题解决学习方式需要学生发现问题、分析问题，并最终尝试解决问题。以问题为导向的这种学习方式在我国综合实践活动课程中运用了20余年，有助于发展学生动手操作能力、培养创造性思维能力并促进学生实践能力的提高。这种学习方法是人类探索未知的重要途径，其思想源远流长，特别是经过美国教育家杜威的努力，问题解决学习成为现代学校教育中学生获得知识、发展自我的重要学习方法②。问题解决学习方式已经在世界范围内得到普遍运用，欧美等国家的中小学课程中，综合性、实践性课程占据了重要位置，比如"项目式学习"（PBL，Project-based Learning）、"科学技术工程数学课程"（Science，Technology，Engineer，Mathematics，即STEM）课程等，这些以问题解决为导向的

---

① 郭红霞. 综合实践活动如何落实价值体认？［J］. 中国德育，2018（2）.
② 宋时春，田慧生. 问题解决学习：综合实践活动实施的重要方法［J］. 课程·教材·教法，2015（7）.

综合性实践课程在国内也运用得越来越普遍。

无独有偶，杜威的"经验主义思想""做中学"等教育理念在博物馆界亦得到了十分广泛的应用。笔者在美国访问交流期间，观摩并研究了美国儿童博物馆课程实施情况。几乎每一个展厅的每一个展览单元都有可体验、可操作的学具供儿童及其家庭共同学习；学校许多课程直接就在博物馆开展，不仅有 STEAM（Science，Technology，Engineer，Arts and Mathematics）等需要借助博物馆展览展品实施的课程，也有语言、社会等基础学科，通过博物馆的沉浸式体验，将不同学科的内容融合在一个博物馆学习单元，鼓励学生运用所学知识发现、分析并提出解决问题的路径，得出开放的结论。

《纲要》对问题解决能力在小学、初中和高中的分阶段目标提出了明确的要求。研究发现，不管处于何种阶段，综合实践的主体都是学生，每一个学生都是学习的主人，他们从真实生活中发现问题，并激发学习的兴趣和动机，体验课题研究的过程与方法，主动运用所学知识分析问题，探索路径，提出自己的想法，并优化调整，制订解决问题的方案。学生在阶段性的综合实践培养中，最终形成善于发现和提出问题，有解决问题的兴趣和热情；能依据特定情境和具体条件，选择制订合理的解决方案；具有在复杂环境中行动的能力等核心素养①。

4. 创意物化

创意，指"有创造性的想法、构思等"；物化，指"人的思想观

---

① 核心素养研究课题组. 中国学生发展核心素养［J］. 中国教育学刊，2016（10）.

念通过实践转化为具有物质形态的现实存在"①。由此看来，创意物化
的表现形式为某种物品，包括三维的、二维的或电子形态的成果，而
且这种成果拥有个人特点和标识，它不是标准化的、量产的某件产品。
作为综合实践活动课程的四大目标之一，创意物化强调了"实践"的
重要性。学生从学习情境中生成问题，在研究中转化问题，通过实践
解决问题，于创意制作中升华问题。综合实践来源于生活中的问题，
最终要回归到生活中去检验。生活因创造而美好，学生的实践创新能
力也总是伴随着解决身边的实际生活需求出发的，在创意物化的过程
中，多学科知识的综合运用，劳动技能的升级，审美能力的培育等共
同作用，提高了学生的实践创新能力。创意物化不仅要求具备劳动意
识，还要掌握技术应用，通过动手操作实践，小学生应初步掌握手工
设计与制作的基本技能；学会运用信息技术，设计并制作有一定创意
的数字作品，服务于学习和生活。初中生则应具备将一定的想法或创
意付诸实践，通过设计、制作或装配等，制作和不断改进较为复杂的
制品或用品，发展实践创新意识和审美意识，提高创意实现能力。高
中阶段的学生动手能力和综合技能更全面了，创意设计、动手操作、
技术应用和物化能力都应不断进步，以适应处理复杂问题的能力要求。

（二）博物馆研学实践教育的相关人群

根据 2017 年教育部颁发的《中小学综合实践活动课程指导纲要》，
综合实践活动课程是国家义务教育和普通高中课程方案规定的必修课
程，与学科课程并列设置，是基础教育课程体系的重要组成部分，面

---

① 夏征农，陈至立. 辞海：第六版缩印本［M］. 上海：上海辞书出版社，2010：2019.

向小学一年级至高中三年级全面实施。因此，6—18 岁学生都是博物馆研学实践教育的目标受众。

博物馆教育工作者是博物馆研学实践教育课程的引导者。对于博物馆老师来说，不仅要掌握与展品有关的学科知识，准确提炼并展示中华优秀传统文化的精神标识，体现文物的历史价值、文化价值、审美价值、科技价值、时代价值，还要掌握与教育教学相关的理论和方法，并在博物馆场景中实现二者的整合应用。学校教师是博物馆研学实践教育课程的指导者。学校教师熟悉学生，掌握教学方法，通过指导学生围绕活动主题，从特定的角度切入，选择具体的活动内容，并自定活动目标任务，提升自主规划和管理能力。博物馆和学校双向合作，在研究、策划和实施博物馆研学实践教育课程的过程中，应善于捕捉和利用课程实施中生成的有价值的问题，指导学生深化活动主题，不断完善活动内容。双方教师要基于学生已有经验和兴趣专长，打破学科界限，选择综合性活动内容，鼓励学生跨领域、跨学科学习，为学生自主活动留出余地。双方教师还应"双向奔赴"，对学生学情、学科课程课标，博物馆藏品信息与价值的挖掘与阐释，开展融合式研究，只有当老师们开展科学研究，博物馆研学实践教育才不至于变为单调乏味的义务，而是幸福的教学相长之路。学生对博物馆的展品及其内涵和价值需要逐渐认知，因此在博物馆研学实践教育课程实施过程中，要处理好学生自主实践与双方教师有效指导的关系。教师既不能"教"综合实践活动，也不能推卸指导的责任，而应当成为学生活动的组织者、参与者和促进者。双方教师的指导应贯穿于综合实践活动实施的全过程。

（三）博物馆研学实践教育的内容选择

博物馆研学实践教育既要遵循博物馆学习的实物性、直观性、自主性、社会性等特点，又要依照综合实践活动课程的内容选择与组织原则——自主性、实践性、开放性、整合性和连续性等特点，挑选符合主题的展品，满足跨学科综合实践的目标，并基于学生发展的实际需求，设计活动主题和具体内容，选择相应的活动方式。

在主题开发与活动内容选择时，要重视学生自身发展需求，尊重学生的自主选择。让学生成为博物馆研学实践教育课程（活动）的主体，自主选择具体的活动内容，并自定活动目标任务，提升他们自主规划和管理能力。

博物馆研学实践教育课程（活动）强调实践性，鼓励从"做"中学，通过学生亲身经历各项活动，在"动手做""实验""探究""设计""创作""反思"等过程中进行"体验""体悟""体认"，在全身心参与的活动中，发现、分析和解决问题，体验和感受生活，发展实践创新能力。

作为非正式学习，博物馆学习具有很强的开放性，同一个主题的内容在不同的人身上会生成不同的结果。博物馆研学实践教育课程面向学生的整个生活世界，学生已有的经验和兴趣专长，在研学实践教育课程中会有不同的拓展，学生自己的个性特长、实践能力、服务精神和社会责任感在实践教育活动中不断获得发展。

历史博物馆的每一件展品都是艺术与科学的结晶，历史、道德、文化、审美、科技、时代，几乎每一件考古出土文物或传世艺术品都能从上述方面阐释它的价值和背后的故事，展品自带的整合性可以让我们在设计研学实践教育课程时，从不同的学科和维度去均衡考虑学生与自然的关系、学生与他人和社会的关系、学生与自我的关系这三个方面的内容，以促进学生的综合素质发展。

中华文明上下五千年，源远流长、博大精深，地球历史数十亿年，宇宙万物奥妙无穷，无论是历史文化博物馆，还是自然科技博物馆，其包含的内容都不是几次研学实践教育课程就可以覆盖的，而且随着年龄的增长，知识和阅历的增多，综合实践活动课程的目标也有相应的要求，博物馆研学实践教育活动可以基于学生可持续发展的要求，设计长短期相结合的主题活动，使活动内容具有递进性。活动内容可以由简单走向复杂，活动主题向纵深发展，不断丰富活动内容、拓展活动范围，促进学生综合素质的持续发展。

（四）博物馆研学实践教育的主要方式

博物馆学习的主要方式包括调查、观察、体验、实验、扮演、表演、探究、探讨等。研学实践教育活动的主要方式及其关键要素为考察探究、社会服务、设计制作和职业体验等。两种方式具有高度的相同之处，都强调从自身生活和兴趣经验出发，开展研究性学习，通过体验和实践，实现知行合一。

1. 调查观察

学生在教师的指导下，通过观察和对比，主动思考和记录，获取知识，分析并解决问题。通过野外考察、社会调查、研学旅行等，学生运用实地观察、访谈、实验等方法，获取材料，形成理性思维、批判质疑和勇于探究的精神。研学实践教育活动让学生亲历知识产生与形成的过程，学会独立运用其脑力劳动；追求"知识"发现、"方法"习得与"态度"形成的有机结合与高度统一。

上海市奉贤区齐贤学校在上海自然博物馆开展了主题为《鸟——人类的好伙伴》的考察探究活动。在这场活动中，四年级的学生基于自身兴趣从自然和生活中去认识和了解不同的鸟类及它们的习性，确定"人与鸟类"这一主题，开展研究性学习。孩子们综合运用学校自然课开展"识鸟、爱鸟、护鸟"兴趣小组活动所学知识，和上海自然博物馆的丰富馆藏资源和展览，通过3—4项活动，如参观自然博物馆一层的"生命长河"展区中的鸟标本和地下二层的"缤纷生命"展区中的"千姿百态"主题区"千足百喙"，归纳鸟类的共同特征；参加探索中心"猫头鹰的食丸"探究活动，思考鸟类的食谱为什么是不一样的，并提出假设和设想，分小组讨论交流；参观"上海故事"展区"生命驿站"，感受环境变化对鸟类的影响。思考环境变化对鸟类有哪些影响，并分组讨论提出设想，汇总问题。参观博物馆后，学生们继续开展研究，对学校附近鸟类的生态变化现状进行调查，或者完成一份鸟类自然笔记；或者分组编写"美丽环境，鸟类天堂"故事等。在齐贤学校老师和上海自然博物馆老师的指导下，同学们分析问题并尝试解决问题，通过考察、探究等形式，获得参与研究的亲身体验，培养科学精神。

2. 志愿服务

自2008年全国博物馆全面实施免费开放以来，中国博物馆开启了公共文化服务新进程，博物馆工作重心向优质服务转移，博物馆进入服务时代①，折射出博物馆环境、功能、技术等因素的改变和对社会的融入②。研学实践教育课程（活动）的主要方式之一——社会服务，要求学生在教师的指导下，走出教室，参与社会活动，以自己的劳动满足社会组织或他人的需要，如公益活动、志愿服务、勤工俭学等，它强调学生在满足被服务者需要的过程中，获得自身发展，促进相关知识技能的学习，提升实践能力，成为履职尽责、敢于担当的人。作为公共文化平台，博物馆需要全社会的人共建共享，我为人人、人人为我的志愿服务精神在越来越多的博物馆、图书馆等公共文化空间体现得淋漓尽致。学生通过习得某种技能，掌握场馆工作规程和要求，践履社会责任，体会付出和担当，也感受被需要和服务他人的愉悦。

2021 年是中国共产党百年华诞，国家文物局、共青团中央、全国少工委联合启动了"党的故事我来讲——争做红领巾讲解员"实践体验活动。活动在全国各地的博物馆、纪念馆和中小学校竞相开展。各地团委、少工委组织少先队员走进革命场馆开展参访学习，指导他们通过短视频、手抄报、通讯稿把一件革命文物、一位革命人物、一段党史故事准确描述出来，讲解给小伙伴听。少先队员纷纷走进革命场馆，担任"红领巾讲解员"，成为革命故事的讲述者、革命精神的传承者、革命文化的传播者。各革命博物馆、纪念馆、陈列馆、革命旧址等革命场馆积极发挥爱国主义教育、青少年思想道德建设的阵地作用，为少先队员开辟绿色通道，遴选优秀党员、团员担任少先队校外辅导员，为少先队员提供讲解、培训等服务。少先队员通过"学习"和"服务"，变"输入"为"输出"，在博物馆、纪念馆服务中将所学

① 宋向光. 物与识——当代中国博物馆理论与实践辨析［M］. 北京：科学出版社，2009.
② 张晓云. 县级博物馆治理研究——基于现代公共文化服务体系视角［M］. 北京：科学出版社，2021.

知识运用于社会并解决问题，同时通过服务开展学习，体现了少先队实践育人作用，增强了少先队员光荣感。

3. 探讨探究

综合实践活动课程以创意物化为课程目标之一，要求学生通过设计制作等方式，将自己的创意、方案付诸现实，转化为物品或作品的过程，以提高学生的技术意识、工程思维、动手操作能力等。博物馆拥有丰富的文物典藏，是文化资源的重要聚集中心，一件藏品就是一个 IP，可以挖掘和生发的创意无限。创意物化这一目标的实现不仅需要"设计制作"活动和"造物"工具的支持，还需要综合应用多学科知识与能力，需要一探究竟的"钉钉子"精神，我们来看看张春莉等在《创意物化的理论探析与实践思考》中分享的案例：

北京师范大学第三附属中学借助互联网技术开发的古建筑课程，设计并再现了阿房宫的宫殿建筑，引导学生完成对文化和历史、生活和世界的价值建构，并呈现出一系列生动的物化成果。首先，在学习情境中确立主题。学生在语文课上接触到《阿房宫赋》这篇文章，继而引发了他们对辉煌建筑被毁的思考。第二步，在研究中转化主题。学生通过自主设计与合作将任务分解，并转化为不同方面的目标。在搭建宫殿之初，学生首先通过查阅与阿房宫相关的古籍、文献以及建筑知识来设计建筑的整体结构，根据已经明确的核心要素和辅助要素确定各要素的呈现形式、组合方式等，并绘制出一系列相关的设计图纸。通过小组分工，不同的同学负责不同宫殿类型的搭建。第三，在实践中解决问题。例如，学生在草图中设计了一片浩大的湖，湖上有着气派的拱桥，用以衬托阿房宫的宏伟。但是查阅古籍的过程中，学生却发现拱桥的设计存在问题。在秦朝时，人们并未掌握建造拱桥的技术，而且跨度如此大的拱桥并不符合物理规律，也与周围的建筑大小不匹配。经过一番思考，同学们决定在湖上建一个湖心岛，并用两个小桥分别连接湖的两端和小岛，风景也由气势磅礴转为秀美婉约。这体现了学生丰富的想象力和问题解决能力，在这个阶段，发现问题、研究问题、设计解决方案并进行动手实践，知识与能力在现实问题的分析与解决中产生了有意义的关联。第四，在创意制作中回应现实。产品的根本价值在于它是学生知识和技能的外化，是学生动手操作能力、问题解决能力的体现，具有充分的现实意义。它告诉我们只要学生得到适当、有效的指导，在未来的现实生活中他们就能够创造出有实用价值的成果。"搭建阿房宫"课程的最后一个阶段是在校园科技节上将充满创意的视频作品呈现出来。同学们经过辛苦的准备，制作出一个全方位展示阿房宫建筑模型的电影，通过配乐与旁白渲染，加上身着素衣的学生感情饱满的朗诵，最终带给全校师生一个有感染力的作品。通过一系列的实践活动，学生们真切地感受到阿房宫的宏伟，在痛心它被楚王一把火烧毁的同时，对它所带给我们的历史教训进行了深刻的思考。在那个科学技术并不发达的时代，建造这样一个宫殿劳民伤财，不得民心，阿房宫就像是一个缩影，真正揭示了秦王朝走向倾覆的原因[1]。

4. 扮演表演

每一种职业都需要正确的劳动观念和专业技能。博物馆是知识技术密集型的文化教育设施，因此，博物馆从业人员需要具备相应的专

---

① 张春莉，王艳芝，程黎，等. 创意物化的理论探析与实践思考［J］. 中国教育学刊，2020（9）.

业素养和技能，才能胜任保存、保护和利用人类自然和文化遗产的重任。博物馆业务部门通常有典藏部——负责藏品的征集、出入库、账目登记、日常管理、常规性保护、数字化信息库的建立、文物研究等；陈展部——负责陈列展览的内容设计、形式制作、展示设备维护和展览交流等；公教部——负责观众服务、策划和组织各类社会教育活动，编辑出版各类教育普及性读物，进行观众研究和分析，招募和培训志愿者，开展教育培训和组织"流动博物馆"巡回展览等；文保中心——负责馆藏文物和标本的保护、保养、修复和复仿制，监测保护环境和保护条件等；科研管理中心——负责科研课题项目的管理、编辑出版各类博物馆出版物、学术委员会的日常事务、组织各类学术研究活动和讲座交流、文物研究等；信息中心——负责博物馆信息系统的正常运行和维护，博物馆数字化和数据库建设的相关工作，以及博物馆网站、微博、微信等信息平台的管理和对外宣传工作等；文创部——负责文化创意产品的开发与经营管理，博物馆 IP 授权和博物馆产业管理等；图书馆部——负责博物馆书刊、报纸的采购和登记，古籍管理，以及本馆出版物的发放管理工作，对图书库房中的各类书刊资料进行数字化采集和日常维护，并提供借阅和咨询服务等。此外，还有办公室、人事部、财务部、安保部、后勤中心等综合保障部门。博物馆各岗位所需学科专业，既有社会学科、艺术学科，也有自然学科、工程技术学科，如文物保护与修复等岗位强调工匠精神，学生在实际工作岗位上或模拟情境中见习、实习，体认职业角色的过程，可以让学生获得对职业生活的真切理解，发现自己的专长，培养职业兴趣，提升职业生涯规划能力。博物馆强调体验式学习、沉浸式体验，职业体验作为一种体验式学习，让学生在亲身经历和直接参与职业活动的过程中，获得真切的职业认识与情感体悟，形成深刻的职业理解，自觉地将自身成长、个人梦想与社会进步、国家发展、人类文明联系起来，在选择中平衡家庭与社会的需求，兼顾个人价值与社会价值的实现，过有意义的人生①。

中国科技馆"我是心血管病医生"的课程，依托中国科技馆"血管墙"，结合国家生物课程课标和教材，让学生在科技馆内进行职业模拟体验。课程所面向的教学对象是初中1—3年级（12—14岁）的学生，教学目标紧密结合七年级下册的《生物学》（人教版）教材内容和《初中科学课课程标准》来设置。教学重点是让学生在了解心血管疾病相关知识以及医生对冠心病的诊断和治疗方法的基础上，根据学习单的指导分别扮演病人和医生，通过问诊、心电图检查等来完成一个完整的就医过程，进而充分了解心血管病医生的工作流程，对医生这一职业产生向往之心；同时学生在活动中还会体会到冠心病的发生与不良生活方式有很大关系，知道要从小养成正确的生活习惯和健康的生活方式②。

《指导纲要》强调，综合实践活动方式的划分是相对的。在活动设计时可以有所侧重，以某种方式为主，兼顾其他方式；也可以整合方式实施，使不同活动要素彼此渗透、融合贯通。要充分发挥信息技术对于各类活动的支持作用，有效促进问题解决、交流协作、成果展示与分享等。

---

① 黄琼. 中小学职业体验活动要抓住关键要素——《中小学综合实践活动课程指导纲要》"职业体验"主题解读［J］. 人民教育，2018（Z1）.
② 刘伟霞. 馆校结合场馆内开展职业体验课程探索［J］. 科技视界，2021（6）.

二、博物馆研学实践教育的发展变化

（一）博物馆研学实践教育的发展历程

现代意义上的公共博物馆在 17 世纪后期出现，1683 年，英国牛津大学阿什莫尔博物馆建立，正式使用了"museum"一词。当时对博物馆的定义是"贮存和收藏各种自然、科学与文学珍品或趣物或艺术品的场所"。当时，博物馆领域对博物馆还没有很清晰的功能定位，仅限于收藏和保存，对博物馆承担的教育功能一直是与整个博物馆的总体运营混杂在一起的。梳理博物馆教育功能的发展历程可以发现，博物馆教育功能的发展变化与教育改革、教学方式变革等有着密切的逻辑联系。可以说，博物馆教育的功能、定位和角色的变化与教育教学改革一脉相承，学习方式的变革、认知方式的改变，以及心理学与社会学等学科理论的演进，为博物馆教育的发展提供了理论的基石。

1. 20 世纪 20 年代以前，博物馆教育定位不清晰，重要性不明显

从创建开始，公共博物馆就一直是以启蒙这一理想为己任的，认为每一个人都有权利获得知识。博物馆教育功能的发展是在收集藏品和科学研究工作的基础上展开的。当时的博物馆教育坚持的是一种实在主义的教育理论观点与立场，认为人的任务就是努力去发现与理解它。这样一来，最初的博物馆教育采取的是一种照本宣科、机械说教的方式，博物馆讲解员和教师一样也是知识的权威，他们以"灌输一

吸收"的方式把知识传授给前来参观的人①。这与当时赫尔巴特主义的教育教学传统②是高度一致的。这一阶段的博物馆教育缺乏相适应的教育理论基石，博物馆教育也一直作为学校教育可有可无的补充存在。

2. 20世纪30至50年代，博物馆教育定位于为中小学校服务

中国最早的博物馆是1905年张謇创办的南通博物苑，后期各级政府陆续在全国各地创办了许多博物馆，在当时发挥了巨大作用，如北京铁道管理学院博物馆（1913）、农商部地质调查所地质陈列馆（1916）、保定教育博物院（1916）、天津博物院（1918）、山西教育图书博物馆（1919）等相继成立或筹备。民国创立之初就将博物馆纳入了国家教育序列。当时的有识之士呼吁创设博物馆、图书馆等新式机构以"广开民智""以助试验"。而博物馆的实物教育功能，亦能补救清末中国学术只重典籍而"务虚"的弊端③。陈端志对美国的博物馆做了考察后观察到，"博物馆对于学校学生的教育，实已成为重要职能之一"④。费畊雨等也写道："博物馆在学校教育上具有实物教育的性质""在施教及学习方面，俱极便利，故效果的伟大，亦非寻常学校教育所能企及"⑤。

而当时欧美的博物馆教育功能已得到了极大的发展，为规模庞大

---

① 郑旭东. 从博物馆教育到场馆学习的演进：历史与逻辑 [J]. 现代教育技术，2015（2）.
② 赫尔巴特特别强调教师的地位，提出"教师中心、教材中心、课堂中心"。
③ 李飞. 社会、学校与家庭：民国人对博物馆教育功能的引介和实践 [J]. 东南文化，2014（1）.
④ 陈端志. 博物馆学通论 [M]. 上海市博物馆，1936.
⑤ 费畊雨，费鸿年. 博物馆学概论 [M]. 上海：中华书局，1936.

的公立学校系统提供教育教学方面的支助，成为当时博物馆肩负的一项重要社会责任。到了 20 世纪 30 年代，博物馆的教育功能已经明确限定于主要为中小学提供服务①。

20 世纪上半叶，鉴于和中小学的密切联系，博物馆教育的发展与当时的各种教育改革运动几乎是同步的，甚至本身就构成了教育改革的一部分。美国进步教育运动的两大流派——桑代克领衔的管理进步教育（Administrative Progressives）② 与杜威领衔的教学进步教育（Pedagogical Progressives）③ ——均在博物馆教育身上打下了深刻的烙印④。

3. 20 世纪 60 至 70 年代，课程与教学改革推动博物馆教育转型，从"教"转向"学"

20 世纪 60 年代，美国兴起了课程与教学改革运动。哈佛大学心理学教授布鲁纳（Jerome Bruner）在吸取了德国"格式塔"（Gestalt）心理学的理论和瑞士皮亚杰（Piaget，J.）发展心理学的学说，在批判继承杜威（Dewey，J.）教育思想的基础上，加上自己长期的研究，

① HOOPER-GREENHILL E. Museum and gallery education ［M］. Leicester：Leicester University Press，1994：viii.

② 由管理进步教育派别推动的教育科学化运动，随着博物馆教育的研究不断深入，实践的科学化水平持续提升。由于这一时期博物馆在公立学校教育教学中广泛存在，相应的研究也不断增加。

③ 杜威以经验自然主义为旗帜，掀起了现代教育改革的第一次浪潮，并成为进步教育另一个派别——"教学进步教育"的领导者，其思想观点深刻影响了当时博物馆教育的实践。在那个时代，很多博物馆教育工作者成为杜威实用主义教育哲学与经验自然主义教育理论的追随者。他们试图从杜威的教育思想与理论中汲取新的思想资源，推进博物馆教育的研究与实践。而杜威本人也经常参观博物馆，并非常重视博物馆的教育价值。他认为在为学习者提供原汁原味未经加工的经验方面，博物馆发挥着非常关键的作用。

④ 郑旭东. 从博物馆教育到场馆学习的演进：历史与逻辑 ［J］. 现代教育技术，2015（2）.

逐渐形成了"发现学习"（discovery learning）的模式和理论。在布鲁纳的教育思想指导下，美国掀起了一场声势浩大的、以中小学课程改革为中心的教育改革运动，这场以认知结构主义为核心的课程改革推动了博物馆教育方式从"教"向"学"的转变。但布鲁纳的认知结构主义课程改革片面强调知识和智力，忽视了社会多方面的需要，这种课程的培养目标很少顾及培养学生的社会适应能力、集体观念、竞争与合作、个性的发展等，即忽视对学生个体和综合能力的发展①。

60 年代末，美国又掀起了第二次改革基础教育课程的热潮，到 70 年代中期达到顶峰。这次课程改革是提倡以"人的能力的全域发展"为目的的人本主义课程改革，强调学生的自我实现，不仅仅把重点放在智力上，它是以"人的能力的全面发展"为目的的②。人本主义课程改革的思潮也影响了博物馆教育功能的发展。博物馆更加注重对观众的研究和技术应用，通过人性化的展览设计，赋予展品丰富的情感因素，使观众能够准确地捕捉到各种信息，从而也激发了人们进一步探究学习的热情，使参观的过程成为真正意义上的学习③。

这一时期，中国处于动荡时期，国家经济停滞不前，博物馆事业发展搁置。

4. 80 年代起，建构主义等教育理论推动博物馆教育"以学习者为中心"

70 年代末，以布鲁纳为首的教育心理学家将苏联教育心理学家维

① 布鲁纳. 教育过程 [M]. 上海：上海人民出版社，1963.
② 钟启泉. 现代课程论 [M]. 上海：上海教育出版社，1989.
③ 何琦，王军. 从人本主义学习论看博物馆的展览设计——来自现代欧洲博物馆的启示 [J]. 科普研究，2008（3）.

果茨基的思想介绍到美国，对建构主义的思想发展起了极大的推动作用。在博物馆领域，学习的理论基础不断丰厚，从 60 年代开始的教育与心理研究取得的一系列丰硕成果引入博物馆界，博物馆人逐步确立了以学习为本位这一价值取向。维果茨基的社会文化历史理论成为博物馆学习研究的基本理论框架，强调活动和社会交往在人的高级心理机能发展的突出作用。80 年代以后，博物馆教育的研究方法逐步多元，会话分析、叙事等新的方法学开始走进这一领域，博物馆界逐步建立起以"学习者为中心"的功能定位。在这个过程中，认知心理学、当代教育学等对博物馆教育的发展和影响是极为显著和重要的，认知心理学和当代教育学中的不少基础性理论，比如伯奈克·麦卡锡的 4MAT 系统①、马斯洛的需求理论、霍华德·加德纳的多元智能理论、人类认知的一般规律等，也都成为博物馆教育中的重要理论，甚至环境心理学也被应用到博物馆教育的理论构建和实践当中。伴随研究性学习方式的引入，以实践育人、活动育人、课程育人为核心的综合实践活动课程纲要的发布，博物馆面向中小学生的课程有了更明确的目标，对于课程的理论基础、内容选择和教学方式等有了更清晰的指向，我国的博物馆研学实践教育活动进入了新的发展阶段。

---

① 伯奈克·麦卡锡将认知心理学的信息加工理论、霍华德·加德纳的多元智能理论，以及大卫·科尔布的学习风格理论和脑科学的研究成果综合在一起，形成了一种独特模式，即 4MAT 系统。该系统包括 8 个重要的教学环节：联系、注意、想象、告知、练习、延伸、提炼、展现等。在 4MAT 指导下的博物馆教育注重情境的创设，在情境中体验"感觉"；注重程序性知识和陈述性知识的讲授，在概念化中"思考"，在思考中"观察"；注重学习体验后的应用，在实际应用中"具体去做"。

（二）博物馆研学实践教育的内容变化

从建国初期到 20 世纪后半期的近 50 年时间里，我国博物馆教育的形式主要是讲解，由宣教部或群工部来管理。当时的博物馆教育工作者主要是博物馆陈列展览的宣传者、执行者，将博物馆研究人员提供的科学知识，进行文字和语言表达上的转换，让观众更能接受和理解展品的内涵与价值。传统的这种"宣讲"模式，预设博物馆宣教的目的，通过讲解员的解说，达到"教"的目的，这与传统的教学方式强调学生接受知识，认同教师的观点、结论是一致的。

到了 20 世纪后期，世界博物馆工作重心发生了变化，逐渐地从"以物为导向"向"以观众为导向"转变。博物馆在观众的认知和学习需求、观众研究、博物馆展示环境和服务水平提升等方面投入更多的力量，单纯以讲解为主的博物馆教育工作也发生了重大的变革。当博物馆工作重点转换到知识传播时，由于我国博物馆教育的理论根基还比较薄弱，对博物馆教育应当采取什么样的理论为指引、博物馆教育的教学模式是否有别于学校教学等都还很懵懂，也缺乏实践经验，因此从 20 世纪末到 21 世纪的前十年，我国博物馆教育基本上参考学校的教学方法和评价标准，关注知识学习的效果，博物馆教育研究还未真正起步。

进入新时代以来，博物馆的工作重心向文化传承和文化创新转移，博物馆教育的内容不仅关注如何阐释展品内涵和价值，加强对观众学习目标和方式的研究，还更多地运用了体验式、情境式等教学方法，并且向多学科融合发展，重点旨在培养学生科学思维和创新能力。在近十年的发展中，博物馆教育更加注重基础理论的研究，借鉴教育学、心理学、社会学、传播学等相关学科的理论和研究方法，关注目标观众群体的学习需求、学习行为和学习目标，重视教学方式的适用性。我国的博物馆研学实践教育在这一阶段萌芽，有国家层面政策的顶层设计，有综合实践活动课程指导纲要的具体指导，有馆校合作发展的基础，恰逢其时。

三、博物馆研学实践教育的核心价值

价值是一个运用十分广泛的概念。马克思主义认为哲学意义上的价值，是从人们对待满足其需要的外界事物的关系中产生的，是主体以自身的需要为尺度对客体意义的认识。核心价值（core values），也常被翻译为核心价值观或核心价值体系，它是某一社会群体判断社会事务时依据的是非标准和遵循的行为准则。价值观在人文社科领域有十分重要的地位。核心价值是一个组织最基本、最持久、不可替代的组织特质和信念，是该组织区别于其他组织的分界线①。在现实生活中，人的价值观构成非常复杂。个体所处的社会环境、教育经历、人生境遇不同，所形成的的价值观就不尽相同，几乎没有人的价值观是完全一样的。但是，这并不排除一个行业、一个组织内部，需要某种共同的价值。这种共同的价值，就是核心价值。

博物馆研学实践教育是博物馆和综合实践活动课程的整合研究，需要在两者的基础上，梳理出服务于"立德树人"教育根本任务的博物馆研学实践教育核心价值。

---

① 张晓云. 县级博物馆治理研究——基于现代公共文化服务体系视角［M］. 北京：科学出版社，2021.

（一）博物馆核心价值研究综述

1. 研究与确立博物馆核心价值的意义

博物馆的核心价值，是博物馆界对于自己的责任或使命的一种系统的说明，包含博物馆的本质功能、根本宗旨、最高理想和终极追求，它应该能够统摄和指导博物馆的日常运行和重大活动。中国博物馆界自 21 世纪以来陆续开展探讨，以确定中国博物馆的核心价值，但业界并没有达成共识。

无独有偶，中国图书馆界在进入 21 世纪以后也开始组织确立图书馆核心价值的活动。一方面是因为自 20 世纪 90 年代开始，国际图书馆发展环境的剧变，使图书馆人开始考虑用科学的语言，系统地、明确地表达他们对图书馆事业的信念；另一方面是图书馆人希望通过确立图书馆核心价值，以明确行进的方向，形成共识，共同应对图书馆所面临的挑战①。综合我国博物馆界和图书馆界对核心价值的研究，笔者认为确立博物馆核心价值对于快速发展的博物馆来说，具有非常重要的指导意义。第一，是以规范、简洁的语言确立博物馆的根本宗旨。博物馆人对"博物馆是什么"这个根本的问题要有清晰的认识，这是立馆之本。第二，向社会表明博物馆的使命。告诉社会管理者与社会公众"博物馆为了什么"，以争取他们对于博物馆事业的支持。第三，向社会和公众表明博物馆的追求。告诉公众，博物馆在经济社会发展过程中能扮演更加积极和重要的角色。

---

① 范并思. 核心价值：图书馆学的挑战［J］. 图书与情报，2007（3）.

2. 博物馆核心价值研究综述

（1）以藏品为基础。 苏东海先生在《关于博物馆的核心价值——苏东海先生访谈》一文中指出，"博物馆要发挥自己的作用，……实现博物馆的价值与社会使命，还是要回到藏品、回到遗产这个问题。离开这个，博物馆就不是博物馆了"①。博物馆赖以存在的基础是藏品，这也是博物馆区别于其他组织的根本特质。博物馆要通过藏品来叙述历史，展现艺术创造，阐明文化立场。

（2）以公众为本。 博物馆的物质基础是藏品，但博物馆不仅仅是为了收藏而存在。博物馆见证社会和经济发展，收集、保存、研究、传播和展出人类和自然发展物证，并向公众永久开放，这都是更好地为社会及其发展服务，为公众的学习和欣赏服务。以公众为本是设立博物馆的原则，也是博物馆工作的方向。

（3）以教育为核心。 博物馆根本上是一个教育机构，其作为社会文化事业的重要内容，在文化遗产保护、国民教育和公共文化服务体系建设中的地位和作用日益重要②。开展以公众为中心的教育活动应是博物馆工作的核心内容，所有博物馆工作人员都有义务为社会提供教育服务。早在1906年美国博物馆协会成立时就宣言"博物馆应成为民众的大学"。1990年，美国博物馆协会在解释博物馆的定义时，将"教育"与"为公众服务"并列视为博物馆的核心要素。美国每家博物馆都有"建馆宗旨"，有的很长，有的很短，但基本上都包含教

---

① 曹兵武. 关于博物馆的核心价值——苏东海先生访谈 [N]. 中国文物报，2007-12-28.
② 单霁翔. 抓住历史机遇，推进新时期中国博物馆的蓬勃发展 [N]. 光明日报，2010-11-05.

育这一项内容。以教育为核心是博物馆的起点，也是最重要的功能之一。

对博物馆核心价值的探讨仍在继续，虽然现在对于博物馆核心价值还不能形成一个确定的答案，但是这样的讨论越深入，越有利于博物馆学理论的建设和完善。确立博物馆核心价值的过程，就是从博物馆理念和实践中，提炼出少数最核心、同时也是最容易为本行业全体从业人员所认同的理念，并以规范、简洁的语言表达出来。这种表达的研究过程不是什么创新，但它的难度并不亚于理论的创新。

（二）综合实践活动课程核心价值研究综述

课程是对人类认识世界的各种科学知识、文化的反映和凝结，反映了人类认识的特点和主体的特点。所谓课程的价值，是指课程能满足主体（人——教育者、受教育者和社会）的一定需要，亦即课程的存在、作用及其变化对一定主体需要及其发展的适应。通俗地说，课程的价值，就是课程对人和社会的意义①。综合实践活动课程的价值就是综合实践活动课程对人和社会的意义。

1. 实践育人

教育部于 2017 年 9 月颁布的《中小学综合实践活动课程指导纲要》明确了综合实践活动课程的性质，即"培养学生综合素质的跨学科实践性课程"，凸显了其实践育人的核心价值。跨学科的实践活动是综合实践活动课程的育人途径。一方面，实践是认识的起点和源泉，

———————

① 王学东. 语言：语文课程的本体价值［J］. 中学语文教学，2015（3）.

综合素质和核心素养需要在实践中发展。这门课不再拘泥于书本知识传授，而是通过为学生创造实践机会和情境，引导学生面对和解决各种实践问题，从中培养实践所需要的综合能力。另一方面，实践经验来自于生活世界。综合实践活动课程必须要面向学生的完整生活，必须是综合性的、跨学科的。它不再拘泥于某一种认识方式、某一个学科知识，而是立足实践，面向生活，为学生综合运用知识解决实际问题提供广阔的、真实的空间和平台①。这是综合实践活动课程存在的全部意义。

2. 活动育人

综合性实践活动课程的主体是学生，在教师的指导下，学生自主进行跨学科的综合性学习活动。这门课程显然不同于认知性的课程，它来源于真实生活，来源于实际的自然情景、社区背景，又回归到现实世界，它需要学生在实践中发现问题，并运用所学的知识基础去找到解决问题的路径，深化已有的知识和各种认识，最终实现问题的解决。综合实践活动要引导学生通过各种活动作业来开展活动过程，活动育人的核心价值不言而喻。

3. 社会责任

综合实践活动课程是体现生活的发展价值、教育价值的课程，它将形成直面生活问题的积极态度与解决生活问题的创造能力有机结合。践履社会责任是综合实践活动课程的核心价值之一。综合实践活动课程是实施德育教育的主阵地之一，综合实践活动尊重学生的个人兴趣、

---

① 杨培禾. 实践育人：综合实践活动课程的核心价值 [J]. 中国德育，2018 (2).

爱好，注重发挥学生的自主性，有利于发挥他们的主人翁精神；在实践活动中，大家各司其职，责任分工明确，学生会产生强烈的责任感；在社区服务和社会实践中，学生们在丰富多彩的实践活动中去体验、锤炼，从而学会关心他人、关心社会，在活动中增强社会责任感。

4. 创新精神

培养学生的创新精神和实践能力是《基础教育课程改革纲要（试行）》的基本理念和要求。综合实践活动课程是以培养学生创新精神和实践能力、全面提升学生素质为目的的课程。培养创新精神是综合实践活动课程的核心价值之一。信息技术教育、研究性学习、社区服务与社会实践以及劳动与技术教育等课程内容，都旨在让学生通过实践，增强探究和创新意识，学习科学研究的方法，发展综合运用知识的能力。当今中国处于百年未有之大变局，面对日益激烈的国际竞争，我们必须把创新摆在国家发展全局的核心位置，不断推进理论创新、制度创新、科技创新、文化创新等各方面创新。培养青少年学生的创新精神和创新意识，成长为全面发展的共产主义事业接班人，是教育的总任务，也是我们的终极目标。

（三）博物馆研学实践教育的核心价值

博物馆研学实践教育从综合实践活动课程出发，运用博物馆的展品、空间和人文等要素，面向广大中小学生，实施以研究性学习为主要方式的综合实践活动。博物馆研学实践教育活动通过博物馆专业手段，为中小学学生的自主学习奠定坚实的物质基础，为培养创新型人才营造积极有利的环境，为体验文化多样性提供更多的机会。

1. 自主学习

自主学习，又称自我调节的学习，为学生自己做主，自觉确定学习目标、选择学习方法、监控学习过程、评价学习结果的过程①。学生不受别人支配，不受外界干扰，通过阅读、听讲、研究、观察、模仿、实践等手段开展学习。在博物馆的参观学习是一个自主选择和实施的过程。当学生走进展厅，选择观看的主题内容、停留的时间长短、通过何种方式来观看和理解、是否和同伴交谈、是否借助其他设备或工具来理解、离开博物馆之后是否还会借助书籍或网络等进一步拓展，这都取决于学生个体。进入博物馆后，学生的学习动机是自我驱动的，学习内容是自己选择的，学习策略是自主调节的，学习时间是自我计划和管理的，学生能够主动营造有利于学习的物质和社会性条件，并能够对学习结果作出自我判断和评价，这时候，他的学习就是充分自主的②。博物馆研学实践教育活动有利于塑造学生自主学习的能动性、有效性和相对独立性，这与博物馆学习的特点，强调自主学习和自我实现是一脉相承的。

2. 科学创新

探究、想象、批判是科学创新的主要方法，博物馆通过博物馆专业活动激发和支持观众进行知识创新。博物馆中收藏了大量人们在探究世界、认识自然和记录社会发展中收集的各种实物标本，这些实物蕴含了大量还没有揭示出来的信息，当看到这些异时异域的实物标本，

---

① 庞维国.90年代以来国外自主学习研究的若干进展［J］.心理学动态，2000（4）.
② 庞维国.论学生的自主学习［J］.华东师范大学学报（教育科学版），2001（2）.

想了解它们的背景和内涵，想了解它们为什么会被博物馆所收藏时，这一切疑问，将会激发人们的探究意愿，让人们力求在原生态语境中和现实社会条件下理解这些实物，在"为什么"的疑问中推开知识的大门①。各种人类创作、制造的物品从始状到现状所经历的变化，无不涉及自然科学和社会科学的融合研究，其中也富含科技的创新与创造。博物馆实物的丰富性和教育资源，可以为学校教育供给侧改革提供更多机会，培养学生的科学创新能力和社会实践能力，弥补学校教育的不足。

3. 文化多样性

文明因交流而多彩，文明因互鉴而丰富。文明交流互鉴，是推动人类文明进步和世界和平发展的重要动力。如今，博物馆在推动文明交流互鉴，展现中华文明与世界其他文明交流与对话中发挥了日益重要的作用。引进不同文明的文化遗产展览，传播中华优秀传统文化，不同的文明成果在博物馆相继呈现，如今的中国博物馆，在家门口欣赏世界不同的文化和艺术已经非常普遍。通过博物馆研学实践教育活动，让中小学学生认识和了解文化的多样性，是博物馆的责任，也是博物馆的价值。和而不同是一切事物发生发展的规律。世界万物万事总是千差万别、异彩纷呈的，如果万物万事都清一色了，事物的发展、世界的进步也就停止了。每一个国家和民族的文明都扎根于本国本民族的土壤之中，都有自己的本色、长处、优点。走进博物馆，学生们不仅可以感叹博大精深的中华文明，还可以领略世界各国各民族文明的多样性，从而建立起尊重文化多样性的世界观和"不论是中华文

① 宋向光.大学博物馆核心价值：知识构建与科学创新［J］.中国高等教育，2015（1）.

明，还是世界上存在的其他文明，都是人类文明创造的成果"的文化观。这样的认知和态度有利于开创更有选择的未来，有利于中小学学生传承"和而不同"的中华民族的文化基因。

| 第二章 |
国际博物馆研学实践教育现状

依托博物馆开展的中小学生综合实践活动，在欧美地区博物馆文化发达的国家行之久远，发展也比较成熟。研究性学习方式于 21 世纪初在我国高中阶段落地，并逐步往义务教育阶段推进，在 20 余年的发展过程中，这种学习方式与劳动教育和社会实践相结合，成为综合实践活动课程的主要原则，充分发挥了中小学综合实践活动课程在立德树人、五育并举中的重要作用，以及培养学生社会责任感、创新精神和实践能力等关键能力方面的独特价值。本章讨论国际博物馆研学实践教育现状，并开展相关研究，是既注重继承我国综合实践活动课程建设的成功经验，也充分借鉴并吸收国际课程改革新成果，更新教育理念，增强博物馆研学实践教育活动课程的综合性、实践性，着力发展学生的核心素养，探索出符合中国"立德树人"教育根本任务的博物馆研学实践教育的路径。本章拟就英国、美国和日本等国的博物馆研学实践教育发展、实施、管理和效果等方面开展研究。

一、英国博物馆研学实践教育研究综述

（一）英国博物馆研学实践教育的发展

英国是世界上博物馆历史最悠久的国家。1683 年，阿什莫林博物馆（Ashmolean Museum）开放，成为英国历史上第一个对公众开放的博物馆，如今全英博物馆数量已超过 2600 家①。在 300 多年的博物馆发展历史中，英国出现了许多博物馆界"第一"，推动了博物馆在全世界的发展。在英国，博物馆是现代国民教育的重要组成部分，其教育使命多为引导公众潜在的学习欲望，增长知识，开阔眼界，促进民众多方面成长②。参照它在最近 200 多年的发展成就，英国博物馆研学实践教育的发展大致包括如下阶段。

第一阶段：从 1759 年大英博物馆（British Museum）对公众开放到第一次世界大战结束。英国是最早发展博物馆并建立相关法律体系推动博物馆发展的国家。1845 年英国议会通过了《博物馆法》（Museums Act 1845），赋予地方政府开设博物馆的权利。法案规定，人口超过 1 万人的城镇最多可将人均 1/2 便士的税收用于博物馆建设。该法案允许博物馆收取不超过 1 便士的入场费，并规定所有藏品均由有关地方当局永久托管。此时虽然博物馆的数量仅不到 40 座，但已有专门为教育目的而创建的博物馆，如 1683 年开放的牛津大学阿什莫林博

---

① List of Accredited Museums, Arts Council England, 2017.
② 王文. 美术馆是现代国民教育体系的重要组成部分——英国第一地点当代艺术馆交流记 [C] //中国对外文化交流协会. 他山之石可以攻玉——艺术专业与管理人才国际交流项目成果册（综合）. 南京：江苏凤凰美术出版社，2019：274.

物馆、1759 年通过英国议会法案（the Act of Parliament）正式对公众开放的大英博物馆和 1824 年开放的国立美术馆等。1870 年出台的《初等教育法案》标志着英国国民初等教育制度正式形成，之后英国基本普及了义务教育。对博物馆来说，最为重要的是"实物课程"，它不仅计入教学课程计划，也写入了教育行为准则。

英国博物馆协会（The Museums Association）于 1889 年成立，这也是世界上最早的博物馆组织，目前英国博物馆协会拥有 14000 多名个人会员、1800 多个博物馆团体会员和 300 多个商业组织会员①。1891 年，英国议会通过了《博物馆和体育馆法》（Museums and Gymnasiums Act 1891），博物馆事业繁荣发展，到 1911 年英国已经拥有 545 家博物馆②。1895 年，英国修正《学校教育法案》，视学校到博物馆的参观行为为有效的教学形式，从而开启了英国学校与博物馆合作的关系③。英国通过新立法和修订教育相关法案，引导政府建立和发展博物馆，从法律层面确立博物馆参与学校教育的地位和责任，为今后博物馆教育功能的发挥奠定了较好的基础。

第一次世界大战期间（1914—1918），博物馆在向公众传递思想和为儿童提供学校教育方面扮演了重要的角色。博物馆举办的有关婴儿看护和其他有关健康和卫生保健方面的展览吸引了大量渴望改善自身生活的参观者。当学校因为教师应征入伍和建筑征用而不能继续履

---

① Museums Association. About us [EB/OL]. https://www. museumsassociation. org/about.
② The British Museum. History [EB/OL]. https://www. britishmuseum. org/about - us/british - museum - story.
③ 廖敦如. 我的教室在博物馆：英美"馆校合作"推展及对我国的启示 [J]. 博物馆学季刊，2005，19（4）：79.

行其职责时，往往是博物馆介入进行帮助①。博物馆参与民众生活和
基础教育工作中，不仅在战时给予了人们足够的知识滋养，而且承担
了慰藉普通民众的责任。

第二阶段：第一次世界大战结束后至 20 世纪 50 年代。战后，社
会尤其是学校等教育机构对博物馆提供教育机会的呼声日益加剧。
1920 年，英国协会（British Association）卡迪夫（Cardiff）会议上发
布了一份名为《博物馆与教育的联系》（Museums in Relation to Educa-
tion）的报告，通过对 134 座省立博物馆的调查，对博物馆的教育职责
作出了清楚的解释。1918 年通过的《新教育法案》（A New Education
Act）使英格兰和威尔士的地方教育当局开始对博物馆进行公费补助，
以此鼓励以教育为目的的校外参观，并借此证明博物馆的教育工作可
以在不破坏博物馆其他职能的前提下进行②。1927 年英国政府专门设
置了国立博物馆和美术馆皇家委员会（Royal Commission on National
Museums and Galleries）③，对国立博物馆乃至整个博物馆业界开展收支
和藏品情况调查。1931 年，皇家委员会成立常务委员会（Standing
Commission on Museums and Galleries），该组织相当于政府对博物馆事
业发展的咨询机构。同年，英国教育委员会（The Board of Education）
在常设委员会的鼓励下发布了指导方针《博物馆与学校：公共博物馆
与公共教育机构不断增加的合作可能性备忘录》（Museums and the
Schools：Memorandum on the Possibility of Increased Co-operation between

---

① HOOPER-GREENHILL E. Museum and gallery education [M]. Leicester：Leicester Univer-
sity Press，1994：1-2.
② 张曦. 英国博物馆教育的初步研究 [D]. 长春：吉林大学，2008.
③ Royal Commission on National Museums and Galleries [J]. Science，1927，66（1701）：125 -
126.

Public Museums and Public Educational Institutions)，对当时博物馆和学校的工作情况进行了说明，期望在此后十年能增加学校与博物馆的合作①。在这近 40 年间，由于国际形势的变化、第二次世界大战爆发等因素，英国博物馆的数量增长减缓，但博物馆与学校之间对彼此合作的态度更加坚定，顶层制度的设计和保障令博物馆与学校之间的合作关系也更加深入。

第三阶段：从 20 世纪 60 年代至 90 年代。在这一阶段，英国博物馆的专业性基础进一步夯实，博物馆的资金来源更加多元，博物馆发展的质量有了明显的提高，博物馆教育呈现里程碑式的发展。1960年，常务委员会对 876 个地方博物馆进行审查，形成《省级博物馆、美术馆调查报告》（Survey of Provincial Museums and Galleries），在博物馆藏品征购、教育活动、从业人员、财务和建筑等方面提出建议，并提出扩大 1959 年在英格兰西南建立的博物馆服务实验区的范围②。政府还采纳常务委员会的建议，从 1963 年 5 月起，对英格兰各个地区的博物馆事业发展进行资助。1964 年至 1970 年，工党首相哈罗德·威尔逊（James Harold Wilson）任命珍妮·李（Jennie Lee）为艺术部长，在她的积极争取和努力下，中央政府对地方博物馆的资金投入大大增加③。1965 年发布的白皮书《艺术政策：第一步》（A Policy for the Arts：The First Steps），对文化艺术管理具有里程碑式的意义。它的发表不仅使国立博物馆购买藏品的资金增加一倍，而且使英国艺术委员

① 任翠英，朱益明. 英国校外场馆教育活动的开展及启示［J］. 基础教育，2017，14（2）.
② Standing Commission on Museums and Galleries，Burlington Magazine for Connoisseurs，1938.
③ BLACK L. "Making Britain a Gayer and More Cultivated Country"：Wilson, Lee and the Creative Industries in the 1960s［J］，Contemporary British History，2006，20（3）：323 - 342.

会（Arts Council of Great Britain）的资金迅速增加，大批资助文化单位的项目获批，仅在 1965 年至 1971 年间政府投入博物馆建筑的资金就高达 275 万英镑，全英各地新的博物馆、美术馆和音乐厅如雨后春笋般兴建起来①。

自 60 年代始，博物馆教育被认为是与学校相关的重要工作。至此，博物馆教育成为一门专业，尽管是一个很小的专业②，这一时期博物馆教育服务和教育参观得到了显著发展。据博物馆教育服务组织的注册名录记录，1963 年，有 34 座博物馆录用了专职的具有教育资格的工作人员，到 1967 年这个数字扩大到 48，到 1978 年官方报告上提到的有教育服务的博物馆达 85 个，其中包括国立博物馆③。到 70 年代中期，职业身份开始形成，并在此后的十年中得到巩固。截至 1983 年，154 个博物馆中共有 362 个教育岗位④。至 90 年代初，主要的国立、省立、单独博物馆大部分都设立了博物馆教育部门，其中一些是由若干高度专业化和富有经验的工作人员组成的。在省立博物馆中形成了多种与地方教育当局的合作形式⑤。1988 年，英国制定的"国家课程"（National Curriculum）中明确地指出博物馆教育可与学校课程连接（National Curriculum Council 1990）。在 1991 年，学校团体参观博物馆的人数增长至 750 万人。而博物馆方面也根据国家课程标准设

① 穆瑞凤. 一臂间距：英国政府对博物馆的管理［J］，博物馆管理，2020（3）.
② HOOPER-GREENHILL E. Museum and gallery education ［M］. Leicester：Leicester University Press，1994：36 - 37.
③ HOOPER-GREENHILL E. Museum and gallery education ［M］. Leicester：Leicester University Press，1994：57.
④ HOOPER-GREENHILL E. Museum and gallery education ［M］. Leicester：Leicester University Press，1994：60.
⑤ HOOPER-GREENHILL E. Museum and gallery education ［M］. Leicester：Leicester University Press，1994：61.

计了诸多针对不同年龄段儿童的活动手册，供教师使用。1999 年的观众调查资料显示有超过 80% 的参观对象为学校团体①。也就是说，在英国的学校教育中对博物馆内容的规定起到了明显效果②。

在这一阶段，与博物馆相关的专业教育组织纷纷成立，例如博物馆教育组织（The Group for Education in Museums）于 1948 年创建，在60 年代进行过更名，后来又回到最初的名字，其主要的工作目标是促进博物馆的教育职能、推动博物馆的正式和非正式的学习、提升博物馆教育工作的专业化等。博物馆教育圆桌组织（Museum Education Roundtable）于 1969 年成立，专门从事博物馆教育的研究与推广；而相当具有权威性的《博物馆教育期刊》（*Journal of Museum Education*）也于 1973 年发行；著名的莱斯特大学（Leicester University）亦于 1970 年开设博物馆研究的专业课程。1998 年观众研究组织（the Visitor Studies Group）成立，这是从事文化和自然遗产组织下观众研究工作的专业团体，通过对观众的深入研究，为博物馆等机构持续改进和规划与决策等提供重要依据。这些专业的组织、期刊、课程，不但凸显了博物馆教育功能，提升了博物馆教育的专业性，而且促进了教育政策的制定，推动了地方教育管理部门和博物馆合作的方式，为今后博物馆与学校更紧密的合作奠定了坚实的专业基础。以"实物为学习"的理论原则，成为英国各学校参观访问博物馆最重要的因素。更多的学校意识到，有别于学校教育的"实物教育"对学生综合能力的培养可以发挥更大的作用，博物馆在跨学科的知识运用和研究能力塑造方面的天然优势可以助孩子一臂之力。

---

① 廖敦如. 我的教室在博物馆：英美"馆校合作"推展及对我国的启示［J］. 博物馆学季刊，2005，19（4）：82.
② 张曦. 英国博物馆教育的初步研究［D］. 长春：吉林大学，2008.

第四阶段：从 21 世纪开始至今。这一阶段，英国政府对博物馆的资助和扶持力度明显增大，更多的博物馆免费向公众开放，博物馆与公众之间的关系更为紧密，博物馆教育职能发生了显著的变化。1997年至 2010 年，工党政府在执政期间制定了新的博物馆制度，同时引入了新的机构参与博物馆事业发展，博物馆成为政府实施教育、健康等其他政策的工具。2000 年 4 月，博物馆、图书馆和档案馆委员会（Museums，Libraries and Archives Council）成立，从战略的高度对博物馆、图书馆和档案馆进行协调管理①。这个机构是在《社会变革的中心：所有人的博物馆、图书馆和档案馆》（Centres for Social Change：Museums，Libraries and Archives for All）这个报告的提议下建立起来的，它指出博物馆应成为"积极的社会变革"的工具②。除此之外，这个报告还使英国政府承诺，自 2001 年起任何人都可以免费进入英国的任何一家国立博物馆参观③。到 2005 年 10 月，免费开放制度扩及英国 48 所大学的校立博物馆。目前，英国文化、新闻和体育部每年拨款 4000 万英镑用于补助下属 12 家博物馆的免费开放，该部主管的所有 22 家博物馆每年还能享受总额为 3.2 亿英镑的预算支持。根据英国旅游胜地协会（the Association of Leading Visitor Attractions）的数据统计，2005 年博物馆和美术馆占据了英国最具吸引力目的地前十强中的七个席位。450 万的观众使大英博物馆成为 2005 年英国参观人数最多

---

① "About Us" ［EB/OL］. https：//webarchive. nationalarchives. gov. uk/20091213134026/http：//www. mla. gov. uk/about.
② 穆瑞凤. 一臂间距：英国政府对博物馆的管理［J］. 博物馆管理，2020（3）.
③ "Response to the Department for Culture，Media & Sport Consultation Document Centres for Social Change：Museums，Galleries and Archives for All" ［EB/OL］. https：//webarchive. nationalarchives. gov. uk/20081007163053/http：//www. mla. gov. uk/policy/responses/socchng？print = print.

的博物馆①。2001 年至 2006 年间，英国博物馆参观者人数增加了 83%，为 2900 万人次，约占英国总人口的一半。仅 2006 年，参观者就增加了 650 万人次，其中一半为博物馆新客。2007 年，时任英国文化、新闻和体育大臣乔韦尔称赞说，博物馆免费开放制度是"1997 年以来英国政府文化政策的基石，其成功使公众无论贫富都能欣赏到世界级的收藏"②。

（二）英国博物馆研学实践教育的实施

1. 主要特点

英国的博物馆是现代国民教育体系的重要组成部分，英国是博物馆教育最为发达的国家之一。英国一直将教育作为国家发展与繁荣的基石，其悠久的资本主义文明及带来的社会繁荣，对古典文化的关注以及哲学的发展等使其在博物馆文化方面领先世界，也因此在博物馆教育活动的实施中形成了自己相应的优势和特色。

（1）**系统性与开放性。** 英国政府一直致力于将学校教育、社会教育、家庭教育串联起来，呈现出教育的系统性和开放性。从英国的博物馆教育发展历程我们可以清晰地看到，英国博物馆从建立之初就秉持教育职能，博物馆与学校主动联系，主动适应学校的教育需求，提供相适应的课程和教育服务，再到教育活动向社区延伸，活动内容涉及家庭的教育需求。博物馆与美术馆等校外场馆一并勾勒出一幅立体的教育蓝图，大教育观念在其中得到彰显。英国社会已经普遍达成

---

① 英国艺术基金会官方网站 ［EB/OL］. http://www.artfund.org/policy and campaigns/faqs. html.
② 张曦. 当代英国博物馆教育研究 ［J］. 辽宁省博物馆馆刊，2010.

共识——教育不应局限于学校课程范围内，甚至是学校空间内，教育是整个社会的责任，青少年的成长需要多元的教育环境①。同时，博物馆教育中大量运用的"实物教育""体验式学习"等学习方式，有利于青少年学生主动学习和自主学习能力的养成，学生的学习兴趣和探索欲望被点燃，创造出独一无二的学习成果，使他们增强了自我认同和运用所学知识解决问题的能力。这使得博物馆教育充满了活力与创造力，这种开放性的特点在一定程度上又促进了教育的系统性。博物馆的多感官教育可以让学生更立体地认知事物，学得更直观；能够让学生贴近生活，动手实践，学得更生动。在英国，教师不把上课局限于学校，学生不把学习局限于书本。校长和教师都表示博物馆式教育可达到课程教学、道德教育、主题教育的多重目标。英国很重视培养学生的组织能力、动手能力、探索能力和创新能力。比如学生在艺术博物馆参加书画艺术创作，往往会问老师他们表现得"好不好"，而不是画得"像不像"②。对博物馆的评价方式也是开放且多元的。博物馆教育活动策划与实施的质量，也成为衡量博物馆成功与否的一项重要标准。在系统与开放的教育理念指导下，英国的博物馆在国民教育，尤其是青少年儿童教育方面发挥了极其重要的作用。

（2）政府管理的增强。 在对博物馆事业的管理中，政府制定什么政策，设置什么机构，与其奉行的原则分不开。英国政府奉行的是"一臂间距"（Arm's length）③ 的管理原则。它的主要含义是国家对文化拨款采取间接管理模式，这种模式通常要求国家对文化采取分权式

① 任翠英，朱益明. 英国校外场馆教育活动的开展及启示［J］. 基础教育，2017（2）.
② 王国云. 英国博物馆式教育对我国综合实践活动的启示［J］. 教学与管理，2016（8）.
③ "一臂间距"是英国经济学家凯恩斯首先倡导的一套文化管理方法，指的是在三权分立的西方国家，某些艺术文化的国家管理机构，在国会的监督和委托下，在政府系统外独立从事相关艺术文化管理，从而与政府系统之间在行政关系上保持一定的距离。

的行政管理体制。从对文化的集中管理到分权管理，这是"一臂间距"原则的基本要义①。这种文化管理模式后来被加拿大、澳大利亚、丹麦、芬兰、奥地利、瑞典、比利时等国家争相效仿。在英国，具体管理文化艺术机构的是各类非政府组织，如博物馆、图书馆、档案馆委员会以及英格兰艺术委员会等，这些机构负责对文化艺术机构进行评估和拨款。博物馆教育活动的开展直接反映出政府的文化战略重点，一些针对博物馆教育项目的评估报告甚至直接指出政府的支持和资助对于教育活动成功开展的重要性②，如莱斯特大学博物馆与美术馆研究中心在对国家和地方博物馆教育合作的战略性实验计划（National/Regional Museum Partnership Programme）所作的评估中就明确指出，这一由文化、媒体及体育部（the Department for Culture，Media and Sport，DCMS）联合教育和技术部（Department for Education and Skills，DfES）实施的博物馆教育项目促使国家及地方博物馆尝试创新性的工作方法以吸引新的观众和合作伙伴，如对于弱势群体的关注和对于中小学教育活动的长期保障，同时也促进了博物馆教育项目主题和内容的不断开发、丰富③。英国政府对博物馆的管理，通过制定一系列非强制性的和鼓励性的政策为博物馆事业的发展提供一个指导性的意见，非政府管理机构召集专业人士对博物馆事业的发展提供专业的咨询和评估。政府、非政府管理机构与博物馆三者都是独立运行、互不干涉，不存在领导关系，这就达到了权责分离的目的。通过这样一种间接管理的模式，政府对博物馆的专业性和服务性均起到了引导和规范的作

① 李河．"一臂间距"原则与艺术理事会［N］．中国社会科学院院报，2008－05－08．
② 任翠英，朱益明．英国校外场馆教育活动的开展及启示［J］．基础教育，2017（4）．
③ HOOPER-GREENHILL E，DODD J，CREASER C，et al. Inspiration，identity，learning：The value of museums（SECOND STUDY）［R］．Leicester：Research Centre for Museums and Galleries（RCMG），2007：44.

用，政府政策干预博物馆的教育实践具有了很大的可能和空间。

（3）博物馆教育与学校教育的深度融合。由于英国的博物馆与学校有着共同的育人目标，因此博物馆开展教育活动都注重与学校教育的融合，致力于与学校建立良好的合作关系，通过馆藏品、博物馆专业工作等为教师、学生的教育需求提供服务，甚至有很多教育活动是专门为了配合学校课程教学的需要而设计和实施的。博物馆通过自己擅长的场景化、主题化、专题化、综合性等优势，解决学校教学的一些不足，并实现综合实践育人的目标。有学者在研究中指出，博物馆教育活动设计与学校课程教学的配合一致，可以明确地带来教育结果的有效性①。

从英国的博物馆教育实施的效果来看，博物馆与学校的关系非常紧密，相互之间的合作不仅广泛，而且深入，这非常有利于立体化、深入化地搭建"教育一盘棋"，实现综合育人的目标。这对于我们正在推进的校内教育与校外教育结合，健全馆校合作机制，促进博物馆资源融入教育体系，推动利用博物馆资源开展中小学教育教学，发挥博物馆青少年教育功能等工作都具有积极的借鉴作用。

2. 理论与实践

英国的博物馆在 300 多年的发展历程中，逐步遵循并采用了符合自己发展的教育理论。国际博物馆教育权威乔治·汉恩认为："要想发展博物馆教育理论就要解决三个问题，两个理论问题和一个实践问题：认知理论（Theory of Knowledge - Epistemology）、学习理论（Theo-

---

① XANTHOUDAKI M. Is it always worth the trip? The contribution of museum and gallery education programmes to classroom art education [J]. Cambridge Journal of Education. 1998, 28 (2): 191.

ry of Learning）和教学理论（Theory of Teaching）。其中认知理论和学习理论代表作为教育机构的博物馆的理论构成；教学理论则决定了怎样把这些理论用于实践。"①

（1）认知理论。 认知理论是关于有机体学习的内部加工过程，如信息、知识及经验的获得和记忆，达到顿悟、使观念和概念相互联系以及问题解决的各种心理学理论。认知理论中的建构主义理论在博物馆界获得了普遍共识和认同。英国几乎是最早将建构主义理论运用到博物馆教育的国家之一。建构主义学习理论是历经对皮亚杰、布鲁纳、维果茨基、维特罗克等人的早期建构主义思想的不断发展，同时伴随着对认知心理学的批判和发展，于 20 世纪 90 年代出现在心理学领域中的一股强大"洪流"②。

作为一种新型的学习理论，建构主义对学习也赋予了新的意义。首先，建构主义学习理论认为学习的过程是学习者主动建构知识的过程，"学习是建构内在心理表征的过程，学习者并不是把知识从外界搬到记忆中，而是以原有的经验为基础，通过与外界的相互作用来建构新的理解"（D. J. Cunnighan，1991）。建构主义在博物馆界的充分接纳和运用，与博物馆学习的特点密不可分。观众在参观、实践、动手操作、交流与讨论等过程中，通过自己原有的经验和与外界的相互作用来构建新的理解，而不同于由教师单纯向学生传递知识，也不是学生被动地接受信息的过程。观众凭借原有的知识和经验，通过与外界的互动，主动地生成信息的意义。

其次，建构主义学习理论对学生所学的知识也提出了新的理解，

---

① 乔治・E. 海因. 学在博物馆［M］. 李中，隋河，译. 北京：北京燕山出版社，2010.
② 顾明远. 教育大辞典［M］. 上海：上海教育出版社，1998.

即知识不再是我们通常所认为的课本、文字、图片以及教师的板书和演示等对现实的准确表征，而只是一种理解和假设。每位观众从博物馆都可以获得不同的感受，观众对展览的理解有自己个性化的差异，人们根据自己的兴趣、爱好和经验背景，以自己的方式建构对展览的理解。建构主义学习理论主张学生们对知识的理解并不存在唯一标准，而是依据自己的经验背景，以自己的方式建构对知识的理解，对于世界的认知和赋予的意义由每个人自己决定。

（2）**学习理论**。 学习理论简称"学习论"，是说明人和动物学习的性质、过程和影响学习的因素的各种学说。心理学家从不同的观点，采用不同的方法，根据不同的实验资料，提出了许多学习的理论。一般分为两大理论体系：刺激—反应（S－R）理论和认知理论①。最新的重要教育理论，承袭了约翰·杜威的著述、皮亚杰及他的追随者的经验主义著作、维果茨基等人的学习理论，强调在学习情绪上的积极参与，并且承认学习过程并非是一种单纯的对精神数据库项目添加的过程，而是一种模式转换过程。在这个过程中，学习者起到积极的作用，而且这个过程还包括头脑中一系列现象组成的感觉②。运用到博物馆教育上，这种积极的、发展的学习理论主张把注意力更多地给予"学习者"，从"学习者"的角度出发设计学习项目，营造相适应的学习情境，鼓励"学习者"的积极参与，从而构建对知识的理解。

（3）**教学理论**。 学习理论是描述或说明人和动物学习的性质、过程和影响学习的各种因素的学说。教学理论阐明相关最有效地获得知识与技能的方法规则。教学理论关心的是促进学习而不是描述学习。

---

① 顾明远. 教育大辞典［M］. 上海：上海教育出版社，1998.
② 乔治·E. 海因. 学在博物馆［M］. 李中，隋河，译. 北京：北京燕山出版社，2010.

具体地说，教学理论主要研究"怎样教"的问题；学习理论主要是在描述和说明"学习是怎样发生的，以及学习开始后会发生一些什么情况"的问题。

常见的教学理论包括多元智能理论，这在 20 世纪 80 年代由美国发展心理学家霍华德·加德纳（Howard Gardner）提出。多元智能理论认为人类有七种智能，包括数理逻辑智能、语言智能、空间智能、身体动作智能、音乐智能、自然观察者智能、人际关系智能等。加德纳强调，人的智能是多元的，每个人都不同程度地拥有多种智能，个体的智能差异是智能之间不同组合的表现。在相对松散的博物馆教育环境中，就可以采取多元智能的理念设计课程：在学习环节，关注学习者的多种潜能，从其强项切入，鼓励他们的特长运用和个性表达，促进学习者的多元发展；在评价环节，多采用真实性评价，以他们创作的实际作品或者现场表现来评价，而非采取书面测试的传统方法。这样，既是对学习者全面发展、个性成长的帮助，也可以在很大程度上突出博物馆教育的特色①。至今，多元智能理论比较广泛地在英国的博物馆教学中使用，为"学习者"量身打造个性化的学习课程。

结构主义教育思想的主张与博物馆教育的理念也很契合。20 世纪60 年代，美国教育和心理学家布鲁纳把认知心理学理论应用到教学和课程改革上，形成了结构主义教育思想。在教学方法上，倡导发现学习法，认为学习过程类似人类探求知识的过程，应采取从发现中学习的方法。在这个过程中，教师是一位辅助者，他的主要任务是创设情境，激起学生的兴趣和动机，使他们主动去寻找对问题的解答②。研

---

① 陈慰. 博物馆教育课程设计的理论与实践［J］. 中国博物馆，2020（4）.
② 叶澜，杨小微. 教育学原理［M］. 北京：人民教育出版社，2007.

究性学习主张以"学习者"为主体，去主动探索和寻求问题的解决。结构主义教育思想对于博物馆教育同样具有重要指导意义。在设计课程时，要根据青少年身心发展的不同阶段和各阶段的不同特点，设计开发适合不同年龄阶段和认知水平的课程；各门课程应呈现一定的知识结构。在实施教学时，要充分尊重学习者的学习意愿、激发他们的学习兴趣，多采取"发现法"，让他们在博物馆中主动地、自发地学习①。

3. 案例举例

英国虽然不专门开设综合实践活动课程，但是将学生带到博物馆等场所进行现场式教学在英国中小学得到广泛应用。英国的博物馆与学校合作周期长、程度深，馆校合作诞生了许多有价值的博物馆研学实践教育案例，值得我们学习和借鉴，并结合国内综合实践活动课程、德育工作和文教结合、完善博物馆青少年教育功能等指导性文件的要求，提升我国博物馆教育的水平。将博物馆等场馆和旅行、生活实践等结合起来开展研学旅行在英国具有悠久的历史。从朝圣之旅到现代校外教育，研学旅行在英国经历了几个世纪的演变和发展，到今天已成为世界各国开展校外教育、拓展学习空间的学习典范。

（1）"清晰表达"项目。英国国家美术馆（The National Gallery），位于英国伦敦市中心，成立于1824年，是以绘画收藏为主的国家级美术馆。2002年，英国国家美术馆在德意志银行的资助下开展了名为"清晰表达"（the Articulate Project）的教育活动项目，旨在应对国家文化发展战略（the National Literacy Strategy，NLS）在中学范围内

① 陈慰. 博物馆教育课程设计的理论与实践［J］. 中国博物馆，2020（4）.

的拓展。"清晰表达"教育项目为期三年，具体目标是为学生读写能力欠佳的学校提供支持，以提高青少年的读写成绩。在地方教育部门文学专家的建议下，项目抽取了符合条件的学校，为其提供参与教育项目的所有花费，包括交通费用等，使学校能够无所顾虑地参与到活动中来。项目的第一阶段取得了显著成效，共有1360位中学生参与了活动①，这使得国家美术馆和德意志银行继续实施了自2006年5月至2009年7月的"清晰表达"教育项目第二阶段。这一聚焦于青少年读写与表达能力的场馆教育项目，有力促进了国家文化发展战略，有效推动了国家课程的实施，项目的主要突出特点有两点，一是活动项目对于贫困地区的学校而言具有显著教育成效，为母语是非英语的学生、生活环境不利于语言及文化学习的学生提供了开放的、体验式的学习环境；二是通过对英语课程学习的影响，显示出博物馆、美术馆对于国家课程实施的重要作用②。

（2）"Summer School"暑期学校教育项目。在英国，以家庭的形式参观博物馆是最基本和最普遍的教育活动。有调查显示，相较于学校组织的博物馆学习活动，学生更喜欢跟随自己的父母家人去到博物馆，这样他们有更多的机会选择自己喜欢的项目和确定停留的时间。在每年7月至8月的暑假期间，博物馆的教育活动都会非常丰富。第一地点当代艺术馆（First Site）成立于1995年，位于英国有历史记载以来最古老的城镇埃塞克斯郡科尔切斯特（Colchester）。第一地点当代艺术馆的暑期学校教育项目主要有5个类别的内容，分别是"艺

---

① DODD J, JONES C. Articulate: An Evaluation of the National Gallery's Secondary School Literacy Project (2008 - 2009) [R]. Leicester: Research Centre for Museums and Galleries (RCMG), 2009: 9.

② 任翠英，朱益明. 英国校外场馆教育活动的开展及启示 [J]，基础教育，2017，14 (2).

术创造""互动探索""健康运动""家庭影院"和"暑期餐厅"。"艺术创造"与"互动探索"主要是以动手操作为特色的"工作坊"体验，这也是众多美术馆最为常见和重要的教育形式。第一地点当代艺术馆的此项活动从内容的策划到课程的编排都是以"身份"这一主题为对象展开的，并以"拓印身份"和"绘制身份"为工作坊形式。"绘制身份"项目每日上午 10 点至下午 5 点向家庭免费开放，活动的内容选取了"旗帜"这一基础图案，需要孩子在家长的陪同下画出他们脑海中的"英国"，表达出"英国"对他们来说意味着什么。待整个活动周期结束后，会把所有孩子画出的旗帜进行展示，最终都会作为"身份"展览的一部分①。

（3）"接管日"活动。英国的博物馆自 2010 年推出了"接管日"活动。活动一经推出，就受到各级学校的追捧，并成为此后每年博物馆都举办的贯穿全年的活动。2013 年，英国（仅威尔士、苏格兰）有超过 6000 人次的学生参与到了"接管日"活动中，此项活动作为成功的典范还被介绍到了其他艺术、文化遗产机构中。"接管日"活动得到了政府的资金支持，积极鼓励各家博物馆参与进来，目的非常简单：在博物馆中，给青少年一个与博物馆工作人员一起工作的机会，让他们从中获得各种技能、人物和角色的体验。在这里，学生们不是站在一旁观察成人工作，而是亲身参与其中，要做决定，要承担重要工作。通过这项活动，学校反馈意见表示，孩子们受益良多，能将学校学到的课程和技能运用到实际生活中，会比以前更有信心去完成从未做过的任务。他们在博物馆可以负责接听公众的咨询电话，也

---

① 王文. 美术馆是现代国民教育体系的重要组成部分——英国第一地点当代艺术馆交流记 [C] //中国对外文化交流协会编. 他山之石可以攻玉——艺术专业与管理人才国际交流项目成果册（综合）. 南京：江苏凤凰美术出版社，2019：274.

可以参加更有创造性的活动，比如制作博物馆导览录像；参与布置展览；为展览作讲解、表演；研究、描述新进展品；协助检查展品和包装等①。而对于博物馆来说，好处也是多方面的，如与学校建立了良好的、稳固的合作关系，吸引孩子们带家长回来参观，方便了解青少年观看展览的兴趣点等②。

（4）研学旅行。2006 年春季，英国教育与技能部（Department for Education & Skills，简称 DfES）发布了时任部长安德鲁·阿多尼斯（Andrew Adonis）的报告——《课外教育宣言》（Learning Outside the Classroom Manifesto，以下简称《宣言》）。由于最终目标在于促进学校为每一个学生提供高质量且安全的学校参观活动，该宣言成为英国开展研学旅行的重要政策文件并发挥了实际效用。《宣言》强调课外教育活动的立足点不在于"学生学什么"，而在于"学生如何去学"以及"在哪里学"③。英国的研学旅行呈现出一种明显的人性化色彩，即针对不同年龄层提供贴近生活和社会、形式多样的教育旅行。

体验式环境教育。杜威有关教育的经典命题之一认为，教育即经验的改组与改造。对这一命题可作这样的阐释——真正意义上的教育应该是帮助学生去体验，去感受，从而获得独有的经验。针对小学生的"森林教育"就是通过体验式环境教育，让学生获得多种多样的经验与知识，通过团队协作、共同完成设计的森林实验和游戏，实现学会学习、学会做事、学会交流、学会生存的目标④。孩子们在"森林

---

① KENDALL G. Trendswatch takeover days. Museums Journal，2014，11.
② 李宏坤. 近年来英国博物馆的新变化［J］. 博物馆研究，2015（3）.
③ Department for Education&Skills. Learning outside the classroom manifesto［R］. Nottingham：Department for Education and Skills Publications，2006：8－20.
④ 冉源懋，王浩霖. 研学旅行的英国实践及启示［J］. 西南交通大学学报（社会科学版），2019，20（3）.

实验"中，分为引导组和发现组，引导组中被蒙住眼睛的孩子去触摸
一棵树的外皮，之后该名同学被小伙伴带回。发现组的孩子通过他
（她）的语言描述或地图示意等方式将那棵树找到①。在这个过程中，
教师还会给孩子们讲述有关森林的故事，激发孩子们参与游戏的兴趣，
让孩子在真实的自然环境中认识更多植物，同时也可潜在地让孩子在
对空间及方位的感知、对感知对象的记忆以及语言描述等方面的能力
得到锻炼和提升。国内学者在考察这一教育形式后对其作出这样的评
价：这种体验教学不仅具有协作性、创造性，还具有隐蔽性。学生以
潜藏内心深处的摄取机制，进行内隐式的学习，"自觉"接受隐性教
学信息影响，往往不知不觉地受到教育②，"通过森林教育，孩子们的
团队协作、问题处理能力与抽象概念的学习能力，以及环境意识、创
新意识、勇气与自信心都得到了锻炼和提升"③。

社区教育。杜威同时认为学校即社会。对于儿童的成长而言，学
校不应该是一个脱离社会的"象牙塔"，而应该成为学生认识真实社
会的窗口。社区就在孩子身边，它是我们生活的区域自然、建筑、文
化、人文生活等的集合。社区作为儿童"生活世界"的重要甚至核心
组成部分，必然要发挥其教育的功能和价值，形成一种与学校共生共
育的关系。在英国，社区教育也成为满足儿童基本学习需要，充分发
挥儿童潜能进而提高其素质和生活质量，促进其自我价值实现的重要

---

① 出自英国研学旅行机构"英国户外教育与体验学习"（Outdoor Education and Experiential
Learning in the U. K.）1999 年发布署名作者为 Price H. 的指导意见（Opinion Papers）
《为小学生提供环境体验教育》（Experiential Environmental Education for Primary Aged Chil-
dren）。
② 宋超，孟俊岐. 发达国家环境教育体验式教学特点探析［J］. 环境教育，2016（4）.
③ 万瑾，陈勇. 发达国家森林教育的发展及其教育启示［J］. 外国中小学教育，2013
（8）.

研学旅行方式①。有些英国小学专门拟定和出台年度户外教育项目大纲。譬如，第一年，在大自然中收集树叶，感受自然；第二年，在自然环境中观测天气；第三年，运用当地的历史进行地图游戏，在增加对当地历史的学习和了解的同时锻炼看地图的能力；第四年，进行定向越野比赛；第五年，锻炼野外生存能力，如野外烹饪、遇险逃生；第六年，无人陪伴下进行独自旅行②。通过这一系列课程和项目的设计和实施，学生能够在最熟悉的社区环境中培养和提升其自身的合作能力、生存能力以及独立意识、冒险精神。

（三）英国博物馆研学实践教育的保障与促进

英国建立现代意义上的博物馆并开展博物馆教育工作已有数百年，从政府对博物馆的管理、专业机构对博物馆的影响和评估、博物馆学理论与实践的发展等若干方面给其他国家都带来了深远的影响。

我们在英国博物馆教育的发展历程和专业特点中不难发现，围绕博物馆的设立、运营和博物馆服务等，英国建立和完善了相关的法律法规来引导博物馆的发展，做到了立法先行。先进的教育理念使得英国博物馆将"教育是博物馆的首要责任"作为博物馆运行的基石，博物馆的建馆宗旨和教育使命都非常明确。

博物馆与学校的合作关系长久且深入。博物馆紧扣"国家课程"为中小学生和学校教师等提供丰富的教育课程和服务，学校也乐于运

① 冉源懋，王浩霖. 研学旅行的英国实践及启示［J］，西南交通大学学报（社会科学版）2019，20（3）.
② 出自英国研学旅行机构"英国户外教育与体验学习"（Outdoor Education and Experiential Learning in the U. K.）1999 年发布署名作者为 Paul Beedie 的指导意见（Opinion Papers）《城市户外教育环境》（Outdoor Education in an Urban Environment）。

用博物馆资源开展教育教学活动，校长和教师充分认可博物馆式教育可达到课程教学、道德教育、主题教育的多重目标。英国还出台了具体的政策规定博物馆教育如何与学校教育融合，如编辑印制针对不同年龄学生的教育活动手册和教师手册等。博物馆开辟专门的教室或活动室，并配备相应的设施设备，供学校和学生使用。同时，英国对教师也赋予了更大的权利和自由选择课程资源，"保障教师带学生外出所享有的权利"。

对博物馆资金的拨付和经费使用的评估制度让博物馆必须花大力气提高展陈质量、精心组织面向学校和学生的教育活动。从 2001 年 12 月起，英国财政部规定国立博物馆正式取消门票，除临时性展览或者特殊展品外，永久陈列品对公众免费开放，政府保证增加对博物馆的财政补贴。到 2005 年 10 月，英国许多大学的博物馆等也开始免费开放。英国十分重视对基础教育的资金支持，他们通常根据学生人数划拨经费给学校，并定期评估学校利用中央划拨经费，即"学资"所创造的附加价值有多少。2012 年，英国政府规定"学资"的标准是每生每年 2700 英镑。英国的校长时常会根据经费支出情况向本地市议会争取更多的经费，其中很大一部分供学校组织学生到博物馆等场所进行校外活动和校外教学使用，而且每年有增无减。

二、美国博物馆研学实践教育研究综述

（一）美国博物馆研学实践教育的发展

美国是世界上最重视博物馆教育的国家。20 世纪是博物馆大繁荣的时代，美国的博物馆在这一百年中，实现了跨越式发展。参照它在

相应阶段取得的阶段性成果，美国博物馆研学实践教育的发展大致包括如下阶段。

第一阶段：从 1906 年美国博物馆协会成立到 20 世纪 20 年代。从 19 世纪晚期到第一次世界大战之前，美国博物馆完成了第一次大发展。1906 年 5 月，美国博物馆协会（现名称为 American Alliance of Museums，简称 AAM，美国博物馆联盟）成立，这是一个全国性、非营利的专业博物馆协会，协会的成立为推动美国博物馆共同知识体系的形成，改善博物馆公共活动项目和管理工作，保持和完善博物馆工作标准，促进公众、社会机构等对博物馆职责、功能和需求的理解发挥了非常重要的作用。美国博物馆协会成立之初即提出"博物馆应成为民众的大学"，鲜明地表明了博物馆的使命。在这一阶段，一方面，科学技术发展迅速，社会对科学普及的需求有力地推动着科学博物馆的发展；另一方面，战争的阴影使得各国政府纷纷利用博物馆进行国民意识和爱国主义教育①。基于有利的社会环境和公众需求，美国博物馆数量明显增加，据不完全统计，1919 年美国约有 600 座博物馆，1928 年达到 1400 座②。到 20 世纪 20 年代，美国已成为与欧洲老牌劲旅，如英国、法国、意大利、德国等比肩的新兴博物馆大国。美国的博物馆历来重视教育。1911 年，马格利特·泰尔伯特·杰克逊曾说："在美国，博物馆被视为教育系统的一个部分"③，博物馆也被认为是学生掌握初步原理和学习技艺的重要场所。博物馆逐渐地从纯收藏研究机构和它们所依附的图书馆、研究所中解放出来，成为真正意义上

① 严建强. 博物馆的理论与实践 [M]. 杭州：浙江教育出版社，1998.
② 杨玲，潘守永. 当代西方博物馆发展态势研究 [M]. 北京：学苑出版社，2005.
③ 安来顺. 二十世纪博物馆的回顾与展望 [J]. 中国博物馆，2001（1）.

的社会开放机构，开始发挥其社会功能，特别是教育功能①。

20 世纪早期就有一些学者发表著述来阐述博物馆的教育责任。如本杰明·伊夫丝·吉尔曼（Benjamin Ives Gilman）②《博物馆追求的理想目的和方法》（1918），约翰·科登·达纳（John Cotton Dana）③《新博物馆的计划》（1920）。这一阶段，美国的博物馆发挥教育功能主要通过向观众介绍博物馆及其展示的内容，培养观众对艺术产生热爱之情，如 1906 年，吉尔曼在波士顿艺术博物馆首次设立讲解员，在每周二、四、六的上午，讲解人员给 10 人左右的参观团体进行一个小时的讲解。讲解员工作从一开始就具备了教育人员的身份，为公众进行藏品和展览的诠释，是以教育为己任的一个群体，代表博物馆教育功能的体现④。

第二阶段：从 20 世纪 30 年代到 50 年代。在 20 世纪 20 年代和 30年代，约翰·杜威的教育哲学促使了学校教师和教育者开始将学生的学习空间拓展到博物馆。杜威关于博物馆教育的理念与实践不仅推动了早期博物馆教育的实践与发展，也有力地支撑了当代博物馆教育的理论建构。当代博物馆教育中最重要的理论成果都不同程度折射出杜威博物馆教育思想的影子。美国博物馆发展没有受到战争的破坏，二战之后美国博物馆出现了新的发展高潮，成为世界上博物馆数量增长速度最快的国家，据不完全统计，1940 年美国博物馆多达 2500 座，较 20 年代末增加 1100 座，增幅近 80%，曾经一度出现每天都有新博物馆诞生的惊人景象。美国的博物馆中有 2/3 是第二次世界大战以后

---

① 安来顺. 二十世纪博物馆的回顾与展望 [J]. 中国博物馆，2001（1）.

② 吉尔曼（1852—1933），生于纽约，曾于 1913—1914 年担任美国博物馆协会主席。

③ 达纳（1856—1929），美国图书馆学家，创办纽瓦克博物馆，并把该馆的任务放在小区的居民身上，明确主张以所在地的小区为博物馆服务核心的第一人。

④ 陆芳芳. 美国博物馆教育研究 [D]. 杭州：浙江大学，2013.

建立起来的，美国的博物馆开始成为本国最重要的文化机构之一，参观博物馆变成了美国中产阶级生活方式的一部分。许多学校教师强烈呼吁利用博物馆提供教育机会。但此时的博物馆教育主要是针对学生做一些特殊的安排而对成年人的要求则关注甚少，陈列展览也很少注意非专业观众的接受能力。60 年代以前的博物馆教育基本上定位在辅助学校教育，而 60 年代以后博物馆教育开始成为一种职业，尽管它在当时还是队伍很小的职业①。

第三阶段：从 20 世纪 60 年代到 80 年代。在这一阶段，美国博物馆发展速度前所未有，1965 年达到 5000 座，同比 1940 年翻了一番。博物馆教育工作日益活跃，各馆纷纷设立教育部门，开展教育项目，博物馆的教育功能开始得到发展，并慢慢展现出它特有的教育作用和社会价值。在 1962 年到 1963 年间，美国博物馆协会发表在《美国加拿大博物馆统计研究》上的调查表明，2752 个博物馆中，多达 20% 的博物馆已为儿童制定了正式的基础教育科目，同时大约有 10% 的博物馆的教育科目是为在校的大学生制定的②，有的还为儿童和年轻人建有专馆。但这样的活跃和认识还仅限于博物馆内部。1968 年，由美国博物馆协会、美国教育部、国家人文基金、国家艺术基金、国家科学基金会和史密森尼学会等机构提供资助，历时一年完成的《美国博物馆：贝尔蒙报告》成为美国博物馆史上具有里程碑意义的重要文件报告。报告的出台使美国博物馆教育的角色发生了根本性的变化，整个社会，尤其是政府部门对博物馆的角色认识趋于统一，教育理念从"教育是博物馆的重要任务发展到将教育视作博物馆的根本，反映出

---

① 安来顺.二十世纪博物馆的回顾与展望［J］.中国博物馆，2001（1）.

② 严建强.博物馆与观众——介绍肯尼思·赫德森的《博物馆社会史》［J］.中国博物馆，1987（1）.

博物馆教育角色越来越重要"。

在接下来的 20 年，博物馆教育功能得到进一步彰显，博物馆逐渐意识到自己通过学校能够在教育领域内承担更大的责任。1969 年起，博物馆开始进行各种可持续的教育项目，超过 90% 的博物馆都可以为不同年纪和兴趣的人提供一些教育项目。进入 70 年代，博物馆提供了交互式学习的模式，许多馆员开始进入中小学课堂，并且带领孩子们在博物馆进行兴趣小组学习①。美国博物馆建立并增加了各种标准模式，包括为儿童和成人提供讲座式参观、学术型说明牌，以及展厅引导员。在博物馆教育工作人员的倡导下，博物馆不再提供冗长的、满是学术信息的说明牌，取而代之的是简短说明牌，有时还使用探究式的技巧。这些简短明了的说明牌更容易为非专业人士所理解②。在这一阶段，美国博物馆出现了一种新型的博物馆文化传播的形式——"流动博物馆"。通过将博物馆的展览和活动等送进学校、老年人中心、图书馆及社区中心，"流动博物馆"架起了博物馆和普通公众之间的桥梁，影响力更加广泛和深远。此外，美国博物馆将杜威的"实践式学习"理念充分运用于实践，通过为观众提供各种动手实践活动，倡导"做中学"探究式学习。美国"动手做"教育改革，促进了美国科技的发展，被美国认为找到了一条"素质教育"成功的道路。

在 80 年代后期，博物馆和学校的合作关系发生了巨大的变化。人们在强调学校课程的最终目的和加强课程建设的过程中逐步发现博物馆和学校合作的潜在价值③。戈登·安巴赫阐述说博物馆和学校在为

---

① HIRZY E. True needs, true partners: Museum transforming schools. Washington DC: Institute of Museum and Library Services, 1996.
② 海伦·香农. 美国博物馆教育的历史与现状 [J], 伍彬, 译. 博物院, 2018 (4).
③ American Association of Museums (AAM). Excellence and equity. Washington DC, 1992.

新世纪培养社会公民中具有相似的使命（Gordon Ambach，1986）。这个使命就是培养杰出的、公平公正的、具有责任意识的公民①。这与当下中国博物馆确定研学实践教育的使命，完成"立德树人"教育的根本任务如出一辙。

第四阶段：从 20 世纪 90 年代到 21 世纪初。世纪之交这一阶段，博物馆和学校通过新的丰富的合作方式进一步探索出彼此合作的价值和意义。通过正式地建立博物馆和学校的合作关系，两个社会机构都得到了发展和加强。从 1995 年到 2001 年，针对学校教育设计的博物馆项目数量都在稳定地上升。有 23% 的博物馆会给学校教师提供印刷或者电子的教育资源，有 71% 的博物馆会与学校的课程设计者进行合作②。博物馆实地参观依然是博物馆和学校合作最普遍的教育活动形式。20 世纪 90 年代初，美国出现了"博物馆学校"这种深化博物馆与学校合作的新载体。纽约州的布法罗科学博物馆（Buffalo Museum of Science）与明尼苏达州科技馆（The Science Museum of Minnesota）最先开始运作这种新的学校形式③。这一时期，几乎所有的博物馆学校都采用以"基于实物的学习"（object-based learning）为特色的教学方法。许多博物馆还为学校各学科和各年级老师提供职业发展（professional development）工作坊。通过这些工作坊，教师们可以获取更多展览和展品信息，以便带领学生进入博物馆学习前可以做更多更细致的准备工作。

---

① AMBACH G. Museums as places of learning [J]. Museum News, 1986, 65 (2)：35 –41.
② Institute of Museum and Library Services (IMLS). True needs, true partners：Museums serving schools 2002 survey highlights. Washington DC, 2002.
③ 郑奕. 博物馆教育活动研究 [M]. 上海：复旦出版社，2015.

（二）美国博物馆研学实践教育的实施

1. 博物馆性质与资金来源

在美国，大部分博物馆是私立的非营利机构，它们除了可以从各级政府申请一定的项目经费外，主要的经费来源于各种形式的募款。根据美国博物馆联盟历年的年报数据，美国博物馆收入约三分之一来自社会赞助，包括个人捐助、企业和基金会赞助；近百分之三十来自政府；近三分之一来自博物馆自身营业收入，包括门票收入，商店、餐厅、咖啡馆营业收入，收费性项目收入，出版物销售收入，场地出租收入，借出藏品收入等；剩下的几个百分点来自博物馆的基金投资收益①。这个比例在不同博物馆之间会有很大差别，通常小博物馆得到的政府资助更少，它们更依赖于社会的支持和自身的营业收入。美国的博物馆虽是非营利机构，但却是按照企业经营的方式来管理的，博物馆重视观众口碑，注重资金利用率。因此，美国的博物馆想得到资金，就必须在社会上有影响，必须善待观众，必须有好的文化活动。美国博物馆不仅仅把自己定位于教育、文化机构，他们同样重视博物馆对经济的贡献。2019 年美国博物馆联盟年报显示，当年博物馆对美国经济的贡献值高达 500 亿美元，2019 年博物馆接待观众人数超过8.5 亿人次，这一数字远远超过大型体育赛事和主题公园吸引的人数总和。

美国博物馆的高人气与美国博物馆重视教育的传统有着紧密的联系。在美国，70% 的博物馆专门有人负责教育项目，88% 的博物馆为

---

① 美国博物馆联盟［EB/OL］. http://www.aam－us.org.

幼儿园至高中的学生提供教育项目，每年有 5500 万学生参加这些项目。美国博物馆每年用于各类教育项目的开支超过 20 亿美元，其中约四分之三的教育预算是花在 K－12（幼儿园至高三）的教育项目上①。博物馆教育项目深度融合国家和地方课程标准，在数学、科学、艺术、语文、历史、公民、经济与金融、地理和社会科学等几乎所有学科都设置了相应的博物馆课程。美国博物馆普遍为学生配置专门教师、活动场地或实验室，开办专供青少年参观的陈列室或"青少年博物馆"。

　　美国每家博物馆都有"建馆宗旨"，有的很长，有的很短，但基本上都包含教育这一项内容。例如：大都会艺术博物馆的宗旨是收藏、保存、研究、展示共同代表人类最广泛及最高水平成就的艺术品，鼓励人们鉴赏艺术品和提高人们对艺术品的认识水平，并在各方面以最高的专业标准服务于公众。拥有十几家博物馆的史密森尼研究院的宗旨为：致敬英雄，教育公众，激励青年②。美国的博物馆不仅将教育包含在办馆宗旨中，还提出了明确的教育使命和目标。例如：美国邮政博物馆的教育使命是"运用学习理论和技术激发不同类型观众对于邮政历史、集邮和相关话题的思考"；美国国家美术馆的教育使命是"将学术的研究和公众的要求结合起来"。通过明确博物馆的教育使命，从而确定了博物馆和博物馆教育部门应承担的责任和义务，确立了博物馆在社会中的地位和生存价值，为其长远发展注入恒久的活力③。

---

① 　美国博物馆联盟［EB/OL］. http://www.aam－us.org.
② 　段勇. 当代美国博物馆［M］. 北京：科学出版社，2003：98.
③ 　湖南省博物馆"中国博物馆与青少年儿童教育项目"赴美学习考察小组. 浅谈当代美国博物馆教育——湖南省博物馆教育人员赴美考察报告［C］//湖南省博物馆馆刊（第七辑）. 长沙：岳麓出版社，2011：711－730.

2. 博物馆学习方式

研究表明，当人体内的神经元（neuron）开始连接的时候，学习的过程就在大脑中发生了。神经系统接受身体各个部位"报告"来的信息，神经元的轴突们就像一根根导线以电信号的方式传递这些信息。无论是小孩子学走路还是大人们学挖掘机，神经元在学习过程中都发挥着重要的作用。我们无法用肉眼观察神经元相互连接的过程，但是我们知道学习既包含认知的过程，也包括情感传递的过程①。

（1）博物馆学习流程。 早期的时候美国学者们提出了"博物馆体验"，认为观众参观博物馆的体验活动就是一种"学习"；不过随后，越来越多的学者认识到了"体验"和"教育"之间的区别，博物馆教育也开始越来越走向独立。20 世纪 90 年代，美国博物馆学习强调基于实物的学习，认为实物可以将学生的学习焦点聚集起来，并可以支持跨学科的手段来达到教育目的②。随着博物馆与学校合作的更加深入，美国的博物馆教育事业不仅有坚实的经验基础，更结合心理学、教育学和社会学理论，形成了一套理论性强、学术规范的博物馆教育理念。例如，纽约市博物馆学校的教育专家通过四年对学生学习习惯的观察和研究，设计出一套名为"博物馆学习流程"的教育模式（Museum Learning Process，简称 MLP）。"博物馆学习流程"包括反复观察、提出问题、进行研究、分析和综合、展示、反馈这六个方面③。这与我国综合实践活动课程提倡的多样化的实践性学习，通过探究、

---

① 钟玲. "家庭学习"理念与博物馆教育研究初探——以美国印第安纳波利斯儿童博物馆为例［J］. 博物馆研究，2016（2）.
② POVIS K. E. A Unifying Curriculum for Museum-Schools. University of Washington，2011.
③ 朱峤. 美国博物馆学校的运营模式和教育实践初探［J］. 博物馆研究，2016（2）.

调查、访问、考察、操作、服务、劳动实践和技术实践等实践方式来获得知识和经历具有相同的理念。

　　如今，MLP 这种学习方式已经在包括中国在内的许多国家的博物馆广泛运用。例如，在四川博物院面向高中生开设的博物馆综合实践课"城市博物馆之旅"中，每个学生自行组建团队完成确定主题的学习项目，通过多学科综合运用尝试解决项目问题。该课程以四川博物院等博物馆的馆藏文物为依托，结合历史、地理、语文、数学和美术、音乐等国家课程标准，探寻博物馆的文物资源与高中生学习需求的"融合点"，有效弥补学校传统文化教育中的短板，让中华优秀传统文化在学生心中生根发芽。为了完成学习项目，学生进入四川博物院之前需要搜集相关的资料，如观察博物馆藏品、阅读文献资料、搜索互联网上的电子资料，进行社交媒体互动，并在微博上将提出的问题@四川博物院，与专家、学者交流，将互动结果"一键分享"。进入博物馆后，根据项目单反复观察实物，随后根据观察提出一系列问题并利用一切方法去搜集额外的信息，然后学生对已经获取的信息和资料进行分析和综合，进而形成自己的理解。回到学校后，学生们通过写作、演讲以及展览等形式向同学们分享所得，并将自己的作品在学校公共空间展示。通过交流与研讨，该学生接受来自同学的反馈，了解自己的展示成果中的优点和缺点从而形成新的认识。博物馆和学校老师根据学生的展示成果进行分析，了解学生在本次综合实践课中哪方面的知识完成率最高，对博物馆哪方面的知识点最感兴趣，在哪个展厅逗留时间最长等。通过对学生参观行为的跟踪观察，了解他们在具体环境中的参观行为①。通过这种学习方式，学生有充分的机会去运用 MLP 技能，并建立起面对和解决其他问题的能力和信心。美国一些博物馆学校甚至要求学生熟练掌握 MLP，并将此项能力作为一项毕业标准。

（2）跨学科综合学习。 博物馆学习最突出的特点之一是跨学科综合学习，这也是博物馆开展综合实践活动课程的天然优势。美国博物馆学习采取跨学科课程模块，数学、文学、科学、体育、艺术、社会等课程的教师会和博物馆专家一起设计课程模块，以确保每一个课程模块能完整地覆盖每个年级所需要掌握的内容，同时也能充分利用来自博物馆的专业资源。以纽约市博物馆学校一个主题为"殖民的肖像画"课程模块为例。该课程模块要求包括：学生需要在布鲁克林博物馆中学习美国绘画和装饰艺术，并从中理解权力和财富的概念；学习传统的绘画技艺，绘制肖像画；研究人物传记和有关肖像画的历史记录；最后用写作、演讲和展览的方式展示研究成果②。笔者在美国访问学习期间研究博物馆教育案例发现，美国博物馆教育部门工作人员大部分都具有学校从教经历，甚至多年担任中小学校长或幼儿园园长，这样的经历使得在博物馆开展教育工作时能很熟练地将国家课程课标、中小学教材等与馆藏文物资源相结合，博物馆课程能很好地覆盖各学科的学习要求，学校校长和教师也乐见其成，愿意将学生送到博物馆学习。而博物馆也因为吸引了更多学生及家庭的关注和参观，能获得更多来自教育部门的资金支持，这对于博物馆、学校和学生成

---

① 钟玲. 一个延伸的"城市博物馆之旅"［C］//中国国家博物馆社会教育部主编. 馆校合作背景下博物馆实践课程开发研究与探索论文集. 北京：商务印书馆国际有限公司，2020：190-195.

② 朱峤. 美国博物馆学校的运营模式和教育实践初探［J］. 博物馆研究，2016（2）.

长来说都是共赢的结局。

（3）探究式学习。有教育学家认为学习的过程可以通过"思考—配对—分享"（Johnson and Thomas，1992）这一实验进行分析和观察。例如，在课堂上老师提出问题，引发学生思考；学生通过与同桌或附近的同学配对讨论，寻找答案；老师请学生分享自己的答案并开展更深层次的讨论。学生通过这样一个学习的过程，获得知识①。美国博物馆认为探究式学习更有利于激发学生的好奇心和学习热情，博物馆在教育项目中通过询问更多的问题，而不是直接给出答案，让学习者逐步依靠自己得出答案。不管是自然科技类的博物馆，还是文化艺术类的博物馆，探究式学习方式在美国应用都非常普遍。美国国家科学课程标准对探究的定义：探究是一种多层面的活动，包括观察、提出问题、通过查阅文献等信息资源发现已经知道的结论，制定调研计划、做出结论、用工具收集分析与解释数据、解答疑问、交流合作的过程②。这种得出答案的过程本身也是一种学习活动。科技类博物馆广泛应用的学习单充满了探究式学习元素，在美国广泛运用的场馆学习单如今在中国也有普遍的应用。如上海科技馆"智慧之光"探究式学习单是针对"哪个滚得快"展品专门设计的，学习单通过探索前、探索中和探索后三个阶段进行设计，通过探究"质量、大小一样的两个圆轮，哪个圆轮先滚动到终点"这个问题，引导学习者作出假设，制订与实施方案，操作展品，作比较与记录，观察与讨论，引导学习者得出自己的结论，并在探索后再体验，去验证自己的结论。设计及通过访谈和研究发现，80%以上的孩子及家长表示非常喜欢使用

① 钟玲. "家庭学习"理念与博物馆教育研究初探——以美国印第安纳波利斯儿童博物馆为例 [J]. 博物馆研究，2016（2）.
② 刘占兰. 学前儿童科学教育（第二版）[M]. 北京：北京师范大学出版社，2008：8.

这种形式的学习单,可以接受在科技馆参观过程中使用博物馆探究式学习单来与展品进行交互①。在文化艺术博物馆,学习单让学生们以自主学习的方式掌握知识,它针对学生年龄特点和参观目的进行专门设计,学习单上有相关藏品的提示和问题,学生们根据提示或进行图像描绘,或运用艺术元素对藏品进行分析,或展开分组讨论,完成了在展厅的探索任务后,学生们将学习单交给教育人员,教育人员组织学生将观察、探索的结果一同分享,并相机进行评述,或引导学生再次观察,或者提供一些线索或辅助知识,让他们自己得出正确的结论,或明白某种观点。在一幅关于历史事件的绘画作品前,博物馆教育人员可能会问观众这样的问题:"这个历史事件是什么时候发生的""参与的都有谁""结局如何""艺术家采用了哪些技巧来给我们传达这些信息"等。教育人员通常会通过提出问题引导孩子思考——"你看到了什么""你听到了什么""想象你在画面中会有何感受"等。因为每个人的背景不同,所以在同一幅风景画中看到的东西也可能不一样。有的观众可能会从整体角度来看这幅风景画,然后把这幅作品和自己以前观光旅游的所见所闻进行比较;有的观众可能会关注动植物这样一些小细节;还有的观众也许会看到生命的脆弱。对观众而言,这些答案都是正确的②。不同的人、不同的角度,在面对同一个艺术作品时会有不同的感受,无论是美国还是中国的艺术教育中都有相同引导。

3. 营地教育

美国的研学实践教育还有一种非常重要的形式——营地教育。美

---

① 李文晴. 博物馆探究式学习单引导孩子探究式学习的尝试——以上海科技馆智慧之光展区"哪个滚得快"展品为例 [J],科普研究,2019 (6).
② 海伦·香农. 美国博物馆教育的历史与现状 [J]. 伍彬,译. 博物院,2018 (4).

国营地协会曾在 1988 年对营地教育给出定义："一种在户外，以团队
生活为形式，能够达到创造性、娱乐性并兼具教育意义的持续体验活
动。通过领导力培训以及自然环境的熏陶，帮助每一位营员达到生理、
心理、社交能力以及心灵方面的成长。"美国的营地教育发展已比较
成熟，拥有先进而强大的理论基础，具有教育性的特点；强调在真实
的自然环境下亲身体验和参与，具有自主性、情境性和实践性的特点；
推崇户外的团队生活，具有开放性、互动性、竞争性、合作性和社会
性的特点；关注营员的身心健康、综合能力的提升，倡导多元化、多
维度的全面素质教育，具有成长性、综合性的特点；具有创造性、娱
乐性、趣味性的特点。营地教育，让青少年通过"有目的地玩"和
"深度探索自己"等体验式学习方式实现育人的目的，是校外教育的
重要形式，也是学校教育和家庭教育的延伸和有益补充①。无独有偶，
我们国家也强调通过研学旅行实现实践育人。通过教育部门和学校有
计划地组织安排中小学生研学旅行，通过集体旅行、集中食宿方式开
展研究性学习和旅行体验相结合的校外教育活动，有助于打通学校教
育和校外教育的相互衔接，促进研学旅行与学校课程、德育体验、实
践锻炼有机融合。我们还强调有针对性地开展自然、历史、地理、科
技、人文、体验类等多种类型的研学旅行活动。

美国的营地教育已有 150 余年历史，时至今日，美国的研学实践
发展已比较完善，除了营地体验的传统比较悠久，研学旅行在美国具
有良好的继承性之外，美国联邦政府重视并制定了相应的法律法规来
保障学生在研学活动中的安全和健康。营地是学校教室的延伸，夏令
营中有大量的开拓式成长的机会，会促进他们的参与感、创新能力和

---

① 曲晓亮. 从美国的太空营看我国的科普教育［J］. 国际人才交流，2019（10）.

天赋挖掘。同时，拓展他们的视野和交际面，这些成长往往是取得学业成绩的先导①。以加利福尼亚州为例，《加利福尼亚州法规》要求所有营地受加州公共健康部直接管理，从营地的经营许可到营地各类工作人员的资格认定、健康审查等都有详细清晰的规定②。在营地中，体验性、实践性和跨学科性的综合实践活动贯穿于营地教育的全过程，学生从学会生活到学会学习，从观察记录到分析研究，从实实在在的生活中增强自身的能力。以美国霍桑山谷农场的营地任务为例，学生早餐后要将吃剩的早餐收集起来去喂猪，亲身体验实践了一项健康生态系统的基本原则——营养物质循环。该农场的营地教育提供一年级至十年级的分级教学，包括从一年级"在农场做零活"、二年级"农作物种植"一直到九年级"土地测量"和十年级"学科研究"。在营地教育中，很多任务或活动不需要教师用科学术语做解释，学生通过体验式学习发现问题并找到解决问题的路径③。

4. 过程与效果

博物馆给正规的学校教育附加了特别的价值，成为教育的一个非正式部分，它扩大了正规教育的内涵，并提供了不同的学习、享受以及讨论方式④。美国的孩子在博物馆里"浸泡"长大，到博物馆去已经成为许多美国人的生活习惯。美国的博物馆文化发达，很重要的一个方面是博物馆教育发挥了重大的作用。

面向 K-12 的学生开展的教育活动，非常注重博物馆教育与学校

---

① 王霞，何云峰，高志强. 研学实践活动的国际向度及本土镜鉴 [J]. 煤炭高等教育，2021，39（3）.
② 姜英敏，闫旭. 研学旅行制度建设的国际经验 [J]. 人民教育，2019（24）.
③ 姜英敏，闫旭. 研学旅行制度建设的国际经验 [J]. 人民教育，2019（24）.
④ 帕特里克·博伊兰. 经营博物馆 [M]. 南京：译林出版社，2010：175.

课程标准的结合。美国博物馆根据国家与地方教学大纲，量身策划了数学、科学、艺术、读写能力、语言艺术、历史、公民课程、经济常识、地理与社会研究等方面的教育活动。每年，博物馆提供1800万小时的课程，包括为学生提供的导览、博物馆员工前往学校授课、科学大巴和其他巡展的校外活动，以及针对教师的专业发展课程①。美国的博物馆无偿为学校教育教学活动和教师培训提供便利，与学校和教育主管部门合作将博物馆纳入教育教学体系框架。博物馆教育部门除了会直接参与基础教育阶段的教学计划、教学大纲、课程教学、教材编写外，还会成立一些机构专门负责对接融合学校课程与博物馆教育，比如教师会或教师研习会，其工作重点就是让博物馆的馆藏资源、艺术或科学等更好地进入课堂，帮助教师利用好博物馆开展教学工作，建立长期有效的馆校联系制度，实现资源共享共用。美国博物馆实施教育活动注重前、中、后等不同阶段，从前期的沟通策划、资料分享，到中期的实施、研究，再到后期的评估与改进，学习以博物馆教育理念为指导，既符合受众学生的年龄认知特点，又充分利用了博物馆实物教学、探究式学习的优势。

美国的博物馆积极配合国家课程标准的落实和开展，与学校、教师和社区紧密合作，共同为全美青少年学生学习搭建了很好的平台，提供了优良的服务，构建了各类教育课程，提供了相应的体验场所和学习空间。从展厅临摹到艺术家现场讲解与讨论，从科学实验到科学家演讲，从为亲子家庭设计的各种学习单和互动活动到专题讲座，从出借部分藏品供学校教学使用到为学校教师提供教学课件和文化包，

---

① 湖南博物院. 美国博物馆联盟发布《构建教育的未来：博物馆与学习生态系统》白皮书 [EB/OL].（2014-06-24）.

美国博物馆已经成为从小学生到研究生名副其实的"学习中心",各种层次的学生都有相当一部分正式课程是在博物馆的展厅、教室、库房、图书馆等地进行的,孩子们的教育和综合素质就这样在一个个博物馆里浸泡出来①。以艺术教育为例,闻名遐迩的纽约大都会艺术博物馆,从1870年创建以来,就一直奉教育为大都会的基本使命,致力于培养民众对艺术的理解力和欣赏力。从资深的艺术学者,到从未涉足艺术博物馆的人,从带着小孩的年轻家庭,到独立探索视觉艺术的青少年,从沉浸于学校功课的学生,到正在寻求艺术课程的老师②,都可以在大都会获得学习的资源和机会。大都会艺术博物馆专门为不同年龄段的青少年提供与之相应的美术教育课程。从解析展厅陈列的地区艺术课程到不同历史时期的典型艺术作品赏析,从绘画、雕塑艺术风格的流变到建筑与家具的功能性与社会背景的关系,大都会向青少年提供的美术学习课程多达数十门。据统计,每年以班组为单位参观纽约大都会博物馆的青少年和中小学生达20万。美国博物馆对青少年教育的重视获得了丰硕的回报,不仅在一定程度上改变了国民教育思想,从小培养了国民的创新意识,而且许多博物馆的捐赠者,都是从小经常去博物馆并对博物馆拥有美好回忆的人③。

5. 案例举例

2015年,笔者受中国对外文化交流协会委派和国家艺术基金资助,前往美国开展实习交流。笔者在印第安纳波利斯儿童博物馆工作

---

① 钟玲. 成为重要的教育合作伙伴——美国博物馆青少年美术教育理念及案例研究 [J]. 中国美术教育, 2016 (3).
② 果美侠. 大都会艺术博物馆教育工作述评 [J]. 中原文物, 2011 (2): 95-100.
③ 单霁翔. 从"馆舍天地"走向"大千世界"——关于广义博物馆的思考 [M]. 天津: 天津大学出版社, 2011: 94.

了 3 个月，其间利用假期等机会访问了美国多家博物馆，加上笔者 2008—2011 年在洛杉矶工作和学习期间参访的博物馆，已达数十座。在印第安纳波利斯儿童博物馆的实习是沉浸式的，它让我不仅可以零距离观看博物馆的展览和活动，更难得的是让我身处博物馆工作团队的内部，能在"后台"观察和研究他们是如何工作的，对美国博物馆教育的理论和实践、博物馆与学校的合作机制等都有了更深刻的理解与感悟。

（1）纽约大都会艺术博物馆"中国园林"教育项目。纽约大都会艺术博物馆的中国园林（Astor Court）教育项目，主要面向 5—12 年级学生。博物馆会提供给艺术等学科教师文化资源包，资源包非常清楚地讲解了使用方法，为教师设计了课件、课堂活动与课堂练习环节，并配备了博物馆参观学习单。

第一步，课件介绍了自然与中国园林的关系，说明中国园林的诸多设计灵感来源于对生活和自然的观察；解析了园林中的建筑艺术元素，如月亮门、瓦当、太湖石等；阐释了中国哲学里的自然元素——阴阳、风水、气、山水等概念；通过列举中国历史上的著名园林和中国文人墨客自小学习的琴棋书画等艺术形式向美国学生介绍中国传统艺术与文化。

第二步，在课堂活动设计中，教师让学生讨论园林建筑用材和设计样式，讨论园林中出现的汉字字体风格及作用。

第三步，在课堂练习中，教师让学生担任园林设计师，2—3 人组建团队，用老师提供的超轻黏土材料，结合课堂上的所学和对中国文化的理解，设计出自己的"中国园林"。

第四步，在时长约 1 小时的博物馆参观学习单中，除了有园林的平面图和精美的照片外，大都会将中国哲学中的"阴阳"概念进行了简明扼要的介绍，并启发孩子们找寻和思考生活中互为"阴阳"的元素；通过介绍中国园林与文人墨客的关系，启发孩子们去中国艺术展厅寻找与之相关的艺术作品；通过介绍园林中的建筑元素，如月亮门、瓦当、回廊、太湖石等的形象和其演变过程，让孩子们了解中国古典园林与自然的关系，欣赏中国古典园林艺术之美，领会中国古代人们对自然的朴素认知，想象将自己置身于园林中，像古代的学者一样思考和创作，体验视、嗅、听、尝等感觉和从不同视角观察园林；通过阐释园林中的汉字意涵，让孩子们动手学写汉字。通过课堂学习和博物馆实地参观，大都会将中国的哲学、建筑、文学和中国古人对自然的认识与"中国园林"这个展览紧密结合，既有知识性的介绍，又引导和启发学生思考与观察，让他们既享受在园林中徜徉的惬意，又学习了不同的艺术文化知识①。

（2）印第安纳波利斯儿童博物馆"站起来反对霸凌"教育活动。"站起来反对霸凌"活动是由印第安纳波利斯儿童博物馆发起、博物馆与学区合作、企业赞助的一项大型博物馆教育活动。活动目标在于让学生能定义和辨认霸凌行为；学习如何采取行动反对霸凌；学生和教师能够联手行动应对霸凌；学生学习利用他人的经历影响自己作出正面和积极的决定等。

美国博物馆的学校教育活动通常都与学校课标紧密联系，"站起来反对霸凌"教育活动满足印第安纳州课标———公民发展标准Ⅲ，即学生应具有向成人报告霸凌行为的责任；描述纵容霸凌行为的危害；自信、果断地预防霸凌行为等。同时参观前后的问卷调查和数据统计

---

① 钟玲. 成为重要的教育合作伙伴——美国博物馆青少年美术教育理念及案例研究［J］. 中国美术教育，2016（3）.

还涉及数学、写作等学科课程标准要求。

2015 年"站起来反对霸凌"活动于 10 月 26 日举行,共有 350 位 5 年级和 8 年级的学生报名参加。活动第一项是查韦斯·布朗在博物馆百合剧场向全体师生作题为《你可以创造不同》的主旨演讲。布朗首先通过 2 个互动游戏调动全场的气氛,让学生们被他的激情所感染;接着,他通过自己的经历告诉大家每个人都可以与众不同;对于霸凌行为人人都有责任和义务预防与杜绝;他通过"扔掉的纸币"游戏告诉大家,纸币即便掉到地上、被人踩踏,也仍然没有失去它应有的价值。同样地,人即便犯了错误,也可以重新做人,不要因为一次失败而放弃自己、自暴自弃,人应该学会积极地、勇敢地面对自己的人生。布朗的演讲持续了 45 分钟,最后在全体师生的人浪和集体录影的活动中结束。

活动的第二项是由青少年演员演出的舞台剧《你可以站起来反对霸凌》。20 多位演员均来自印第安纳波利斯市一家舞台剧表演俱乐部,学生们利用课余时间在俱乐部老师的带领下编排了一幕 40 分钟的舞台剧。演出分为"一切都是为了你""我可以作出改变""我害怕……"和"你并不孤单"等单元,讲述一位女孩在学校遭受霸凌的痛苦经历和同学们的自我反省和悔悟,最终霸凌者和旁观者认识到自己的错误,积极作出改变,同学间找回失去的友谊。演出强调正能量,演员们的表演自然流畅并富有感染力,演唱和舞蹈也比较专业,观众深深被演员们的表演所吸引。演出结束后,所有演员和编剧老师一同与观众互动,接受观众提问,分享他们对于如何预防和杜绝霸凌的感受和体会。

午餐后,师生参加了分组讨论,由专业机构的老师组织学生学习应对霸凌的技巧。这些技巧包括:转移注意力,如改变话题,用幽默的语言应对嘲讽等;平衡,即用积极的态度和语言平衡消极的评论,这并不是说要直接告诉某人他是错误的，而是通过表达个人的体验或想法避免消极的评论被散布而成为最终的"事实"；支持，即对受害者给予同情和关心；推理，即帮助霸凌者知道除了欺负弱者，还有其他的方式可以显示他的强大；寻求帮助，即通过与成人沟通获取更好的解决方法；不赞成，即表明你不同意或不支持某人的过分行为，即使你不能阻止霸凌者欺负人，也要让他们知道你的鲜明态度。同学们被分成 5 个小组，每组 5—7 人，即兴表演在什么场合运用这些技巧反对霸凌。

参观后学生以组为单位，写出霸凌发生的情况；每一个小组利用服装和道具等表演一个小剧；每一个小组指定一名学生组织讨论，与全班同学讨论每一幕剧的不同点及其原因。同时，学生还将以班级为单位，讨论在博物馆参加"反霸凌"活动的体会，组织校园文化活动；在全校范围内组织"反对霸凌"誓言活动，让每一位学生和老师签名承诺；几个月后，学生们将再做一次校园生活问卷调查，举办一次展览或将新数据补充到原有调查中，看看学校有什么变化，是没有变化还是变得更糟或更好①。

（3）为教育策划的展览——"孩子的力量"。印第安纳波利斯儿童博物馆每年提供 4000 场次的教育活动，其中既有展厅导览和主题讲座，也有大量的艺术表演，如话剧和音乐剧等，以帮助观众更好地理解展览所传递的内容，同时也有助于家庭成员保留博物馆体验的美好记忆。教育活动通常都有清晰的主旨，比如"带我去中国"展厅就专门辟出了一个区域，让孩子们体验中国传统皮影戏，学习中国功

---

① 钟玲. 美国"站起来反对霸凌"教育活动及我国校园霸凌预防策略［J］. 现代中小学教育，2016（5）.

夫和过中国春节。"功夫"活动，主创人员通过让孩子们学习中国功夫的基本功，如扎马步等，让孩子们明白真功夫"动身不动心"，练功夫需要付出长久的时间和精力等。面向学龄儿童的教育活动则须与联邦和州课程标准相关联，以帮助学生拓展学习的深度和广度，同时也满足学校送学生到博物馆学习的关切——对学校学习有积极的促进作用。比如在"孩子的力量"展厅一隅，博物馆就专门设计了一间教室，里面的桌椅、黑板、课本等都是按照 20 世纪 60 年代的原型制作的，教室内配以专业的灯光和音效，用舞台剧的形式还原 60 年代黑人小女孩露比·布雷吉斯突破种族隔离的藩篱，成为新奥尔良乃至美国第一位勇敢地走进白人学校的黑人学生的故事。在舞台剧演出中，既有符合英语语言课程标准的词汇识读学习，又有符合社会课程标准的历史知识、美国政府机制、美国历史等内容的学习，通过历史人物的真人秀表演，更有助于孩子们理解和思考历史事件的背景和意义，从而培养他们的社会责任感[1]。

（三）美国博物馆研学实践教育的保障与促进

博物馆拥有大量的馆藏品和陈列展览，是非正式教育的集大成者。研究表明，美国绝大多数家庭都将博物馆作为他们自愿和自主学习的机构（Falk & Dierking，1998，2001，2002）。通过在博物馆对父母进行访谈发现，他们均认为博物馆是"带孩子来学习的好地方"，另外

---

[1]　钟玲. 美国儿童博物馆的"家庭学习"理念及儿童需求导向［C］//中国对外文化交流协会编. 他山之石可以攻玉——艺术专业与管理人才国际交流项目成果册（视觉）. 南京：江苏凤凰美术出版社，2019：252.

还有研究显示家庭将博物馆作为"间接的学习场所"　（Chase，1975）①。综合分析，美国博物馆教育取得成功主要缘于以下几个方面：

1. 博物馆确立为教育机构

20世纪60年代，《贝尔蒙报告》出台后，整个社会，尤其是政府部门对博物馆的角色认识趋于统一，博物馆确立为真正的教育机构。美国各级政府开始正式给予博物馆充分的政策保障和财政保障。目前在美国建立一座博物馆，其中的一道程序就是要经过"州教育部门会同其他部门或机构进行审核"②。为了推动博物馆教育作用的发挥，美国政府屡次修改《高等教育法》《高等教育设施法》《中小学教育法》《教育行业发展法》《国防教育法》《图书馆服务与建设法》以及《联邦财产与行政服务法》等，承认博物馆为教育机构，与小学、中学、大学以及研究生教育机构存在正式的合作关系；推广和实施《国立博物馆法》，促进美国国立博物馆与全美博物馆的合作与服务③。美国的博物馆也通过确立"建馆宗旨"、发展博物馆教育理论、开展馆校合作、实施多学科教育模式等丰富博物馆教育活动。"博物馆第一重要的是教育，事实上教育已经成为博物馆服务的基石"已经成为美国博物馆界普遍认同的理念。

博物馆也因为对学生和社区教育水平有显著贡献，而获得教育部门的认同并在经费上获得更大的支持。美国博物馆以馆藏资源开展中

---

① 钟玲. "家庭学习"理念与博物馆教育研究初探——以美国印第安纳波利斯儿童博物馆为例 [J]. 博物馆研究，2016 (2).
② 段勇. 当代美国博物馆 [M]. 北京：科学出版社，2013.
③ 段炼. 从二十世纪美国博物馆教育理念看博物馆教育角色的演变 [D]. 长沙：中南大学，2013.

小学教育教学已经形成了比较成熟的模式，开创了良好的馆校结合的范例。许多博物馆会结合年度展览计划发布可与学校教育对接的信息，这要求博物馆在办馆理念上坚持教育属性，展览不仅仅是对展品作展示和介绍，还要基于其已有资源，同时结合学校的需求，提供"资源导引"或"课程菜单"。例如，位于华盛顿的非洲艺术国家博物馆就在其官网上基于自身馆藏及年度展览计划，公布了年度"学校计划"，以菜单形式明确列出了可与学校教育对接的资源、服务和教师培训项目等信息。另外，它还在官网上提供了基于美国学科素养标准的分学段课程资源包，为教师开展与非洲艺术主题相关的教育活动提供了有益的信息导引和资源库①。

2．行业活力

不同于许多国家的文化主管部门设置，美国没有专设文化部，其文化事务主要由国会图书馆、国家艺术基金、史密森尼学会等共同实现。位于美国首都华盛顿的史密森尼学会（Smithsonian Institution）是当今世界最大的博物馆系统和研究联合体，也是美国唯一一所由美国政府资助、半官方性质的第三部门②博物馆机构，囊括国立美国历史博物馆、国立自然历史博物馆、国立美国艺术博物馆等 19 座博物馆、9 座研究中心、美术馆和国家动物园。学会的管理和经费来源于政府，

① 黄燕. 量身定制：打造馆校合作立体化平台——国外博物馆教育经验及启示［N］. 中国教育报，2021－05－20.
② 第三部门：非营利机构，英文为 Nonprofit Organization，即 NPO，在美国常常被称为第三部门，其他两个部门分别为政府部门、企业界私人部门。非营利机构非个人所有，它通常的服务对象是社会大众或者某个特定社会人群，可涉及宗教、教育、慈善、社会事务、商业协会、研究机构、艺术教育等领域。它的数量在美国已经超过 100 万，并在国际上遥遥领先。

体现了官助民办的运营思路。除此之外，美国的博物馆几乎都是以非营利为目的、采取企业经营模式的法人组织。博物馆通常设立董事会来决策博物馆的发展和馆长人选，并批准资金使用计划等重大事项。

作为非营利机构，美国博物馆享有各式各样的"特权"。其中最重要的一项就是根据美国的法律 IRS Publication 557，非营利机构享受完全的免税政策，即非营利机构接受社会捐款，是不需要缴纳任何所得税的。与此同时，它又可以享受和一般营利机构一样的有限责任保护，这有效地保证了机构可以长久地生存下去。同时，向非营利机构捐款的捐赠主体本身也可以用捐赠款来抵税，这也使得社会上的法人或自然人愿意通过向非营利机构捐助的方式来抵税，或者享受相应的税率优惠，这实质上鼓励和促进了捐赠行为本身①，博物馆发展有了活力之源。美国博物馆实际上可"营利"。只不过营利的目的并不是给股东分红，而是为了博物馆的可持续发展。另外，采取企业化经营还可以有效控制博物馆运营成本，保持博物馆的活力。博物馆董事会成员不仅要为博物馆发展贡献自己的才智，还要捐款捐物帮助博物馆发展，能加入董事会所带来的荣誉感也是宝贵的无形资产，也是博物馆发展的重要内驱力。

美国博物馆学理论和实践的蓬勃发展也离不开行业组织——美国博物馆联盟（American Alliance of Museums，简称 AAM）的指导和培育。美国博物馆联盟的前身是美国博物馆协会，是成立于 1906 年的非营利性机构，经过 100 多年的发展与经验的积累，美国博物馆联盟已成为一个规模庞大的专业博物馆组织，包括 1.5 万名博物馆专业人员

---

① 杨铁男. 美国非营利机构现状——以纽约艺术基金会为例［C］//中国对外文化交流协会编. 他山之石可以攻玉——艺术专业与管理人才国际交流项目成果册（综合）. 南京：江苏凤凰美术出版社，2019：111.

和志愿者、3000 个相关机构和 300 个团体会员。笔者有幸参加了美国博物馆联盟 2010 年在洛杉矶召开的年会，来自世界各地博物馆的工作人员会聚在此，数十个分论坛和研讨会上，博物馆人开展与博物馆相关的"头脑风暴"，分享各自博物馆的成功经验和优秀实践。美国博物馆联盟年会是世界上最大的博物馆相关产品和服务博览会，通过出售门票，寻找数十家赞助商提供资助等方式举办。联盟运作流程规范，指导博物馆行业发展效果突出，帮助博物馆制定标准，探索博物馆发展的最佳方式。美国博物馆联盟收集、分享相关知识，倡导解决博物馆界普遍关注的问题，并且通过日常工作、跨界融合、专业服务等方式增强整个博物馆界的力量，确保博物馆成为美国社会重要的组成部分①。

3. 民众热爱

与国人所熟知的"美国是在车轮上的国家"一样，美国人喜欢博物馆的程度之深也可以用"美国青少年是在博物馆里浸泡长大的"来形容。美国博物馆类型众多，除了面向普通公众开设有自然、历史、艺术及专题博物馆外，还有专门为 0—6 岁的学龄前儿童建设的儿童博物馆，专门为行动不便的老年观众、失忆老人、阿尔茨海默症患者设立的参观项目等。任何年龄段、不同种族和性别的观众都是博物馆服务的群体。美国博物馆对"一老一小"的工作定位和服务质量可以窥见馆方关照观众需求，提供相应的公共文化服务，进而获得民众热爱的影子。如何让低年龄段的孩子喜欢来博物馆是个难题，而美国的儿

---

① 王芳. 活力与故事的力量——美国博物馆联盟 2013 年年会纪实 [J]. 中国博物馆，2013（3）.

童博物馆在这方面取得了非常成功的经验。儿童博物馆是一种具有美国特色的机构，全世界共有 300 多家儿童博物馆，大部分集中在美国。儿童博物馆收集藏品不在于藏品的稀缺性，而在于它们是否能够在阐释或教育中发挥作用。笔者曾在美国印第安纳波利斯儿童博物馆（以下简称儿童馆）工作过一段时间，这座儿童馆所在的印第安纳波利斯城市人口只有约 84 万，而儿童馆年观众量超过 120 万人次，相当一部分会员来自距离印第安纳波利斯市近 300 公里的芝加哥市，芝加哥的很多家庭周末会驱车前来儿童馆参观学习。笔者发现，儿童馆取得成就主要基于如下因素：全馆上下贯彻的办馆理念——"家庭学习"理论指导全馆工作；以儿童需求为指向的陈列展览与教育活动让孩子和家长在儿童馆寓教于乐，亲子陪伴质量明显提高；向迪士尼学习，打造了一套高标准的观众服务体系，让观众在儿童馆有很好的博物馆体验[①]。

而面对容易被忽视的老年观众，美国很多博物馆纷纷推出了自己的策划，如底特律美术馆在社区老年中心的帮助下，开发出"老年星期四"（Senior Thursday）这一项目。这个新项目让 55 岁以上的老年人有机会参观博物馆，并免费享受每周四为他们专门设计的项目。每个月的第一个星期四安排展厅参观，第二个星期四安排讲座，第三个星期四安排艺术创作课，第四个星期四安排电影放映。在有五个星期四的月份里，第五个星期四将举办一次展厅参观。所有项目都于每周四下午 1 点开始。活动结束后，老年人还能享受免费的咖啡和饼干招待会。"底特律美术馆之旅既是老年人的社交活动，也是一种文化体验。

---

① 钟玲. 美国儿童博物馆的"家庭学习"理念及儿童需求导向 [C] //中国对外文化交流协会编. 他山之石可以攻玉——艺术专业与管理人才国际交流项目成果册（视觉）. 南京：江苏凤凰美术出版社，2019：252.

有些老年人很孤独，住在离家人和朋友很远的地方。在一个社会环境中体验艺术和文化会让他们产生更深刻的共鸣，因为他们可以与他人分享这些时刻。和身边的人分享你的印象，会让人更难忘。"① 对于残障人士，美国的博物馆也策划了专题性的导赏活动，让博物馆有温度，让文物变得更加立体。如纽约大都会艺术博物馆整改展厅无障碍设施，增加服务特殊群体的员工培训，并提供可看、可听、可嗅、可触摸甚至可品尝的多感官体验，帮助特殊人群读展。

三、日本博物馆研学实践教育研究综述

（一）日本博物馆研学实践教育的发展

日本是亚洲最早规模发展博物馆的国家。现代博物馆在日本经历了 150 余年的发展过程，不仅数量上超过 5000 座，人均拥有博物馆数量更是名列世界前茅。综观日本的博物馆发展历程，立法、观念与经济基础等共同助推了博物馆的蓬勃发展。参照它在相应阶段取得的阶段性成果，日本博物馆研学实践教育的发展大致包括如下阶段。

第一阶段：从明治维新后到第二次世界大战以前，即 19 世纪 60 年代至 20 世纪 30 年代。19 世纪 60 至 90 年代，资产阶级改革运动在日本兴起，全国经历从封建社会向资本主义社会的转变。明治政府官员从欧洲带回"博览会"这一概念并在全国范围内施行，日本的博物馆正是从博览会这一形态中发展出来的。文部省出于巩固学校教育基

---

① 蔡芯蕊. 博物馆星期四：老年人的博物馆之旅［EB/OL］. （2020-06-01）. https:// baijiahao. baidu. com/s?id=1668283491458833793&wfr=spider&for=pc.

础的需要，推进教育的现代化，希望能设立一个使用实物标本进行研究的教育设施。于是在 1875 年，日本设立了"教育博物馆"。据统计，在 1928—1945 年间，全日本共建立了 226 个博物馆。主要分为大城市中型单科博物馆（美术、历史、自然、产业、动植物园水族馆等），以及地区小型综合博物馆（乡土博物馆）。这一时期，博物馆职员的人数增长也较快，1939 年高达 2356 人，平均每馆 7.7 人①。从日本博物馆创办的初衷不难看出，博物馆设立的目的是完善日本教育体系，满足学生学习需求，从而提高日本国民的科学和人文素养。

中国博物馆的创办也与日本有一定的渊源。1903 年，张謇先生赴日本考察教育及实业 70 天，他在参观大阪博览会的同时，也关注着东京帝国博览馆等博物馆的建设和运作。回国后，他积极倡导创办博物馆，1905 年分别向张之洞和学部递交了《上南皮相国请京师建设帝国博览馆议》《上学部请设博览馆议》。他指出，"夫近今东西各邦，其所以为政治、学术参考之大部以补助于学校者，为图书馆、为博物苑"。他提到的"东邦"就是指日本，建议仿效东京帝室博览馆在京师建立国家博物馆，然后"可渐推行于各行省，而府而州而县"②。此后，张謇先生在南通创办了中国第一座现代意义的博物馆——南通博物苑。

第二阶段：从 20 世纪 40 年代至 60 年代。第二次世界大战以后，日本制定了"教育兴邦"的国策，延续了日本对教育历来的重视，全国范围内积极开展教育活动，博物馆教育职能得到了进一步发挥。二战后，日本为了恢复经济和促进社会发展，基于《教育基本法》的要义，各地纷纷建立公共博物馆发挥社会教育职能，日本的博物馆事业

---

① 朱华俊. 日本博物馆教育研究 [D]. 武汉：华中师范大学，2018.
② 董丹. 中日博物馆理论与实践比较研究——以博物馆展览、教育、修复为例 [D]. 北京：中国艺术研究院，2011.

开始恢复，各地的帝室博物馆都变成了国立博物馆。此后，以国立博物馆为中心，设立了美术、自然科学、历史、动物、水族、植物等领域的博物馆。社会教育体制和战前相比有了很大改变。1947 年 3 月，被称为"日本教育宪法"的《教育基本法》在第 92 次帝国议会通过，这使得博物馆在日本法律中首次被置于教育设施的地位，极大地强化了博物馆作为公共教育设施的重要职能。该法就教育原则、教育机会均等、学校教育、社会教育、政治教育、宗教教育、教育行政管理等方面做了规定。该法第七条就"社会教育"阐述道："1. 国家和地方公共团体应鼓励在家庭、工作单位或社会其他场所进行教育"；"2. 国家和地方公共团体应作出努力，通过建立图书馆、博物馆、公众会堂等类似机构，通过使用学校机构以及其他恰当方式，以达到教育的目标"①。由此，博物馆在社会教育设施中有了一席之地，博物馆的教育属性在法理上得到了确立。

1951 年，日本制定了《博物馆法》，这既是日本博物馆行业的第一部全国性法规文件，也为亚洲首创。作为支持日本博物馆政策的基本法律，《博物馆法》既明确了博物馆搜集、保管（培育）和陈列展出有关历史、艺术、民俗、自然科学等实物资料的职能，同时也强调了博物馆供市民公众利用，有利于提高国民文化素养，供其调查研究、休息娱乐等需求的教育使命②。对博物馆开办的条件，该法明确道："第一，有实现博物馆目的所必需的资料；第二，有实现博物馆目的所必需的学艺员及其他职员；第三，具有为完成博物馆规定之目的所必需的建筑物和土地；第四，一年之中开馆 150 天以上。"其中，学艺

① 犬丸直. 日本博物馆现状及其社会教育 [J]. 郁阳，译. 中国博物馆，1989（2）.
② 宋向光. 物与识——当代中国博物馆理论与实践辨析 [M]. 北京：科学出版社，2009.

员是日本博物馆立法中很具特色的一个制度，它规定了博物馆专业从业者的入职基本条件，也是国家教育资格的一种，如《博物馆法》第五条明确规定"第一款，拥有学士学位，且在大学期间取得过文部科学省规定的博物馆相关课程学分者。第二款，大学在学 2 年以上，课程取得 62 学分以上，且从事学艺员助理职务达 3 年以上者。第三款，文部科学大臣依据文部科学省相关规定所认定的，与上述其一、其二所例举者具有相同学力和经验的相关者"。可见，学艺员资格取得主要是大学或国家通过学历认定、资格考试、部委鉴定等方式进行评价，对合格者授予国家资格证书①。这样的规定有助于保障博物馆专业化发展，实现藏品的征集入藏、展览展示和服务于公众的教育及欣赏需求，也为日本博物馆后续的高速发展奠定了良好的基础。

第三阶段：从 20 世纪 70 年代至今。70 年代初，日本的国民生产总值居世界第三位，这一时期日本已经完成了工业化目标，跨入了成熟阶段的门槛。经济高速增长，社会发展良好稳定，人口持续增长，推动了博物馆井喷式增长，很多新的博物馆相继成立。1980—1997 年间迎来了新馆开放的高峰，每年新开馆 50—70 家。1980 年，全日本的博物馆已经超过了 2000 所，县立美术馆、市町村立博物馆、企业博物馆和私立博物馆均在兴建②。它们各具特色、相互竞争。这一时期，日本受欧美博物馆的影响，对博物馆教育亦更加重视。杜威的实用主义理论、加德纳的多元智能理论、皮亚杰的建构主义等教育理论在日本的博物馆有了相应的实践和应用。儿童博物馆和面向儿童的教育活动日渐成熟，体验活动、动手制作、探索发现、玩耍游戏等在各博物

---

① 浜田弘明. 博物館の理論と教育［M］. 東京：朝倉書店，2014：169.
② 朱华俊. 日本博物馆教育研究［D］. 武汉：华中师范大学，2018.

馆相继开展，博物馆与学校之间的合作也更加广泛而深入。日本博物馆学者研究发现，在学习的过程中，博物馆和地区的自然、历史、文化资源的灵活运用，有可能创造出超越教科书的"学习"，是经历"见""感觉""触碰""关联"的流动，是因"发现""感动"这些实体经验而产生的"难以忘记的记忆"。这种"记忆"，与教科书中背诵得到的短时记忆是有显著区别的，它是"知"的终极形态①。日本博物馆与学校合作的实施项目非常多，主要是以讲座、实验、观察等为主，授课环节和职业体验是馆校合作最多的项目。

1980 年以后，终身学习的呼声高涨，人们对生涯学习的要求在不断上升，博物馆成为终身教育中的重要一环。1988 年，日本政府废除"社会教育局"，正式建置"终身学习局"这一专业政府机构负责全国终身教育建设工作。1990 年日本颁布了《终身学习振兴法》，成为继美国后世界第二个为推动终身教育发展立法的国家。该法案明确了终身教育发展的基本国策，规定了地方政府的具体职责，提到了博物馆在社会教育中的作用，博物馆为公民学习发挥的作用明显地大起来。该法案从整体上规定了终身教育发展的政策体系，强化了各级政府的行政职责，为终身教育的发展提供了有效的保障。

2007 年 2 月，日本政府公布了决议修改的社会教育法、图书馆法和博物馆法，重新制定了一些与博物馆相关的规定，其中《博物馆法》与博物馆社会教育相关的有：第 3 条——追加规定博物馆应该利用其研究成果向社会提供公众教育活动。第 5 条——规定博物馆有义务为地区居民提供知识信息。第 21 条——追加规定博物馆应该提供提

---

① 小笠原喜康，並木美砂子，矢島國雄. 博物館教育論：新しい博物館教育を描きだす[M]. 日本：ぎょうせい，2012：186－188.

高家庭教育的活动。博物馆法的修订，加之日本政府对终身学习制度的倡导，更是使得博物馆这一能够针对不同人群、提供不同教育项目的社会公众教育机构得到了空前的关注①。

在这一阶段，日本博物馆数量有了显著的量与质的提升。截至2019年3月，日本各类博物馆总数已多达5744座，平均每两万人就拥有一座博物馆，人均居世界之最。年累计入馆人数超过2.7亿人次，举办各类专题讲座的博物馆也多达74.5%，博物馆已成为延伸至民众身边的重要文化设施和社会教育机构②。

（二）日本博物馆研学实践教育的实施

1. 主要活动方式

日本从引进博物馆这一概念开始就认识到博物馆独特的教育功能，以及博物馆传播科学、文化和艺术的作用，从立法保障、人才建设和博物馆制度等方面逐步完善了顶层和中层设计。日本博物馆在100余年的发展过程中，将欧美博物馆学的理论和实践充分运用，同时也结合了本土的优秀做法，形成了日本博物馆鲜明的特点，即强化博物馆教育职能，为日本学习型社会的建设贡献了博物馆力量。根据日本文部省的相关政策，博物馆在实施教育活动之前，需要先制订方案，明确向参与者"传递什么"和"如何传达"，即主题、目标、内容和方式等。如果教育活动的目标是"探索展馆、亲近博物馆"，那么就需要有指南和学习单，如果是"知晓水源林的构造和保护活动"，需要

① 董丹. 日本博物馆的公众教育 [J]. 故宫学刊，2014 (2).
② 新しい時代の博物館制度の在り方について [M]. https://www.mext.go.jp/b_menu/shingi/chousa/shougai/014/toushin/07061901.pdf. 2007－6－1.

考虑到讲解和实验。每个目标配备的活动不同。在教育活动的实施过程中，还要考虑受众参与的时间和方式等要素，馆内馆外不同地点和参与方式都要兼顾，工作人员的责任和调配等亦要做充分的设计，实践一套完整的教育方案活动，是经过了多道工序和多方参与的成果①。

（1）馆内实践教育活动。进入 21 世纪以来，日本中小学在新的学习指导要领之下实施"综合学习时间"制。综合学习时间是一项新的学习课程设计，目的是培养学生在日益国际化与信息化的社会中的生存能力，包括：独立思考、解决问题的能力；独立思考、主动创新的能力；通过课程、道德和特殊实践活动的学习，掌握适应社会的综合能力②。日本在新课程体系中专设"综合学习时间"以为"综合学习课程"开辟空间，目的是"追求跨学科的、综合性的学习；并确认这种学习对培养儿童的'生存能力'，让他们更好地适应以国际化、信息化等为标志的社会变化十分必需"③。而博物馆教育被认为是实现跨学科综合学习的最佳场所，博物馆教育是教育者和学习者双向互动的过程，学习者在场馆内开展观察和研究，并尝试解决问题，这种研究性的学习方式尊重每一位学习者的独特个性和具体生活，为每一个学生个性的充分展开创造空间。

日本中小学学生和教师在博物馆内的学习活动包括社会实践、馆内课堂、职场体验、讲座和志愿者活动等。通常学生们到博物馆进行社会实践和馆内上课时间为 45—90 分钟。博物馆会在学生入馆前开展"博物馆第一课"，介绍工作笔记单怎么记、卫生间在什么位置、博物

① 朱华俊. 日本博物馆教育研究 [D]. 武汉：华中师范大学，2018.
② 董丹. 中日博物馆理论与实践比较研究——以博物馆展览、教育、修复为例 [D]. 北京：中国艺术研究院，2011.
③ 天笠茂. 论综合学习与综合学习课程 [J]. 李季湄，译. 教育发展研究，2001（1）.

馆的主要展览和藏品介绍以及课程主要目标等。博物馆还为有需求的学生团体提供博物馆老师 MT（Museum Teacher）讲座或授课，利用馆藏或者一些不在展线上的藏品，按照特定的学习主题进行授课，引起学生的兴趣，更明确学习的目的，学生在 MT 的指导下触摸体验，借助工具观察和分析，甚至是动手实验、制作模型等，开展体验式学习。职场体验主要是针对年龄更大的学生，让他们了解博物馆不同岗位的职业特点和工作内容，既包括面向公众的讲解服务、接待咨询、清洁工作等，也包括一些幕后的工作，如文物的预防性保护和修复、藏品的登记著录与保管等。讲座活动主要是面向学校老师，提供对老师职业发展 PD（Professional Development）有益的讲座、培训和参观活动等。日本的博物馆深知面向学生的博物馆学习活动，老师的作用至关重要，只有老师更多、更好地了解和掌握了博物馆资源，学生才能在校内外获取更多来自博物馆的学习资源和机会。博物馆志愿者是博物馆社会性和公益性的重要标志。志愿者"自愿之个人，出于善之目的，以一己之能，为社会而服务"，从最初的接待大厅的问询咨询工作，到为馆内各个研究部门和公众提供导览讲解、教育活动等志愿服务，这样的志愿者运作构架模式自美国纽约大都会博物馆发端，直至影响欧美其他博物馆。日本的博物馆内也到处可见志愿者的身影，具备志愿服务能力的学生参与到为观众导赏等工作中。另外，志愿者还完成清洁展柜、制作说明牌、制作博物馆宣传册、为残障人士和亲子家庭参观提供引导和讲解等服务。

（2）馆外实践教育活动。博物馆从馆舍天地走向大千世界，是必然，也是要求。与中国博物馆登记备案制度有所不同的是，日本《博物馆法》第 10 条规定"意图设立博物馆的人员应向设立博物馆的地区的教育委员会申请博物馆注册"，而且第 19 条也明确了"公立博物馆应由博物馆当地政府的教育委员会管理"。有法律条款的要求，日本博物馆强化教育职能这一重要属性在出发点和落脚点趋于一致的前提下得到了更深层次的彰显。日本《博物馆法》第 3 条还要求博物馆"设置分馆或在博物馆以外的地方展出博物馆资料"，第 10 条要求博物馆"与学校、图书馆、研究所、民众厅等教育、学术或文化有关机构协作，对其他活动进行促进"。

长久以来，重视馆内馆外的实践教育活动已成为日本博物馆的优秀传统。日本博物馆面向学生的馆外实践教育活动包括上门授课、提供教育资料和教材、移动教室等。上门授课时博物馆的专业人员或者博物馆老师前往学校，最大限度地利用馆藏资料进行高质量授课，用以支持学校和地区的教育活动。授课的内容包括综合学习、特殊活动、演讲、移动博物馆，或者馆校双方商定的授课主题。博物馆送课上门坚持公益性原则，优先照顾位于偏僻地区、少有机会参观博物馆的、小规模的学校；支援父母教师协会 PTA（Parent-teacher Association，即为人父或为人母的教师组织）活动及教员研修，对教育研究会及校内研究的教员给予支持，并对 PTA 亲子活动及儿童活动给予支持①。博物馆为学校提供授课所用的教育资料和教材，包括标本、艺术品模型、水生物观察用具、体验活动物料等。笔者在日本参访期间对日本博物馆提供的教育资料等印象深刻，针对不同年龄段孩子的认知程度，资料的难易程度有相应的变化，所选取的展品和藏品也不尽相同，意在符合"教育传达"的主题和目标。移动教室是在授课的基础上内容更加丰富的"微型博物馆"，通常利用学校体育场馆等开阔场地，将博

---

① 董丹. 中日博物馆理论与实践比较研究——以博物馆展览、教育、修复为例 [D]. 北京：中国艺术研究院，2011.

物馆收藏的资料进行小型的主题展示，使全校师生可以在校就能参观展览，并参加相关的教育活动。这与我国的"流动博物馆"具有相同的理念，即将博物馆产品送到博物馆文化和资源欠发达地区，满足当地民众认识博物馆、接触博物馆的需要，启迪更多的人在博物馆开展学习。

（3）修学旅行。 在日本，"修学旅行"是研学实践教育活动的一种形式。日本修学旅行的历史最早可以追溯至江户时代（1603—1868），但真正意义上的、被认为是日本修学旅行的萌芽的事件是1882年日本栃木县第一初级中学组织学生赴东京参观上野第二届实业发展促进博览会。后来随着修学旅行在日本全国的推行，其内容、形式等都有了很大的发展。修学旅行在日本被看作是一种以学习专业知识和技能或增加见识为旅游动机，学校组织学生到其他国家或地区进行的集体旅行活动，借此达成多元学习目标的教育方式。一个多世纪以来，修学旅行已经成为日本所有中小学不可或缺的教学项目，学生通过学校统一组织的修学旅行，集体出行、集体生活、集体学习，在不同于日常的环境中增长见闻，在接近自然和人文的同时体验集体生活，充分锻炼体格和意志。文部省于1955年颁布《关于中小学远足、修学旅行的通知》，要求各地教育委员会将修学旅行作为重要的学校教育内容。1955年，日本文部省出台了有关修学旅行的政策指导意见，主要从修学计划、修学指导、意外事故防范三个方面规定了要求；1956年正式发行了"修学旅行手册"，对全国中小学修学旅行的事前准备、实施过程、事后指导等作了具体的建议。1958年以后，修学旅行被正式写入了日本初高中的教学指导大纲中。而针对部分家庭困难的学生，规定由日本修学旅行协会酌情负担有关费用。同时，在日本修学旅行协会的推动下，日本国有铁路以及之后的新干线，为修学旅

游的学生提供了低至 20% 的票价①。经过一系列政策和制度的完善，
日本的修学旅行得到了长足发展，并进一步拓展了修学旅行范围。目
前，日本的修学旅行形成了完善的管理模式——文部省负责以省令形
式发布各类突发事件（如外交、安全动态等）及其他注意事项的通
知；各都道府县颁布《国内外修学旅行实施基准》，规定修学旅行的
实施对象、时期和范围等；学校自行确定修学旅行的具体日期、目的
地、内容、评价等，并委托旅行社代办旅行业务。据日本全国修学旅
行研究学会公布的数据，2017 年日本 4659 所公立高中的 78.7 万学生
和 9450 所公立初中的 104.5 万学生参加了修学旅行活动，涵盖了全国
所有公立初高中②。

2. 主要有利条件

日本博物馆依靠立法的保障、重视博物馆教育工作的传统和专业
化的运营，博物馆为国民学习服务的作用更加彰显。相关法律体系建
设、学艺员制度、基础教育改革等确保了博物馆教育工作的可持续性
和专业性。

（1）立法先行。 日本博物馆的注册和管理都由当地教育委员会
来负责，这在世界上并不多见。博物馆教育在日本属于社会教育范畴。
日本在社会教育领域拥有健全的法律体系。基于《日本国宪法》和
《教育基本法》，日本于 1949 年颁布了《社会教育法》，其中明确规定
了公民馆、图书馆、博物馆（包括科学、美术、历史等以及动物及植
物园）、青少年教育设施（包括少年自然之家、青年之家、儿童文化

① 赵政原. 日本研学旅行的发展历程与启示 [J]. 旅游论坛，2020 (3).
② 姜英敏，闫旭. 研学旅行制度建设的国际经验 [J]. 人民教育，2019 (24).

中心等）、妇女教育会馆、文化会馆等教育设施均属于"社会教育关系团体"。1951 年，日本颁布《博物馆法》，第一章总则关于立此法的目的开宗明义，"根据《社会教育法》（1949 年法律第 207 号令）之精神，规定博物馆的设立目的与经营管理之要项，谋求其健全的发展及贡献国民教育、学术及文化之发展"。2007 年，日本对《社会教育法》《图书馆法》和《博物馆法》进行了修订，在这三个基本法中重新制定了一些与博物馆相关的规定，并强调了博物馆在社会教育方面的义务，即博物馆应该利用其研究成果向社会提供公众教育活动，规定博物馆有义务为地区居民提供知识信息，规定博物馆应该提供提高家庭教育的活动。

日本在教育方面投入的经费十分巨大，有了相关法律体系的支撑，博物馆的经费得到了充足的保障。因为法律规定博物馆是社会教育机构，因此日本的博物馆与学校一样都是财政负担其运营。即便是自 1999 年起，日本政府对博物馆进行了独立行政法人化的运营制度改革，政府资金依然是博物馆的重要经费来源，另外再通过门票收入、社会及个人捐赠等渠道获得的支持，博物馆的资金来源有稳定的保障，其社会教育职能和贡献于国民教育及终身学习等方面均充分地发挥了积极的作用。

（2）师资培养。日本《博物馆法》要求各馆"应设置学艺员和专业人员"。学艺员从事博物馆各专业工作，包括博物馆资料的收集、保管、展览、调查、研究等。进入博物馆工作之前，学艺员必须要完成相关专业的学习并取得资格认定，途径有三种。第一，是在大学修满文部省指定的博物馆相关课程并取得学士学位；第二，是大学 2 年以上在籍且修满 62 学分以上并且拥有 3 年以上学艺员助理及与之相称工作；第三，是经文部省大臣批准的、具备相关学术能力和经验者。日本博物馆学艺员是国家认定的职业资格，并且获得法律保护，从业资格严谨，专业化水平比较高。文部省和地方教育委员会还会定期举办培训，以提高博物馆学艺员和助理学艺员的专业能力。学艺员制度为规范日本博物馆从业人员的纳入机制起到了非常重要的作用。最为难得的是，学艺员资格认定在理论学习和实践经验中形成了一种默契的平衡，不会因为学分和考核显得过于倾向于应试化，也不会因为注重年资而轻视学养。无论通过哪种途径获得学艺员资格，都难以绕过笔试、面试，以及拥有1—11年的助理学艺员工作经验的门槛①。

不仅学艺员从业资格要求高，认定条款多，在学期间所学的课程、学时也有严格规定。在日本，开设学艺员相关课程的大学为数不少。根据文部省的数据资料，截至2013年4月，日本共有300所大学（包括国立、公立、私立和短期大学）开设学艺员相关课程②。日本《博物馆实施法则》中对学艺员相关科目的学分要求进行了明确规定，2012年还进行过学分的变更，学艺员在大学期间要修完有关博物馆课程的学分，包括终身学习概论、博物馆概论、博物馆经营论、博物馆资料论、博物馆情报·媒体论、博物馆资料保存论、博物馆展示论、博物馆教育论、博物馆实习和教育学概论等课程③。其中博物馆实习，必须在《博物馆法》中规定的博物馆，或基于该法规定由文部省大臣、都道府县教育委员会指定的相当于博物馆的设施进行实习。具有大学毕业水平的人，以笔试和口试方法考试评定。必考科目是大学必修科目，选考科目从文化史、美术史、考古学、民俗学、自然科学史、

① 陈娅. 当代日本美术馆学艺员制度研究［J］. 中国美术馆，2016（2）.
② 日本文部科学省官网. 学艺员养成课程开讲大学一览300大学［EB/OL］. http：//www. mext. go. jp/a_ menu/shougai/gakugei/04060102. html.
③ 日本文部科学省官网. http：//www. mext. go. jp/a_ menu/shougai/gakugei/1288651. html.

物理、化学、生物学、地学中任选两门。所有考试合格后，方可取得学艺员认定资格①。

（3）**基础教育改革。** 日本于 2002 年推行的新课程把"综合学习时间"作为重要课程领域。该课程领域与我国基础教育新课程体系中的"综合实践活动"课程在性质上有相似之处。不管中国还是日本，产生综合实践活动课程的背景都非常相似——经济社会的发展对人的要求与时俱进，单一的学科知识往往不能完全解决教育教学和学生成长面临的若干问题。因此，如何将课程中各学科的教学内容联系起来，并以此来指导学生，成为一个越来越受到关注的课题。综合实践活动课程就是变"被动"为"主动"，培养学生自己发现问题，主动学习和思考，综合运用所学知识，独立判断，更好地解决问题的素质和能力。让学生掌握学习方法和思考问题的方法，养成主动地、创造性地探究问题、解决问题的态度，并开始学会思考自己生活的意义。

从内容上看，日本基础教育改革"综合学习时间"是一项兼具指导性和操作性的政策。它不仅规定了政策的总体目标，还在相关的学习内容、学习方式上给出了建议，并在学习时长和评价方式上给予了明确规定。为了方便学校利用博物馆等校外教育资源，日本文部科学省的网页为"综合学习时间课程"提供了具体服务项目的介绍，包括机构的联系方式、网址、是否提供资料、是否派遣讲师等内容②。如前所述，日本博物馆的创办需要在当地教育委员会注册，对博物馆的管理等也是归口到教育部门来完成。博物馆与中小学校同属文部科学省管辖，为博物馆资源融入学校教育提供了组织上的便利。

---

① 朱华俊. 日本博物馆教育研究［D］. 武汉：华中师范大学，2018.
② 孟令红. 日本中小学的综合学习时间课程［J］. 北京教育（普教版），2010（9）.

2005 年，日本文部科学省委托日本博物馆协会制定的《博物馆运行评估指标》中体现了"博物馆应成为学校教育利用的重要资源"这一观点，并将博物馆是否"致力于促进学校对博物馆的利用与合作"纳入运行评估指标。评估要点包括：有无学校合作方针、有无学校利用促进计划、学校利用件数的变化、儿童和学生职场体验的接收件数以及人数的变化、面向教师的讲座的实施情况、面向教师的讲座的参加人数、接收教师研修的人数等。各博物馆在以此为依据制定本馆绩效评估指标时，都会将"博物馆是否服务学校教育"作为重要的考量标准①。这样，日本博物馆从创办、管理到评估整个环节，都将博物馆资源与学校教育服务紧密地联系起来，博物馆的社会教育属性通过立法和制度得到了保障和促进。

3．案例举例

2019 年，笔者受中国博物馆协会的资助，前往日本京都参加国际博物馆协会第二十五届大会，并在教育和文化活动委员会（CECA）会议上发言。会议期间，笔者与数十位来自世界各国的博物馆学者一起考察调研了京都与和歌山县博物馆的研学实践教育活动，深刻感受了日本博物馆教育工作的多样性和专业性。

和歌山县地处日本最大的半岛——纪伊半岛的西面，面向太平洋。境内有熊野古道，为世界遗产，每年吸引国内外游客超 3500 万人次。目前，和歌山县面临的最大挑战是人口老龄化和人口数量的加速减少，以及防灾减灾的压力。自 2010 年以来，和歌山县的人口每年呈下降趋势，这 10 余年间已经减少了近 100 万人。未来 40 年人口还会减少约

---

① 朱峤. 将博物馆资源融入学校教育的制度设计研究［J］. 中国博物馆，2016（3）.

60 万。博物馆应该怎样从教育的起点出发，去为应对这些挑战贡献博物馆的力量？这是和歌山县各博物馆需要思考的问题。笔者选取了几个跟中小学生相关的博物馆教育案例，供读者参考。

（1）博物馆"职场体验"。职场体验活动是日本博物馆面向中小学生开展的典型的教育活动。它以让更多人了解博物馆为目的，让参与者知晓博物馆运行的全方面，不仅是那些直接面向观众的工作，也包括博物馆运营幕后的工作，如预算管理和设备维护等。作为职业教育的一部分，日本学校通常会有职业体验学习项目，小规模地组织初中学生参访当地企业或机构，通过几天的学习了解这些职业真实的工作情况。当孩子们作为观众来到博物馆参观学习，他们通常是通过咨询服务台和展厅等空间认识博物馆。而这些展览的背后到底经历了哪些工作？展品是如何来到博物馆的？谁设计和印制的海报？怎么送到学校的？学生们通过"职业体验"这一项目可以全方位了解博物馆的幕后工作。博物馆将不为人知的幕后展示给公众，包括年龄更小的小学生群体等，这对参与者来讲有特别的吸引力。除此之外，直接了解博物馆的各项工作会有助于学生更好地理解展览，以及为策展所做的大量筹备工作，认识温湿度的控制对展品的重要性等。通过调查研究发现，博物馆"职场体验"活动不仅让参与学生感到新奇和愉悦，而且更有利于激发他们思考未来，并为此付出努力。

（2）自然历史博物馆"初等学院"。这是和歌山县自然博物馆面向小学五年级以上学生开展的实践教育活动。这项教育活动让学生通过户外收集活体生物并开展生物学、生态学等方面的研究性学习。博物馆通过调查发现有一些孩子对活体的动物、植物有强烈的兴趣，这些孩子需要更深层的专业知识来支撑他在这一领域的爱好。而且，当孩子们钻研得越深时，不管是在家还是在学校，家长或老师都很难完全解答他们的疑惑。自然历史博物馆"初等学院"教育项目旨在激发这些对生物入迷的孩子们的好奇心和求知欲。借助博物馆的专业性，和歌山县自然博物馆植物、昆虫、爬行动物、水生生物和地质科学等领域的专家为参与项目的学生（通常5人一组）进行深度授课，授课地点在户外特定区域或者实验室。博物馆根据每个孩子的兴趣和特点进行个性化的指导，帮助这些孩子深化他们的专业知识，开展更深层次的研究。尽管项目的课程因领域会有所不同，但其主要的活动是收集标本，这也是自然科学的基础内容。参与项目的学生在相关场域收集好动植物并制作成标本。在项目结束前，学生将陈列和展示他们在自然历史博物馆学习的成果，综述他们的研究内容。由于这些孩子在自然科学方面的浓厚兴趣，"初等学院"项目还有利于孩子们结识有共同兴趣的朋友，促进研究水平的提高。

（3）和歌山县立纪伊风土记之丘博物馆 "风土孩子"。和歌山县立纪伊风土记之丘是和歌山县和歌山市的考古学、民俗学博物馆，该馆面向小学生开展的"风土孩子"项目旨在通过动手体验，鼓励孩子们学习、体验和思考。项目包括孩子们体验古代的人们是如何制造器物和如何生活。借助考古学和人类学的研究方法，孩子们制作出当时的生产和生活工具。与一般的学习项目不同，"风土孩子"强调参与者要投入高水平的生产协作当中。比如，在石斧和伐木环节，孩子们要抛光石头，绑上木质的手柄，并用制作好的石斧砍伐木材。从制作到使用的整个过程的体验有助于孩子们更深刻地了解石斧的制作细节；同时，理解木材砍伐的困难和辛劳，以及与现代金属工具的差异。在整个项目过程中，博物馆注重培养孩子们在"反复试验，反复尝试"的基础上，保持思考及解决问题的能力。通过这些动手体验和协作，孩子们可以进一步了解古代人们的日常生活和社会发展情况，并且进一步主动探索纪伊风土记之丘博物馆的其他馆藏和陈列。而且，孩子们还将提高自主思考能力和动手实践能力。

（三）日本博物馆研学实践教育的保障与促进

日本基于《博物馆法》第一条和第二条的规定，博物馆被定性为社会教育机构之一，博物馆均须在各都道府县的教育委员会（不含都道府县所设立的博物馆）登录。博物馆的监督也由当地教育委员会来实施，实现了从注册到管理都在教育委员会的统领下执行。对博物馆的评估强调了社会教育和公众服务的比重，并对服务中小学生学科学习的深度和广度，以及"综合学习时间"的实践性和综合性提出了明确的指导。在日本，除了我们通常所讲的历史类、自然类、艺术类等博物馆类型外，《博物馆法》在第五章的杂则中统称为"博物馆相当设施"的一类博物馆，如动物园、植物园、动植物园和水族馆等也属于博物馆范畴。《博物馆法》所界定的登录博物馆和博物馆相当设施在诸类税收方面均享有优惠，比如国税、地税、事业所税、固定资产税、城市计划税、不动产取得税均可享受免税政策。此外，在捐赠受援、资金补助、研究调查和社会信用度等方面，登录博物馆、博物馆相当设施也占有较大优势（国立博物馆除外）。

综观日本对博物馆发展所采取的措施，立法予以确立博物馆的社会教育机构属性；政府提供博物馆运行经费和税收优惠减免等保障，催生了博物馆的蓬勃发展；得益于全国推动"终身学习"型社会的建立，博物馆持久、稳定发挥社教职能，服务民众的学习需求；基于基础教育课程改革，博物馆为中小学生实践教育和综合学习能力提供更多更好的机会，博物馆与学校、博物馆与学生之间的合作更加紧密。

|第三章|
博物馆研学实践教育的理论分析

本章从目标、内容选择、实施策略等三个方面对博物馆研学实践教育进行理论分析，厘清博物馆研学实践教育活动课程的理论性、学术性和专业性，为下一步实证研究探索基本的遵循。

依托博物馆开展的中小学生综合实践活动，在欧美等博物馆文化发达的国家行之久远，发展也比较成熟。研究性学习方式于 21 世纪初在我国高中阶段落地，并逐步往义务教育阶段推进，在 20 余年的发展过程中，这种学习方式与劳动教育和社会实践相结合，成为综合实践活动课程的主要原则，充分发挥了中小学综合实践活动课程在立德树人、五育并举中的重要作用，以及培养学生社会责任感、创新精神和实践能力等关键能力方面的独特价值。本章对博物馆研学实践教育开展理论分析，是希望助力我国博物馆教育工作确立明确的使命和目标，形成博物馆教育的理论和体系，建立系统的教育手段，完善教育运作环节，为实现"立德树人"教育根本任务贡献博物馆力量。

一、博物馆研学实践课程的目标

（一）博物馆研学实践课程的目标是什么

目标是对活动预期结果的主观设想，是在头脑中形成的一种主观意识形态，也是活动的预期目的，为活动指明方向。课程目标是构成课程内涵的第一要素，它决定了教学任务的性质和方向，是教学工作的航标灯，具有重要的导向、调控、中介和评估功能。博物馆研学实践课程是基于博物馆藏品，从学生的真实生活和发展需要出发，从生活情境中发现问题，转化为活动主题，通过探究、服务、制作、体验等方式，培养学生综合素质的跨学科实践性课程。

课程目标是指课程在设计与开发过程中课程本身所要实现的具体要求与达到的标准程度，是课程实施结果在知识、技能、情感三方面质与量的预期。博物馆研学实践课程以培养学生综合素质为导向。正如任何一件历史文物，都是科学、艺术和技术的结晶一样，博物馆学习所涉及的学科也是多元的。学生综合运用各学科知识，认识、分析和解决现实问题，提升综合素质，着力发展核心素养，特别是社会责任感、创新精神和实践能力，以适应快速变化的社会生活、职业世界和个人自主发展的需要，迎接信息时代和知识社会的挑战[1]。研学实践课程不同于其他学科课程，目前没有课程标准，亦没有课程教材。它通过某一主题的综合实践活动，实现具体的目标。博物馆研学实践

---

[1] 中华人民共和国教育部. 中小学综合实践活动课程指导纲要：教材〔2017〕4 号［A/OL］.（2017 - 09 - 27）. http://www. moe. gov. cn/srcsite/A26/s8001/201710/t20171017_316616. html.

课程旨在让学生从个体生活、社会生活及与大自然的接触中获得丰富的实践经验，形成并逐步提升对自然、社会和自我之内在联系的整体认识，具有价值体认、责任担当、问题解决、创意物化等方面的意识和能力，并充分浸润中华优秀传统文化、革命文化和社会主义先进文化，形成积极健康的人格和良好心理品质。博物馆研学实践课程需要手脑并用，调动多种感官联合，认识与操作互助，怎么做与做什么相统一，情感体验与活动过程相随。在研学实践课程中，知识的、价值的、情感的、技能的因素自然地交融一体①。所以，博物馆研学实践课程目标应当是多元的、多层次的。

（二）如何制定博物馆研学实践课程目标

制定课程目标主要是使学生掌握系统的文化科学知识和基本技能；培养学生良好的世界观和道德、审美、劳动等观念及相应的行为方式；使学生的身心得到健康发展。只有明确了课程目标，才便于对课程质量的把握、操作、落实和检查。当然，要想使制定的课程目标明确而具体，首先，需要了解学情，弄清学生已经掌握了哪些知识，具备了哪些方面的能力，从而明确该主题的博物馆研学实践课程教学内容和学生已有知识的联系，并寻找建立联系的方法，同时要估计学生可能遇到的困难，有针对性地确立教学重点和难点；其次，要反复钻研《中小学综合实践活动课程指导纲要》，确立该主题教学的具体目标点，并对具体的目标点进行简要的分类，弄清它属于价值体认、责任

---

① 杨小婵. 小学研学旅行课程目标制定的检视——以成都市S小学为例［D］. 成都：四川师范大学，2020.

担当，还是问题解决、创意物化，或是多种具体目标的综合；再次，教师还要选取服务该主题研学实践课程的博物馆藏品和其他文化遗产等资源，并挖掘课程资源的艺术、科学和历史价值，搞清楚其诞生、入藏、保存的流程及背后的故事，并与目标学生的学科课程课标与教材相对应，尽可能找到其融合点。通过这几个方面的充分准备，然后逐条落实明确而细致的目标，就能够避免教学环节游离于教学目标，课堂效率低下的弊病。那么，是否每个主题的博物馆研学实践课程都要针对以上三个方面，面面俱到地确定目标呢？不可能，也没有必要。课程目标的制定是指教师根据自身所持有的课程目标选择的依据和价值取向，合理安排教学活动，对学生进行教育与引导，促使学生在一定目标的指引下获得哪些方面发展，可以说，它是课程目标选择的具体化过程和书面化过程①。

制定博物馆研学实践课程目标要重视以下三个方面的要素。第一，重视学生需求。博物馆研学实践课程不同于其他学科，它更综合，而且还涉及学习场景的变化和大量动手实践环节。"确定学习者需要的过程本质上是尊重学习者的个性、体现学习者意义的过程，一句话，是学习者自由选择的过程"②，因此在制定博物馆研学实践课程目标时要充分考虑学生的需要，尽可能满足学生的个性化需求，对于中、高年级学生，教师可以邀请学生参与选择他们感兴趣的主题，参与课程目标的制定，提高学生对于博物馆学习的兴趣，激发他们的探究精神，将学习的链条贯穿到课程准备—课程实施—保持与迁移等阶段，增加学习留存率，引导学生提出有深度、有价值的问题，并思考解决问题

---

① 杨兴国. 幼儿园科学领域课程目标研究［D］. 重庆：西南大学，2011.
② 张华. 论课程目标的确定［J］. 外国教育资料，2000（1）.

的方法和路径。研学实践，基于研究性学习，重在实践育人、活动育人。实践活动的引入，使教学目标也具有了更高的灵活性。此时教育人员应该以学生的实际需求为基础，制定灵活的课程目标。

第二，适应社会发展需求。综合实践活动课程是为了全面贯彻党的教育方针，坚持教育与生产劳动、社会实践相结合，引导学生深入理解和践行社会主义核心价值观，充分发挥中小学综合实践活动课程在立德树人中的重要作用而开设的。这门课是国家义务教育和普通高中课程方案规定的必修课程，是基础教育课程体系的重要组成部分。今天在我们的新课程框架下，中小学教育特别强调通过研究性学习来提升学生的实践能力、创新能力和综合分析解决问题的能力。博物馆研学实践教育课程使学生走进博物馆展厅，他们可以自主选择喜欢的展项，自己决定在展品前停留时间的长短，根据课程任务开展活动和探索。实际上博物馆可以满足不同学生的需求、不同学生的兴趣和爱好，博物馆学习可以解决学校学习课程资源统一而不够灵活的局限。此时教育人员应为设计者提供真实或模拟的情境活动，让学习者在实践活动中通过充分参与来获得直接的经验、感受并进行交流和分享，然后通过反思再总结提升为理论或成果，最后将理论或成果应用到实践中①。

第三，融合学习发展的需求。教师和学生不管是在课堂上运用到博物馆的教育资源，还是来到博物馆进行现场学习，教育人员都要考虑从不同学科的角度提升他们的核心素养。传统的课堂教学，学生们基本上还是在分学科学习。新课程改革着重强调让学生在分科学习之

---

① 钟玲. 一个延伸的"城市博物馆之旅"［C］//中国国家博物馆社会教育部主编. 馆校合作背景下博物馆实践课程开发研究与探索论文集. 北京：商务印书馆国际有限公司，2020：190-195.

外，尽量给学生提供综合学习的机会。因为生活是综合的，问题一定也是综合的。《中小学综合实践活动课程指导纲要》要求综合实践课应该"打破学科界限，选择综合性活动内容，鼓励学生跨领域、跨学科学习，为学生自主活动留出余地"。当教育人员从知识与技能、情感、态度和价值观等不同维度来设计课程目标的时候，我们的博物馆研学实践教育课程才具备较高的价值，才能在传承中华优秀传统文化、革命文化和社会主义先进文化方面发挥重要的作用①。

（三）按照三个维度进行博物馆研学实践课程目标设计

准确、清晰、合适的教学目标是一切教学活动设计的基础。2001年教育部颁发的《基础教育课程改革纲要（试行）》，其中的三个维度既关注了学生知识与技能的提高，又关注了具有方法论意义的学生学习过程和学习方法，还关注了更深远、更本质的学生情感、态度与价值观的发展。博物馆研学实践教育要落实总体的课程目标，既要遵循《中小学综合实践活动课程指导纲要》中提出的课程目标要求，从价值体认、责任担当、问题解决和创意物化等方面去构建课程设计，还应当在研学活动中实现具体的三个维度的教学目标，以逐步实现人的全面发展。但与学科教学课程目标不同的是，博物馆研学实践教育课程目标应着眼于情感、态度与价值观的塑造，培养自我探索和自我学习的方法，提高跨学科学习和运用所学知识解决问题的能力。

---

① 钟玲. 一个延伸的"城市博物馆之旅"［C］//中国国家博物馆社会教育部主编. 馆校合作背景下博物馆实践课程开发研究与探索论文集. 北京：商务印书馆国际有限公司，2020：190－195.

1. 情感态度与价值观目标

情感态度与价值观，是人对亲身经历过事实的体验性认识及由此产生的态度行为习惯。情感决定并形成态度，而态度体现情感，往往积极的情感形成正确的态度，消极的情感形成错误的态度。教与学的互动将会影响学生用积极的情感战胜消极的情感，用科学的态度去克服消极的态度，并逐步形成良好的行为习惯。情感和态度是价值观形成的基础，没有积极的情感和正确的态度就不会有科学的价值观，价值观是情感和态度的升华，并决定了人们的情感态度。价值观一旦形成，就会影响人对事物的态度和情感。情感态度与价值观目标是体验性目标。

以四川博物院面向初中生的"青铜铸文明"课程为例，该课程这一维度的目标在于"通过对青铜器形制、纹饰、功能的了解，培养学生高尚的审美情趣。通过对合范铸造方法原理的了解和简单浇铸操作的尝试，认识我国古代工匠的杰出才智和协作精神的重要性。通过对商、周著名青铜器和甲骨文的了解，通过观察展厅文物，增强学生对汉字的热爱，认识中华民族辉煌的古代文明史，树立民族自豪感和责任感"。只有当学生读懂了古代文物所传递的历史、科学和艺术价值，他们才能深刻地认识上下五千年的中华文明在亚洲乃至世界文明的高度与地位；了解中华文明自成体系，并呈现出自我发展、自我修复、自我革新等特点；从馆藏文物和历史文献中去感悟中华文明极强的包容性和顽强的生命力，从而在内心生发出坚定的文化自信并自强不息。

2. 过程与方法目标

所谓过程，就是指为达到教学目的而必须经历的活动程序，方法是指师生为实现教学目标和完成教学任务在共同活动中所采用的行为或操作体系，这里主要是学生的学习方法。最有价值的知识是关于方法的知识，过程与方法目标最重要的特征就是亲历体验。体验是知识的升华，体验的信息可以成为日后解决类似问题的经验，所以学生在过程中可以获得知识与技能并最终内化为个性化特征。传统教学也重视过程与方法，但是传统教学主要把过程与方法作为服务于结论的手段，学习的目的是掌握结论。新课程改革把过程与方法本身作为目标的重要组成部分，让学生经历过程和探索方法，给学生带来的是探索的体验、创新的尝试、实践的机会和发现的能力，这些都比那些具体的结论更重要。学生在博物馆等场馆开展研学实践活动，主体一定是学生，在学习过程中，经历自主体验、自主交流、自主提炼、自主运用的过程，能更好地习得方法，使"过程与方法"目标得到更好的落实，达到学以致用的目的。

仍然以"青铜铸文明"为例，该课程"过程与方法目标"为"通过观看、搜集、展示各类青铜器的视频、外形图片和展厅实物观察等来感知、归纳青铜器的分类特征，培养学生的逻辑思维品质和资料查询及初步判断能力；通过教师对相关分类标准的介绍和进入展厅认识青铜器的分类概况，学会分辨礼器、食器、酒器、乐器、兵器等典型器物；了解合范铸造方法的原理并进行体验操作；通过学习并动手篆刻甲骨文增强对甲骨文知识的相关了解"。"参与"和"实践"为学习核心的观念自古以来便大力提倡，"实践出真知"，当我们从体验中获得感悟和认识，这样的直接经验和理解通过我们的交流和分享，将转化为我们的理论认知，并指导我们今后的实践①。

3. 知识与技能目标

　　所谓知识就是人们在改造世界的实践中所获得认识和经验的总和，它主要是指学生要学习的学科知识，包括事实、概念、规律等。技能是指通过练习而形成的对完成某种任务所必需的活动方式，一般包括智力技能和动作技能。知识与技能二者是辩证统一的，知识是技能的基础，技能是知识的升华；没有知识就谈不上技能，没有技能，知识也无用武之地。知识与技能目标是达成过程与方法目标、情感与态度目标的基础，是学生经历、体验学习过程，形成学习方法的前提，也是提高能力、培养情感、形成态度和价值观的载体。过程与方法是掌握知识与技能以及形成情感态度价值观的中介机制，它使学生既可以着眼于知识与技能形成的过程，又可以学会掌握这种知识与技能的方法，既知其然，又知其所以然。情感、态度与价值观目标是掌握相应的知识与技能、逐步形成科学的过程与方法的动力，它对前两个目标具有明显的调控作用。

　　通过"青铜铸文明"博物馆研学课程，学生可以"了解青铜工艺的艺术成就和历史价值；通过四川博物院馆藏文物象首耳卷体夔纹铜罍了解青铜冶炼技术；知道甲骨文是已知最早的汉字，并释读部分甲骨文"。也许一次青铜主题研学课程并不能使学生掌握青铜的材质特点、冶炼工艺和图案纹饰的内涵等，但是经过博物馆的"浸泡"，学生可以逐步培养观察藏品、识读藏品并了解其背后的故事的能力，并

---

① 钟玲. 一个延伸的"城市博物馆之旅"［C］//中国国家博物馆社会教育部主编. 馆校合作背景下博物馆实践课程开发研究与探索论文集. 北京：商务印书馆国际有限公司，2020：190 – 195.

透过文物等藏品建立对中华优秀传统文化、革命文化和社会主义先进文化的热爱和传承，培育对自然历史和科学技术的钻研精神，进而实现全面发展的育人目标。

二、博物馆研学实践课程的内容选择

博物馆老师要根据研学实践课程的目标，基于学生发展的实际需求，设计博物馆研学实践活动课程主题和具体内容，并选择相应的活动方式。

（一）内容选择与组织原则

博物馆研学实践课程以博物馆收藏和展示的自然与人类历史文化遗产为教学材料，学生学会运用观察、聆听、触摸、嗅闻、品尝、调查、实验、扮演、制作等参与体验方式，学习知识、欣赏美和体验艺术。博物馆研学实践课程的内容选择与组织应遵循如下原则：

1. 自主性

与传统的接受性学习不同的是，研究性学习主张以学生为主体，重视学生自身发展需求，尊重学生的自主选择。面对博物馆浩如烟海的藏品，博物馆老师和学校教师应开展合作，引导学生围绕活动主题，从特定的角度切入，选择具体的活动内容，并自定活动目标任务，提升自主规划和管理能力。活动主题可以是基于藏品类型、展厅主题或者自己制定。可以从发现到的问题切入，去选择相关的藏品，并设计活动目标任务。同时，要善于捕捉和利用课程实施过程中生成的有价值的问题，进一步深化活动主题，不断完善活动内容。

2. 实践性

《中小学综合实践活动课程指导纲要》指出，综合实践活动课程强调学生亲身经历各项活动，在"动手做""实验""探究""设计""创作""反思"的过程中进行"体验""体悟""体认"，在全身心参与的活动中，发现、分析和解决问题，体验和感受生活，发展实践创新能力。体验式学习注重为学习者提供真实或模拟的情境和活动，让学习者在活动中充分参与来获得个人的经验、感受并进行交流和分享，然后通过反思再总结提升为理论或成果，最后将理论或成果应用到实践中①。博物馆的实物教学可以调动学生的"五感"去看、听、触、闻、尝，去猜想，去实证，去模拟，去感悟，去摹写，去创作②。

3. 开放性

综合实践活动课程面向学生的整个生活世界，具体活动内容具有开放性，实践活动的过程充满了个性的差异，结论也并不唯一。另外一方面，场馆的藏品特色和展陈内容各不相同，博物馆的丰富性和多样性为研学实践教育活动提供了多元的选择。"双师"要合作开展研究和课程实施，基于学生已有经验和兴趣专长，打破学科界限，选择博物馆研学实践教育活动内容，鼓励学生跨领域、跨学科学习，为学

---

① 湖南省博物馆"中国博物馆与青少年教育项目"赴美学习考察小组. 浅谈当代美国博物馆教育——湖南省博物馆教育人员赴美考察报告 [C] //湖南省博物馆馆刊（第七辑）. 长沙：岳麓出版社，2011：71 - 73.

② 黄琛. 中国博物馆教育十年思考与实践 [M]. 北京：中国学术期刊（光盘版）电子杂志社有限公司，2017：42 - 46.

生自主活动留出余地。要引导学生充分利用城市"15 分钟生活圈"，乡史村史馆、社区博物馆等场馆开展实践学习，利用博物馆这样一个公共文化服务机构持续互动，不断拓展活动时空和活动内容，使自己的个性特长、实践能力、服务精神和社会责任感不断获得发展。

4. 整合性

综合实践活动课程的内容组织，要结合学生发展的年龄特点和个性特征，以促进学生的综合素质发展为核心，均衡考虑学生与自然的关系、学生与他人和社会的关系、学生与自我的关系这三个方面的内容。学生通过具体的实践活动，去理解并处理好这几种关系，获得良好的品德教育。当学生走出学校和家庭，走进博物馆，他便有了更广阔的社会空间，这有助于学生了解自己，了解自己的情绪、情感等，悦纳自己以及控制自己的情绪、情感。当学生走进博物馆开展学习或社会服务，他接触"他人"的圈子更广，便有了更多的机会去学习和了解如何处理与他人的关系，规范自己的言行，关照他人的感受，尊重他人、关心他人、接纳他人，不给别人添麻烦，能够原谅别人的过失等。博物馆是保护和传承人类文明的重要殿堂，是连接过去、现在、未来的桥梁，在促进世界文明交流互鉴方面具有特殊作用。中国博物馆事业发展日新月异，现阶段，许多城市每年至少举办一场来自国外或国内其他地区的展览，通过观看和体验不同的文明成果，学生更容易感知和认识人与自然、人与集体、人与社区、人与组织、人与国家的关系。通过博物馆研学实践教育活动的探究和体验，学生对个人、社会、自然的内在联系会有更深刻的体悟和体认。

5. 连续性

综合实践活动课程的内容设计应基于学生可持续发展的要求，设计长短期相结合的主题活动，使活动内容具有递进性。要促使活动内容由简单走向复杂，使活动主题向纵深发展，不断丰富活动内容、拓展活动范围，促进学生综合素质的持续发展。博物馆等量齐观的藏品不仅可以为研学实践教育活动提供内容丰富、形式多样的探究活动，而且活动的递进性、发展性等方面都可以做到良好的衔接。以博物馆美术综合实践活动来说，小学低年级主要培养感知审美特性，其教学重点是通过亲自动手动脑的创造性实践，使他们形成良好的艺术感知习惯和完成艺术感觉的早期开发工作。小学中、高年级主要提高感知的敏感性。训练学生掌握一些基础技能，确立认识、鉴赏和判断艺术作品时所需的态度，进而能够专心致志地审视艺术作品的感性特征，能够积极主动地发现艺术作品的独特品性，并学会以超然物外的审美态度来观赏艺术对象。初中阶段则主要培养艺术历史感。其目的在于帮助学生了解艺术发展的历史流变与各种流派的基本特征，从而能在反思和比照中更好地体验和评论艺术作品。高中阶段重点培养学生的艺术分析评判能力，提高他们的艺术鉴赏水平。从美学文献中汲取经验，以艺术作品研讨会的形式各抒己见，相互交流，开展艺术评判活动，从而达到培养和提高审美能力的目的。以上不同阶段的学习，是一个循序渐进的过程，也是一个动态的发展过程。在理想条件下，有助于培养和提高学生的艺术感知能力、艺术历史感、审美评判能力乃至整体性的人文素养①。

（二）活动方式

综合实践活动的主要方式及其关键要素为：考察探究、社会服务、设计制作和职业体验等。教育部推荐了每一类实践方式的主题活动，并进行了简要说明。从整体看，四个学段的推荐主题都从自然、社会和自身生活三方面选择了活动内容。除了小学1—2年级，其他三个学段都安排了研学旅行内容。从活动难度看，设计者充分考虑了学生年龄特征、知识与能力水平、心理特征与思维水平，设计了各学段的活动主题，帮助学生循序渐进地掌握研究方法，逐步提升综合实践的深度②。

1. 考察探究

实践性是综合实践活动课程内容选择与组织的基本原则，也是考察探究活动实施的基本要求。考察探究活动的主题设计重点突出了实践性特征，适于学生采用多种方式和方法开展研究，特别是实证研究的方法，例如考察、调查、访问、实验等。考察探究活动强调学生通过观察、记录和思考等活动获得研究体验，形成理性思维、批判质疑和勇于探究的精神。考察探究活动是围绕一个需要解决的实际问题展开，有助于学生提高问题解决能力，促进创新实践。学生通过自然考

① 阳黔花. 美国多学科艺术教育模式对我国艺术教育的启示 [J]. 河南社会科学，2009（3）：186－188.
② 梁烜. 中小学如何开展考察探究活动——《中小学综合实践活动课程指导纲要》"考察探究"主题解读 [J]. 人民教育，2018（Z1）.

察、社会调查、实验观察、研学旅行等活动，能够深入了解自然环境、社会生活中存在的现实问题，逐步理解科学、技术、社会与自然之间的相互关系，学会关心国家和社会的进步，学会关注人类与生态环境和谐发展，培养和提高对社会、自然的责任心和使命感，采取行动，主动承担维护社会公平正义，保护生态环境的责任和义务。考察探究活动创设出有利于人际沟通与合作的教育环境，引导学生学会积极主动地与他人沟通和协商以获取支持，学会交流分享研究的信息、创意及成果，发展善于沟通、乐于合作的团队精神①。

考察探究活动推荐主题中涉及多个与博物馆、纪念馆、科技馆和动植物园等有关的活动，如"跟着节气去探究"，鼓励 3—6 年级学生结合二十四节气，观察身边的植物、动物、天气等物候变化；长期坚持，认真做好记录，并尝试编制当地的自然日历，理解农业生产与物候变化的关系。关注自然现象，探索自然变化，初步树立严谨求实、一丝不苟的科学态度。中国的二十四节气是中国人通过观察太阳周年运动而形成的时间知识体系及其实践。自古以来，中国古代先民通过文学艺术多种形式记载了这些观察和结论，并在博物馆诸多藏品中有大量反映。

"我是'非遗'小传人"，推荐 3—6 年级学生了解非物质文化遗产的种类、特点、保护现状，访问本地非物质文化遗产传承人；讨论传承和保护非物质文化的方法、措施和建议，开展非物质文化遗产的传承活动。理解、认同家乡传统文化，并乐于传承。非物质文化遗产虽然指的是"各种实践、表演、表现形式、知识和技能"，但它离不

---

① 梁烜. 中小学如何开展考察探究活动——《中小学综合实践活动课程指导纲要》"考察探究"主题解读［J］. 人民教育，2018（Z1）.

开有关的"工具、实物、工艺品和文化场所",而这些都是有形的。大量的"非遗"项目都需要通过物质承载形式予以表现和展示。博物馆收藏的大量文物藏品中,就包括这些"非遗"项目的物态形式。比如汉画像砖,它的图像、榜题或格套等反映了当时的社会经济水平、制度,以及风俗、艺术、工艺、技巧等非物质文化的内容。以四川博物院为例,收藏和展示的蜀锦、蜀绣、象牙雕刻、雕漆技艺品、皮影、绵竹木版年画、古琴、羌族刺绣、藏族唐卡、苗族织锦、彝族漆器、藏族雕版印刷品等近百种数以万计的文物都是不同门类非物质文化遗产的结晶①。

"家乡的传统文化研究",推荐7—9年级学生收集家乡历史文化典故,考察著名历史建筑,制作传统美食;了解当地服装服饰文化和传统庆典节日文化等方面的传统文化。理解和尊重家乡的传统文化,积极参与探究学习,对传承传统文化具有历史责任感。这一年龄段的学生通过语文、历史、地理等学科的学习已经逐步建立起中国历史、世界历史的基本认知,并初步具备了唯物史观、时空观念、史料实证、历史解释和家国情怀等核心素养,家乡的传统文化研究能够帮助学生成长为一个具有乡土情怀的社群人,进而成为具有家国情怀、中华底蕴的中国人。

对综合实践活动课程而言,世界即课堂。要积极创造条件,让学生走出校外,走向社区、社会和大自然,到生活发生的地方进行现场研究。当学生沉浸在现实世界中,他自然有深切的体会和感知,并尝试用自己的双手创造世界。在设计考察探究主题活动时,设计者要充

---

① 钟玲. 创新博物馆教育,传承和保护非物质文化遗产 [J]. 国际博物馆(中文版),2016(Z1).

分考虑学校周边可利用的自然、文化类教育资源，综合分析；并结合学校各学科教学情况，邀请不同学科老师参与，联合场馆教育资源和老师整合利用，统筹开发；充分考虑到学生自身兴趣，让学生在教师指导下确定研究主题，开展研究性学习。

2. 社会服务

社会服务指学生在教师的指导下，走出教室，参与社会活动，以自己的劳动满足社会组织或他人的需要，如公益活动、志愿服务、勤工俭学等，它强调学生在满足被服务者需要的过程中，获得自身发展，促进相关知识技能的学习，提升实践能力，成为履职尽责、敢于担当的人。社会服务的关键要素包括：明确服务对象与需要；制订服务活动计划；开展服务行动；反思服务经历，分享活动经验。社会服务要求学生具备一定的服务能力，掌握基本的服务技能。社会服务中的"志愿者"所从事的是"社会工作"，主张以"自愿之个人，出于善之目的，以一己之能，为社会而服务"，社会服务活动推荐主题鼓励高中阶段学生走进图书馆、博物馆、公园等社会文化机构，进行志愿讲解、文化传播、图书整理、公园导览、秩序维持、图书导读等志愿服务活动，积极参与社会公共文化服务，增强人文素养和加强利用自身文化积淀服务公众的意识。目前在博物馆、图书馆等公共文化场馆，越来越多的小学生参与到志愿讲解、文化传播等社会服务活动中，博物馆提供给学生服务技能的培训，并通过向公众提供服务来促进他们相关知识和技能的学习，提升实践能力，承担一定的社会责任，为美好生活添砖加瓦。

3. 设计制作

设计制作指学生运用各种工具、工艺（包括信息技术）进行设计，并动手操作，将自己的创意、方案付诸现实，转化为物品或作品的过程，如动漫制作、编程、陶艺创作等，它注重提高学生的技术意识、工程思维、动手操作能力等。心理学的"多感官协同记忆"表明，学习时各种感官齐上阵，相互配合，尽可能多地调动视觉、听觉、嗅觉、触觉等，能促进知识的理解与记忆。通过让青少年观众在博物馆探索、实验和发现，让他们在学习活动中互动，去亲身体验，经由经验获得知识或行为上的改变历程；提高他们在博物馆中享受发现、推理和验证的乐趣，感受自己能力的提升和信心的增强①。

动手体验项目在博物馆教育中运用已经非常广泛，而且形式多样。有的博物馆还建立了非常清晰和详细的评估标准，去检验教育体验设计是否能满足观众需要。如美国印第安纳波利斯儿童博物馆把参观体验方式分为参与类、合作与解决问题类、提高类三个类别，其中，合作与解决问题类和提高类活动占比要超过70%，馆方通过体验活动的设计满足孩子和家长的学习需求和兴趣，培养他们的动手动脑能力。遥控月球探测车、动手做水动力实验、球体自由落体装置操作、开挖掘机、给兵马俑"穿"上衣服、组装埃及法老的墓棺、学写中国字……数十项动手动脑、设计制作的体验项目让孩子在博物馆玩得不亦乐乎。国内的博物馆也有许多有趣好玩的动手项目，体验工匠精神，将创意转化为现实，如拓印、榫卯、蜡染、手绘龙袍、木作、陶艺等。

---

① 沈岩. 从免费开放反思当前博物馆教育的改革［N］. 中国文物报，2010-02-24（7）.

4. 职业体验

职业体验指学生在实际工作岗位上或模拟情境中见习、实习，体认职业角色的过程，如军训、学工、学农等，它注重让学生获得对职业生活的真切理解，发现自己的专长，培养职业兴趣，形成正确的劳动观念和人生志向，提升生涯规划能力。欧美等国家非常重视培养学生的职业意识，因此多数在职业教育层面形成了相应的教育机制。在美国，学校会邀请各行各业的工作人员来学校向学生介绍自己工作的各方面。每年的 4 月 22 日是"带孩子上班日"，这天父母们会将自己的孩子带至工作岗位一同工作。不仅能让孩子了解父母所从事的工作，而且对培养孩子们的敬业精神和职业道德也大有裨益。在德国，政府规定从 8 年级开始学生必须安排职业体验课程，课程涉及 300 多个类别工种。在日本，还有相应的职业体验所，学校会定期安排与组织学生在儿童体验公园进行职业体验活动，并在体验后对活动进行总结与反思。相比之下，我国的职业体验不管是研究还是实践，关注度都不足；现实生活中也缺乏相应的职业体验案例开展分析研究。职业体验推荐主题活动里虽然提及"走进博物馆、纪念馆、名人故居、农业基地""走进爱国主义教育基地、国防教育场所"等，但似乎与了解这些职业和岗位特点、认识其工作内容，并有助于学生确立职业目标与需求还有一定的距离。在设计这一类综合实践活动或以这种方式为主，兼顾其他方式活动时，可以考虑"沉浸式体验"，让学生不管是装扮还是言语等充分融入职业情境，通过在实际岗位演练，尝试解决问题等，认识职业要求，体察职业责任，总结、反思和交流经历过程。

综合实践活动方式的划分是相对的。在活动设计时可以有所侧重，以某种方式为主，兼顾其他方式；也可以整合方式实施，使不同活动要素彼此渗透、融合贯通，走向深度融合。

三、博物馆研学实践课程的实施策略

（一）实施前的准备

博物馆应对研学实践课程进行整体设计，将课程理念、馆藏文物特色、培养目标、教育内容等融入其中。要分析学生学情，紧扣学段要求对研学实践课程进行统筹考虑，形成博物馆研学实践课程实施方案。策划和研究实践课程时要注意把握以下几点：

1. 研学实践课程的预设与生成

博物馆在准备和策划研学实践课程主题时，要充分征求学生和学校老师意见，选择生活中有价值的课程主题，选择适当的活动方式创造性地开展活动。研学实践课程是一门综合性和实践性很强的课程，课程提倡"做中学"，以活动性、经验性的主动学习取代传统的从书本中被动学习的做法，学习过程很重要，同时也衔接了学生活动的生成性目标与生成性主题，为学生创造性的发展开辟广阔空间。研学实践课程的每一个活动都是有机的整体，随着活动的次第展开，新的目标和主题不断生成，学生的认识和体验逐步加深。

2. 研学实践课程与学科课程

综合实践与学科学习是相互促进，共同助力学生成长的不同形式。任何学习都不是割裂的，在设计博物馆研学实践课程时，要引导学生主动运用各门学科知识分析解决问题，使学科知识在综合实践活动中得到延伸、综合、重组与提升。因此，博物馆老师要充分了解学校许可实地参观的程序；了解国家课程标准，找到博物馆的切入点；了解学校正在使用的资源，如课本教材等。充分分析学情，让学科知识融入研学实践课程，让学生运用所学的知识解决问题，同时将博物馆研学实践课程所获得的知识在相关学科教学中拓展加深。

3. 研学实践课程与教师培养

要做好学生的教育工作，着力点应放在教师身上。我们与博物馆文化发达国家的差距在于我们的教师尚未成为博物馆教育的主要力量。教师直接面向学生，他们拥有博物馆教育工作人员不具备的优势，如课堂掌控能力强、教学经验丰富、了解学生及他们的需求等，如果教师掌握了更多更好的教育资源，无疑对学生的学习大有裨益，因此培训教师是博物馆研学实践课程需要重点关注的方面之一。而综合实践活动提倡立足于学生生活实际、注重学生实践经验的获得、综合素质的培养等，这就要求老师要有较强的课程意识和以学生为主体的理念，避免全包全揽的课程指导习惯。博物馆可以与教育主管部门和学校对教师展开博物馆研学实践课程的专题培训，开展区域性的教研活动，帮助教师掌握利用博物馆资源开展综合实践活动的方法，努力提升教师的跨学科知识整合能力，观察、研究学生的能力，指导学生规划、设计与实施活动的能力，课程资源的开发和应用能力等；不断探索和改进培训方式方法，提高教师的课题组织实施能力，特别是课堂教学的驾驭能力。

（二）课程实施

课程实施是把预期的方案付诸实践的过程，这是一个动态的发展过程。《中小学综合实践活动课程指导纲要》明确指出："该课程由地方统筹管理和指导，具体内容以学校开发为主。"国家制定统一的综合实践活动的课程规划，由地方负责管理和指导，学校则负责具体的课程开发与实施。而实际上，综合实践活动课程的实施效果从宏观、中观到微观三个层面是逐渐衰减的。笔者通过访谈和调研获悉，许多中小学校综合实践活动课程相对于学科课程往往被边缘化处理，缺乏专门的老师，由数学等学科老师兼综合实践活动课程老师的情况比较普遍；课时也难以保证，教研活动很少开展，学校内缺乏对于本课程的长期的、合理的工作实施规划。学校实施的综合实践活动，强调活动化的同时缺乏课程性思考与整体设计；经常把学生束缚在教室里，没有体现综合实践活动"实践性"和"开放性"的特征；未能引发课堂教学模式与学生学习方式的真正转变。上级行政部门对于该课程疏于指导与监管是造成综合实践活动不能有效实施的原因之一。面临这一局面，对博物馆开展研学实践课程的研发和实施能力就提出了更高的要求。

1. 馆校合作推动博物馆研学实践课程

"一个博物馆就是一所大学校"，教育是博物馆的基本职能。对于博物馆来说，博物馆应将藏品充分地利用起来，发挥博物馆藏品应有的作用，过去博物馆是一种内循环、内向型的发展模式，而现在博物馆正由内向型向外向型转变，博物馆外向化的最根本任务就是为社会服务，满足人民群众对美好生活的追求。博物馆与学校共同合作策划研学实践教育活动，使学生在博物馆的学习过程中开阔视野，开放心态，开启心智。

馆校合作应该推动博物馆研学实践课程走向深度探究。从学生的真实发展需要和真实生活现实出发，找到博物馆馆藏文物和展览展示中的响应点，吸引学生持久探究，积极倡导能够持续几个月、一学期、一学年、几学年的中长期探究主题，防止浅尝辄止、形式化的活动。

博物馆更熟悉馆藏文物及背后的故事，在博物馆研学实践教育方面可以发挥更大的主动性，用敏锐的眼光将文化遗产和馆藏文物等资源，准确定位和规划。深化与学校紧密合作，建立长期有效的馆校联系制度，将博物馆研学实践教育纳入中小学学科和综合实践活动课程教学计划，创造与教学内容结合互补的教育活动项目品牌①，共同构建符合中小学生认知和学习需求的综合实践活动课程体系，做好课程实施规划，执行课程建设，动态生成分年级、分专题的博物馆研学实践教育资源包。博物馆藏品、展览和课程等数字资源应接入国家数字教育资源公共服务体系，让更多中小学生和教师充分利用这些优质的网络资源，为综合实践活动课程提供资源保障。

对于地方教育行政部门来说，要加强实践基地建设，强化资源统筹管理，建立健全校内外综合实践活动课程的利用与相互转换机制，强化公共资源间的相互联系和硬件资源的共享，为学校利用校外图书馆、博物馆、展览馆、科技馆、实践基地等各种社会资源及丰富的自然资源提供政策支持。地方教育行政部门要确保开展综合实践活动所

---

① 国家文物局. 关于印发《博物馆事业中长期发展规划纲要（2011—2020 年）》的通知: 文物博函〔2011〕1929 号［A/OL］.（2012 - 02 - 02）. http://www. ncha. gov. cn/art/ 2012/2/2/art_ 2237_ 42262. html.

需经费，为学生提供"学资"，以支持走出学校的综合实践活动课程的开展和专题研究等。

对于学校来说，应着力于提高学生的综合实践能力，充分保障学生校外活动实践的时间，使校外活动常态化和制度化，并为教师调动社会资源服务于教学提供智力支持和经费保障。学校内应设置专门的综合实践活动管理小组或部门，对该课程制定长期的、合理的工作实施规划。学校应为综合实践活动的实施提供配套硬件资源与耗材，并积极争取家长、博物馆、纪念馆等场馆指导教师、社区人才资源等有关社会力量成为综合实践活动课程的兼职指导教师，建立课程资源的协调与共享机制，充分发挥实验室、专用教室及各类教学设施在综合实践活动课程实施过程中的作用。每所学校至少配备一名专任教师，主要负责指导学生开展综合实践活动，组织其他学科教师开展校本教研活动。各学科教师要发挥专业优势，主动承担指导任务。教师应当努力提高自身的理论修养和教学能力，参加教师技能比赛和课程观摩等活动，开展开放的、合作的研究。学校对于综合实践活动指导教师的工作量应进行科学计算，计入业绩考核，建立合理的教师评价制度。

2. 小组合作进行博物馆研学实践课程

博物馆研学实践课程应以小组合作方式为主，也可以个人单独进行。小组合作范围可以从班级内部，逐步走向跨班级、跨年级、跨学校和跨区域等。以往的学校春秋游出行，大多是以年级形式组织学生外出参观学习。笔者在博物馆工作多年，对这种数百乃至上千学生涌进博物馆的所谓"学习"，认为可休矣。这种低效率、无目的的博物馆学习看似学生完成了学习任务，实则不仅没有收获学习的效果，而且降低了学生对博物馆的兴趣度和亲近感。

　　实施博物馆研学实践课程要引导学生根据兴趣、能力、特长，确定活动主题；明确分工，做到人尽其责，合理高效。研学实践不同于普通的学科教学，学生要成为学习的主体，课程实施过程中要让学生有独立思考的时间和空间，发现问题并研究解决问题的路径。研学小组成员间应充分发挥合作学习的优势，尝试从不同的角度去分析问题，通过自主参与与合作沟通，尝试解决问题。博物馆研学实践课程还应鼓励学生利用信息技术手段突破时空界限。进博物馆实施研学活动前，学生应通过网上展览、数字藏品等方式了解藏品信息，做到心中有数，并结合研究主题做前期思考。进入到博物馆后，根据分工和实践环节，完成相应的观察、记录、访谈、实验、思考和讨论，实施相应的研学过程。离开博物馆后，小组还应对研学主题和过程进行反思与总结，交流、评价探究成果，完成研学实践报告。

3."双师"指导实施博物馆研学实践课程

　　在博物馆研学实践课程实施过程中，应以学生自主实践为主，以教师有效指导为辅。由于博物馆研学实践的专业性和跨学科性，采取"双师"教学，即博物馆老师加学校老师这样的组合式教学，可以充分解读和利用馆藏文物，阐释藏品价值，揭示其背后的故事，同时以教育的理论和方法来实施跨学科研学实践。教师既不能"教"博物馆研学实践活动，也不能推卸指导的责任，而应当成为学生活动的组织者、参与者和促进者。教师的指导应贯穿于博物馆研学实践课程实施的全过程。

　　在课程实施前，博物馆教师与学校教师要充分结合学生经验，为学生提供活动主题选择以及提出问题的机会。在这一环节，博物馆要充分阐释藏品信息、时代背景、制作工艺，以及入藏和保护修复过程等，观照古今，对比中西，引导学生构思选题，鼓励学生提出感兴趣的问题，并及时捕捉活动中学生动态生成的问题，组织学生就问题展开讨论，确立课程目标内容。教师要让学生积极参与研学课程方案的制定过程，通过合理的时间安排、责任分工、实施方法和路径选择，对课程可利用的资源及活动的可行性进行评估等，增强课程的计划性，提高学生的活动规划能力。同时，教师应引导学生对活动方案进行组内及组间讨论，吸纳合理化建议，不断优化完善方案。

在课程实施阶段，"双师"要创设真实的情境，通过营造与学习主题相关的自然和人文氛围，为学生提供亲身经历与现场体验的机会，让学生经历多样化的活动方式，促进学生积极参与活动过程，在现场考察、设计制作、实验探究、社会服务、角色扮演等活动中发现和解决问题，体验和感受学习与生活之间的联系。博物馆的陈列展览与学生所处的时代有时空的距离，"双师"要加强对学生活动方式与方法的指导，帮助学生跨越时空的距离，找到破解时空密码的钥匙，找到适合自己的学习方式和实践方式。"双师"指导重在激励、启迪、点拨、引导，不能对学生的活动过程包办代替，要最大限度地调动学生的主观能动性去探索和实践。"双师"还要指导学生做好活动过程的记录和活动资料的整理。

在课程实施后，"双师"要指导学生选择合适的结果呈现方式，鼓励多种形式的结果呈现与交流，如绘画、摄影、戏剧与表演、无实物讲解、脱口秀等，对活动过程和活动结果进行系统梳理和总结，促进学生自我反思与表达、同伴交流与对话。除此之外，"双师"要指导学生学会通过撰写活动报告、反思日志、心得笔记等方式，反思成败得失，提升个体经验，促进知识建构，并根据同伴及教师提出的反馈意见和建议查漏补缺，明确进一步的探究方向，深化主题探究和体验。

在课程实施前、中、后，"双师"充分运用多种学习方式助力学生主动探索，组织和实施博物馆研学实践活动，并通过调查、观察、体验、实验、扮演、表演、探究、探讨等方式反思与总结，实现跨学科综合学习，并提高学生综合素质。

（三）课程评价

评价是"为了探查儿童的心灵，发现藏匿在他心灵深处某个角落里的神奇的铃铛，然后小心谨慎地去触动这个铃铛，从而使儿童内心所具有的一切最美好的东西都能显示出来"。博物馆研学实践课程是学生综合素质评价的重要内容。它提倡实践、探究、合作、操作、反思、评价等多样化的学习方式，注重知识与经验的整合，注重问题的解决，注重发展学生的创新精神、实践能力、社会责任感以及良好的个性品质，因此它对学生核心素养的培养具有独特的价值。课程评价是帮助和促进学生发展的一个手段，其最终目的是激励学生全面发展和健康成长。"双师"要以促进学生综合素质持续发展为目的设计与实施博物馆研学实践课程。

1. 突出发展导向

博物馆和学校应对学生博物馆研学实践课程制定规划，明确3—6年级，或7—9年级、10—12年级的博物馆研学实践方向、主题等，为学生在相应周期内系统实施博物馆研学实践活动做好切实计划和保障。在博物馆研学实践课程评价中坚持学生成长导向，通过对学生成长过程的观察、记录、分析，促进学校、博物馆及双方教师把握学生的成长规律，了解学生的个性与特长，不断激发学生的潜能，为更好地促进学生成长提供依据。

2. 做好写实记录

资料建设对形成档案记录、增强综合实践活动评价的客观性非常重要。"双师"要指导学生客观记录参与博物馆研学实践课程的具体情况，包括活动主题、持续时间、所承担的角色、任务分工及完成情况等，及时填写活动记录单或研学手册，并收集相关事实材料，如活动现场照片、作品、研究报告、实践单位证明等。活动记录、事实材料要真实、有据可查，为博物馆研学实践教与课程评价提供必要基础。但在实际活动中要注意不要过度追求过程的记录和资料的齐全，避免增加学生的无效劳动，避免博物馆研学实践教育课程演化成一种资料建设、收集、整理的形式化过程①。

3. 建立档案袋

综合实践活动学生评价大大拓展了传统的考试和测验所主导的评价方法，出现了许多崭新的评价方法如"表现性评价""档案袋评价"等，给师生的学习和评价带来了活力和生机。在博物馆研学实践教育课程中，"双师"要指导学生分类整理、遴选具有代表性的重要活动记录、典型事实材料以及其他有关资料，编排、汇总、归档，形成学生的博物馆研学实践成长档案袋。

---

① 李树培. 综合实践活动课程学生评价研究［D］. 上海：华东师范大学，2003.

4. 开展科学评价

与传统的以教师为主评价学生的方式有所不同，博物馆研学实践教育课程把学校教师、博物馆教师、家长以及其他参与或指导学生活动的有关人士都纳入评价团体当中。这种多主体评价，使评价成为一个开放、民主、动态的过程，相关主体在真正了解了学生在博物馆的研学实践后，从自身视角作出的自觉主动、充满感情的评价，对学生综合素质发展水平进行科学分析，引导学生扬长避短，明确努力方向。

| 第四章 |

博物馆研学实践教育社会需求的实证研究

为了解博物馆研学实践教育社会需求情况，四川省文博研学联盟专门开展了社会调查，向四川省内博物馆、中小学校教师、成都市"5 + 2"区域居民开展调查，其中对博物馆和中小学校教师采用网络问卷和深度访谈方式，对成都市居民采用网络问卷方式。

一、博物馆研学实践教育目标认同调查分析

本次调查专门设计了博物馆调查问卷和深访提纲。调查内容包括研学活动基本要素、组织方式、研学目标实现度、活动开展效果、活动宣传情况等，问卷调查对象涉及省内 12 个地级市 36 所博物馆 82 位博物馆从业者（含高中层管理者和基层实施课程的员工），深度访谈对象涉及 5 所博物馆 7 位高中层管理者。调查专门设计了中小学教师调查问卷和访谈提纲。调查内容包括研学活动基本要素、开展频率、组织方式、开展主题、研学目标实现度和开展效果等，问卷调查对象涉及省内 73 所中小学 641 名学校领导及教师，深度访谈对象涉及 7 所

学校 7 名教师。调查针对成都市居民设计了调查问卷。调查内容包括研学活动参与情况、活动偏好和参与意愿度等，问卷调查对象涉及成都市"5＋2"区域 630 位学生家长。

（一）博物馆从业者对研学实践教育价值的认识

根据词频分析结果显示，研学课程相较其他课程更具有"四性"，即实践性、趣味性、探究性和形式灵活多样性。它是学校教育和校外教育衔接的创新形式，以学生为主体，以探究式学习方式为主，通过在实践探索中让学生主动提出问题、探究问题、解决问题的学习过程，从而拓展学生知识面，提升综合素质能力，增强文化自信自强。

本次活动调查了博物馆从业者对博物馆研学实践教育价值的认同情况。教育价值包含自主学习价值、科学创新价值、文化多样性价值三方面，调查结果显示调查者对博物馆研学实践教育文化多样性价值的认同度[1]相对较高，为 9.15 分，特别是增强中华文化自信自强方面，通过不同主题的研学活动，深入学习中华优秀传统文化，深刻了解文化内涵，增强文化自信；对自主学习价值的认同度相对较低，为 8.54 分，普遍认为研学教育是一个学生主动学习的过程，但具体实施中自主选择学习方面有待进一步改善。

---

[1] Σ 对应分数，＊对应分数人数占比，1—10 分进行评分，其中 10 分表示最认同，1 分表示最不认同。认同度满分 10 分。

表1 博物馆从业者对博物馆研学实践教育价值认同情况

一级指标	二级指标	一级指标认同度	排序	二级指标认同度	排序
自主学习价值	学习动机	8.54	3	8.59	8
	学习时间			8.48	11
	学习策略			8.51	10
	学习内容			8.55	9
科学创新价值	专业活动	8.78	2	8.70	7
	观察展品			8.91	4
	探寻内涵			8.90	5
	实践融合			8.84	6
文化多样性价值	认识不同文明	9.15	1	9.10	3
	文明交流互鉴			9.17	2
	增强中华文化自信自强			9.20	1

1. 对博物馆研学实践教育自主学习价值的认同情况

调查显示，博物馆研学实践教育自主学习价值的认同度相对较低，为8.54分，排名第三，普遍认为研学教育是一个学生主动学习的过程。自主学习价值包含学习动机、学习时间、学习策略、学习内容4个二级指标，其中学习动机认同度相对较高（8.59分），普遍表示博物馆研学教育是以兴趣诱发学习的过程；学习内容认同度8.55分，反映出研学实践教育的设计者在引导学生观察学习、主动探究和提出问题等方面融合较好；学习时间认同度相对较低（8.48分），说明在具体实施中在时间自主选择方面还存在不足。

不同职务的博物馆从业者对自主学习价值认同度存在差异。其中博物馆高中层管理者对学习动机认同度相对较高，对学习内容认同度相对相低；基层实施课程的员工对学习内容认同度相对较高，对学习时间认同度相对较低。

表2　博物馆从业者对博物馆研学实践教育自主学习价值认同情况

二级指标	二级指标认同度	排序	博物馆管理者认同度	排序	基层实施课程的员工认同度	排序
学习动机	8.59	1	8.28	1	8.82	2
学习时间	8.48	4	8.14	3	8.72	4
学习策略	8.51	3	8.17	2	8.77	3
学习内容	8.55	2	8.11	4	8.87	1

2. 对博物馆研学实践教育科学创新价值的认同情况

调查显示，博物馆研学实践教育科学创新价值的认同度为8.78分，排名第二，表明"做中学""实践探究"等理念在博物馆的利用比较到位，调查显示博物馆利用馆藏资源开展专业活动，运用探究式学习方式探寻展品的文化内涵，激发参与者进行思考与创新。

科学创新价值包含专业活动、观察展品、探寻内涵、实践融合4个二级指标，其中观察展品认同度相对较高（8.91分）；专业活动认同度相对较低（8.70分），说明在研学活动课程设计、开展方式等方面还存在不足。

不同职务的博物馆从业者对科学创新价值认同度差异不大。同时，对博物馆研学活动开展内容进行词频分析，面向小学生开展的研学活动，梳理基本描述为参观访问、观察实验、手工劳作等方式为主；面向中学生开展的研学活动，梳理基本描述为参观访问、学科融合等方式为主。

表3 博物馆从业者对博物馆研学实践教育科学创新价值认同情况

二级指标	二级指标认同度	排序	博物馆管理者认同度	排序	基层实施课程的员工认同度	排序
专业活动	8.70	4	8.46	4	8.88	4
观察展品	8.91	1	8.74	1	9.04	2
探寻内涵	8.90	2	8.69	2	9.06	1
实践融合	8.84	3	8.63	3	9.00	3

3. 对博物馆研学实践教育文化多样性价值的认同情况

调查显示，博物馆研学实践教育文化多样性价值的认同度相对较高，为9.15分。不同职务的博物馆从业者对文化多样性价值认同度差异不大。文化多样性价值包含认识不同文明、文明交流互鉴、增强中华文化自信自强3个二级指标，其中增强中华文化自信自强认同度相对较高（9.20分），通过不同主题的研学活动，深入学习中华优秀传统文化，增强文化自信；认识不同文明认同度相对较低（9.10分），调查者普遍表示博物馆是文化交流的窗口，能向各国及社会大众展示文化多样性，90%以上的博物馆开展过地方展览，72.22%的博物馆引进和展示过国内不同地区的展览，不足50%的博物馆引进过国外展览。发生在文博场馆，具有主题性和实践性的研学旅行，可以帮助学生建立尊重文化多样性的世界观和"不论是中华文明，还是世界上存在的其他文明，都是人类文明创造的成果"的文化观。

表4 博物馆从业者对博物馆研学实践教育文化多样性价值认同情况

二级指标	二级指标认同度	排序	博物馆管理者认同度	排序	基层实施课程的员工认同度	排序
认识不同文明	9.10	3	8.83	3	9.30	3
文明交流互鉴	9.17	2	8.91	2	9.36	1
增强中华文化自信自强	9.20	1	9.00	1	9.34	2

（二）学校教师对博物馆研学实践教育目标的认识

当前教育部等相关部门发文鼓励开展研学活动，学校对研学实践教育活动表示很了解和支持，认为学生的教育不仅在学校，校外的学习与体验也很重要，研学教育能作为学校教育很好的补充，有助于促进学生的全面发展。

根据词频分析结果显示，调查者表示研学课程相较其他课程更具有"两性"，即实践性、体验性。它是以学生为中心，通过探究式学习学习方式，让学生体验、主动提出问题、主动探究问题、主动解决问题的学习过程；对博物馆研学实践教育目标的认识主要体现为在贯彻党中央、国务院及教育部等有关文件精神与要求下，以"立德树人"为根本任务，以教师为引导、学生为主体的教学方式，激发学生学习兴趣，让学生见识到书本及生活以外的知识，开阔眼界，接收更好、更丰富、更全面的教育，促进学生的成长和发展。

本次活动调查了教师对博物馆研学实践教育目标实现度。调查数据显示，受访者表示在博物馆研学实践教育中责任担当目标实现度较高，为7.85分，认为研学活动能帮助学生热爱生活，提升对事物的积极性，增强自理能力和自立精神；问题解决目标和创意物化目标实现度还有待提高，为 7.30 分。

表5 教师对博物馆研学实践教育目标认同情况

一级指标	二级指标	一级指标实现度	排序	二级指标实现度	排序
价值体认目标	集体思想	7.79	2	7.70	6
	组织观念			7.75	4
	行为规范			7.75	4
	主动分享			7.55	10
	爱国爱党			8.19	1
责任担当目标	自理能力	7.85	1	7.70	6
	自立精神			7.69	8
	热爱生活			8.01	2
	积极参与			8.00	3
问题解决目标	发现问题	7.30	3	7.51	11
	课题研究			6.90	15
	提出想法			7.49	12
创意物化目标	设计制作	7.30	3	7.13	14
	信息技术			7.15	13
	服务学习和生活			7.61	9

1. 对博物馆研学实践教育价值体认目标的认同情况

价值体认目标实现度为 7.79 分，包含集体思想、组织观念、行为规范、主动分享、爱国爱党 5 个二级指标。调查显示，超八成受访者表示在博物馆研学实践教育中实现了以上目标，其中93.45%的受访者表示实现了爱国爱党目标。同时对实现度进行了评分，爱国爱党目标实现度相对较高，为8.19分，主动分享目标实现度相对较低，为7.55分。

表6 教师对博物馆研学实践教育价值体认目标实现情况

价值体认目标	实现该目标人数占比（%）	占比排序	目标实现度得分	目标得分排序
集体思想	87.99%	4	7.70	4
组织观念	88.46%	3	7.75	2
行为规范	89.24%	2	7.75	2
主动分享	87.52%	5	7.55	5
爱国爱党	93.45%	1	8.19	1

2. 对博物馆研学实践教育责任担当目标的认同情况

责任担当目标实现度为7.85分，包含自理能力、自立精神、热爱生活、积极参与4个二级指标。调查显示，超八成受访者表示在博物馆研学实践教育中实现了以上目标，其中认为实现了热爱生活、积极参与目标的人相对较多，分别占比92.67%、92.04%。同时对实现度进行了评分，热爱生活目标实现度相对较高，为8.01分，自立精神目标实现度相对较低，为7.69分。

表7　教师对博物馆研学实践教育责任担当目标实现情况

责任担当目标	实现该目标人数占比（％）	占比排序	目标实现度得分	目标得分排序
自理能力	88.77％	3	7.70	3
自立精神	88.46％	4	7.69	4
热爱生活	92.67％	1	8.01	1
积极参与	92.04％	2	8.00	2

3. 对博物馆研学实践教育问题解决目标的认同情况

问题解决目标实现度为7.30分，包含发现问题、课题研究、提出问题3个二级指标。调查显示，86.27％的受访者表示在博物馆研学实践教育中实现了发现问题、提出问题目标，79.25％的受访者表示实现了课题研究的目标，占比相对较低。同时对实现度进行了评分，发现问题目标实现度相对较高，为7.51分，课题研究目标实现度相对较低，为6.90分。

调查结果显示，受访学校开展过优秀传统文化、革命文化、民族民俗等主题研学活动。活动开展主题不同，学习方式也存在一定差异，有探究式学习、项目式学习、参观式学习等方式。同时，通过深访了解到部分学校研学活动开展大致流程为前期场馆提供馆内资源（如硬软件支持、课程资源等），学校根据课程要求，设计出符合不同年级段学生的课程，在教师指导下，以问题为导向，让学生预知发现并提出自己感兴趣的问题，以问题类别划分小组进行合作与探讨；安排合适时间开展活动，形成对问题的初步解释；活动结束后组织学生进行分享，进一步巩固研学活动的成果。

表 8　教师对博物馆研学实践教育问题解决目标实现情况

问题解决目标	实现该目标人数占比（%）	占比排序	目标实现度得分	目标得分排序
发现问题	86.27%	1	7.51	1
课题研究	79.25%	3	6.90	3
提出问题	86.27%	1	7.49	2

4. 对博物馆研学实践教育创意物化目标的认同情况

创意物化目标实现度为 7.30 分，包含设计制作、信息技术、服务学习和生活 3 个二级指标。调查显示，八成以上受访者表示在博物馆研学实践教育中实现了以上目标。同时对实现度进行了评分，服务学习和生活目标实现度相对较高，为 7.61 分，设计制作目标实现度相对较低，为 7.13 分。

调查结果显示，在表示开展过研学活动的受访者中，超七成受访者表示设置过口头评价方式，超六成受访者表示设置过作品展演评价方式，超五成受访者表示设置过手抄报方式。学校组织的博物馆研学实践教育活动普遍都设计了创意物化环节，让学生通过动手操作实践，设计并制作有一定创意的艺术或手工作品等。同时，通过深度访谈了解到部分学校组织过以学校为主的博物馆研学活动，适当引入第三方机构提供部分组织服务，如联系车辆、活动场地，提供餐食等。

表9　教师对博物馆研学实践教育创意物化目标实现情况

创意物化目标	实现该目标人数占比（%）	占比排序	目标实现度得分	目标得分排序
设计制作	81.90%	3	7.13	3
信息技术	82.22%	2	7.15	2
服务学习和生活	87.68%	1	7.61	1

（三）家长及学生对博物馆研学实践教育的认识

1. 对博物馆研学实践教育活动知晓度

调查显示，超八成受访者对博物馆研学实践教育活动持支持态度，其中30.48%受访者表示非常支持。超五成受访者表示对博物馆研学活动了解，其中12.22%的受访者表示非常了解；40.48%的受访者听过博物馆研学活动但不了解，下图为受访者对研学活动知晓度分布示意图。

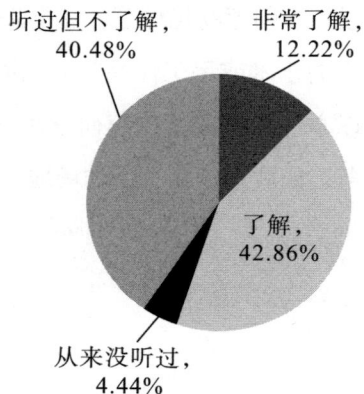

图1　受访者对研学活动知晓度分布示意图

2. 对博物馆研学实践教育活动参与意愿度

超九成（98.89%）受访者表示愿意参加在博物馆开展的研学活动，其中75.40%的受访者表示非常愿意参加，1.11%的受访者表示不太愿意参加在博物馆开展的研学活动，主要出于费用高昂的考虑，在保障安全或免费提供门票等情况下还是愿意参加博物馆研学活动。下图为受访者参加博物馆研学活动意愿度示意图。

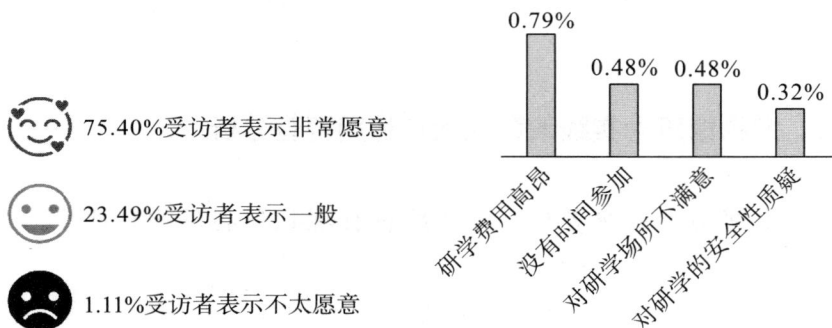

图2　受访者参加博物馆研学活动意愿度

3. 对博物馆研学实践教育活动参与付费意愿度

调查显示，35.40%的受访者表示可以接受平均一天100—199元的价格，其次是100元以内（27.14%）和200—299元（22.38%），极少受访者可以接受花费400元及以上参加研学活动。同时，82.86%的受访者表示周期不超过2天的研学活动很合适，其中44.76%的受访者表示1—2天周期的活动合适，其次是1天以内（38.10%），极少受访者表示周期超过2天的实践活动是合适的，这说明受访者更倾向于参加周期短、付费价格适中的研学实践教育活动。

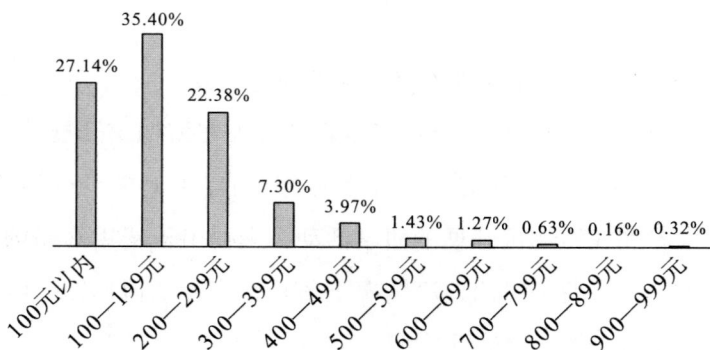

图3　平均一天不同付费段接受占比示意图

二、博物馆研学实践教育现状与利用调查分析

（一）博物馆从业者对研学实践教育现状与利用的自评

1. 博物馆对研学活动现状评价

通过统计分析，发现博物馆从业者对研学实践教育的理论认识与管理实践之间存在差距。《中小学综合实践活动课程指导纲要》中具体目标分为价值体认、责任担当、问题解决、创意物化四大目标，从重要程度排序来看，博物馆从业者对四大目标理论重要性与实践重要性的认识存在差异，认为问题解决目标在理论中排序第一重要，但在实践中排序第三重要；责任担当目标在理论中排序第二重要，但在实践中排序上升至第一重要。从重要程度得分来看，除问题解决目标实践重要性得分低于理论重要性得分外，其余三个目标实践重要性得分均不同程度高于理论重要性得分。

《中小学综合实践活动课程指导纲要》中组织原则分为自主性、实践性、开放性、整合性、连续性五大原则，从重要程度排序来看，博物馆从业者对五大原则理论重要性与实践重要性排序一致，依次为实践性、自主性、开放性、整合性、连续性。从重要程度得分来看，五大原则实践重要性得分均不同程度低于理论重要性得分。

表 10　博物馆研学实践教育重要性和现状评价

指标		重要性程度	实际实现度	差距	重要性程度排序	实际实现度排序
研学目标	价值体认	8.90	9.00	+0.10	3	2
	责任担当	8.97	9.04	+0.07	2	1
	问题解决	9.04	8.95	-0.09	1	3
	创意物化	8.80	8.83	+0.03	4	4
研学原则	自主性	9.33	9.27	-0.06	2	2
	实践性	9.39	9.29	-0.10	1	1
	开放性	9.23	9.02	-0.21	3	3
	整合性	9.12	8.92	-0.20	4	4
	连续性	8.95	8.74	-0.21	5	5

　　通过对不同职务的博物馆从业者数据进行分析，发现不同职务的从业者在研学实践教育的理论认识与管理实践之间存在差异。在理论中，博物馆管理者认为责任担当和问题解决目标排序第一重要，基层实施课程的员工认为问题解决目标排序第一重要；在实践中，博物馆管理者认为价值体认和责任担当目标重要程度排序第一，基层实施课程的员工认为责任担当目标重要程度排序第一。

表 11 不同职务博物馆从业者对研学实践教育重要性和现状评价

指标		博物馆管理者					基层实施课程的员工				
		重要性程度	实际实现度	差距	重要性程度排序	实际实现度排序	重要性程度	实际实现度	差距	重要性程度排序	实际实现度排序
研学目标	价值体认	8.54	8.66	+0.12	3	1	9.17	9.25	+0.08	3	2
	责任担当	8.64	8.66	+0.02	1	1	9.24	9.32	+0.08	2	1
	问题解决	8.64	8.55	−0.09	1	3	9.33	9.25	−0.08	1	2
	创意物化	8.45	8.43	−0.02	4	4	9.06	9.15	+0.09	4	4
研学原则	自主性	9.09	8.93	−0.16	2	1	9.51	9.53	+0.02	2	2
	实践性	9.14	8.90	−0.24	1	2	9.57	9.57	0	1	1
	开放性	8.91	8.50	−0.41	3	3	9.46	9.40	−0.06	3	3
	整合性	8.86	8.27	−0.59	4	4	9.32	9.40	+0.08	4	3
	连续性	8.66	8.09	−0.57	5	5	9.16	9.22	+0.06	5	5

2. 博物馆研学活动开展情况

调查数据显示，受访博物馆均表示开展过研学活动。在表示开展过研学活动的受访博物馆中，超八成以上表示研学活动组织实施方式有学校组织到博物馆和博物馆自行组织，活动主题以优秀传统文化为主，平均每月开展博物馆研学活动的次数为2—3次，近三年合作学校数量在15所以上的占比65.79%。

3. 博物馆对研学活动开展效果评价

调查结果显示，整体来看研学活动开展在学生综合素质提升方面满意度为 91.36 分，处于"非常满意"水平，其中对增强学生学习积极性较为明显，为 94.47 分；对增强学生自理能力得分相对较低，为 88.42 分，有待进一步加强；研学活动开展在博物馆自身研学活动发展方面满意度为 87.41 分，处于"满意"水平，其中对增大博物馆参观人流量效果显著，为 90.53 分，帮助博物馆引流；对增加博物馆收入方面得分相对较低，为 78.68 分。

表12　研学活动开展效果得分

类别	指标	得分	类别	指标	得分
学生综合素质提升	增强学生分析问题能力	89.47	博物馆自身研学活动发展	开发博物馆藏品内容	87.37
	增强学生动手操作能力	93.68		丰富博物馆教学课程	87.89
	增强学生创新意识能力	91.32		增大参观人流量	90.53
	增强学生自理能力	88.42		提高博物馆知名度	90.00
	增强学生自主学习能力	90.79		增加博物馆收入	78.68
	增强学生学习积极性	94.47		增强博物馆传播力	90.00

（二）学校教师对博物馆研学实践教育现状与利用的情况

1. 博物馆研学实践教育现状情况

（1）博物馆研学活动开展情况。调查数据显示，71.23%的受访学校表示开展过博物馆研学活动，28.77%的受访学校表示未开展过，其主要原因有安全保障压力较大（85.71%）、计划安排难度较大（76.19%）等方面。

同时，通过深访了解到学校领导及老师对研学活动表示很支持，认为学生的教育不仅在学校，而且也在学校外，研学教育对学生的全面发展，特别是对五育并举教育理念来说，是很有必要的，是学校教育很好的补充，能增长知识、打开眼界，促进全面发展。部分学校表示目前还未与博物馆联合开展研学活动的主要原因为：一是安全因素，学生均为未成年人，安全很重要；二是博物馆课程面向的学生需要有一定知识积淀，相对更加适合高年级学生。

（2）博物馆研学活动开展主题。调查显示，在表示开展过研学活动的受访学校中，博物馆研学活动开展方式主要以参观式学习（90.91%）和探究式学习（77.54%）为主，在研学活动开展主题方面，88.24%的受访学校表示开展过优秀传统文化主题的活动；名校访问主题研学活动开展相对较少，占比26.74%。下图是研学活动开展主题占比表。同时，通过与德育老师进行深度访谈，了解到受访学校还开展过竹编文化类、艺术美术类、健康科普等主题的研学活动。

表13 研学活动开展主题占比表

活动开展主题	占比（%）
优秀传统文化	88.24%
革命文化	83.42%
民族民俗	63.64%
社会服务	45.99%
职业体验	27.27%
名校访问	26.74%

（3）博物馆研学活动开展时间。 调查结果显示，在表示开展过研学活动的受访者中，超六成表示学校在周内上课日（周一至周五）开展过研学活动，其次是春游或秋游时，极少会选择在法定节假日开展。同时，通过深度访谈了解到，学校开展研学活动一般选择上课日，一方面由于学校学生均为未成年人，出于安全等考虑；另一方面研学课程作为学校课程的需要，选择在上课日和学校课程同步进行，关联更加紧密，效果会更好。部分学校开发过非上课日研学课程，如周末，由家长根据时间安排自行带孩子前往参加。

（4）博物馆研学活动开展效果评价。 调查结果显示，整体来看研学活动开展在学生综合素质提升方面满意度为86.15分，处于"满意"水平，其中对增强学生自理能力较为明显，为86.84分；对增强学生创新意识能力得分相对较低，为85.45分，有待进一步加强；研学活动开展在学校自身研学活动发展方面满意度为86.42分，处于"满意"水平，其中对丰富学校研学活动课程效果显著，为87.38分；对提高教师教学能力得分相对较低，为86.10分。

表14　研学活动开展效果得分

类别	指标	得分	类别	指标	得分
学生综合素质提升	增强学生分析问题能力	85.99	学校自身研学活动发展	提升学生综合管理素质	86.52
	增强学生动手操作能力	85.99		提高教师教学能力	86.10
	增强学生创新意识能力	85.45		丰富学校研学活动课程	87.38
	增强学生自理能力	86.84		增强家长对学校的信任度	86.63
	增强学生自主学习能力	85.99		提高学校影响力	86.95
	增强学生学习积极性	86.63			

2. 博物馆研学实践教育资源利用情况

调查显示，73.01%受访教师表示前往过博物馆参观学习，其中出于个人参观学习的目的占比相对较高，为89.53%，基于课程开发建设的目的和学校工作组织前往博物馆的比例占70.73%；未能前去参观的调查者表示主要是时间安排不够。受访教师表示博物馆教育对扩展学生知识面宽度、深度是非常有必要的，调查数据也显示82.89%的受访教师平均一年至少利用过一次博物馆资源开展研学课程。

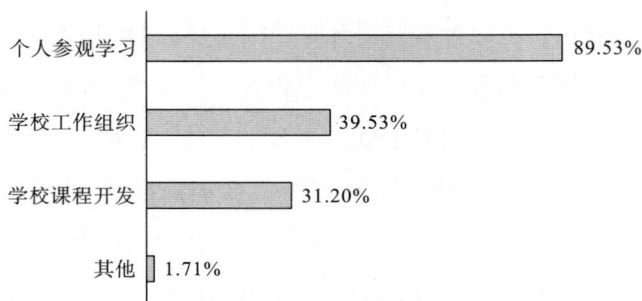

图4　学校教师参观博物馆目的示意图

（三）学生及家长对博物馆研学实践教育参与与需求的情况

1. 学生及家长参与博物馆研学实践教育活动情况

（1）研学活动每年参加频率。调查结果显示，约九成的受访者表示每年参加研学活动和博物馆研学活动，45.08%的受访者表示每年参加2—3次研学活动，同时44.29%的受访者表示每年参加2—3次博物馆研学活动，16.03%的受访者表示从来没有参加过研学活动，主要集中为1—4年级学生。通过对受访者就读年级进行分析，不同年级的学生每年参加研学活动频次基本一致，均为2—3次。下图为受访者每年参加研学活动和博物馆研学活动频率分布图。

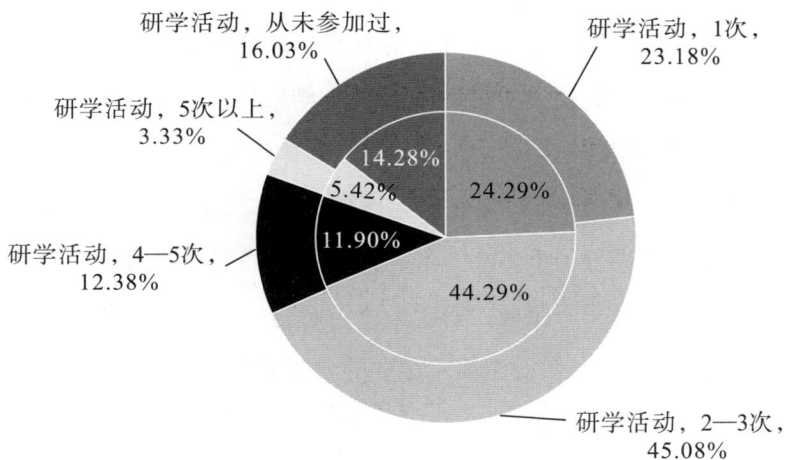

研学活动，从未参加过，16.03%
研学活动，5次以上，3.33%
研学活动，4—5次，12.38%
研学活动，1次，23.18%
研学活动，2—3次，45.08%
14.28%
5.42%
11.90%
24.29%
44.29%

（注：内环表示博物馆研学活动，外环表示研学活动）

图5　受访者每年参加研学活动频率分布图

（2）研学活动课程类型。近三年来，受访者参加过博物馆开展的研学实践教育活动课程排名前三的分别为科学实践（55.40%）、手工制作课程（45.56%）和趣味比赛/作品征集（40.63%）。下图为受访者参加博物馆研学活动课程类型示意图。

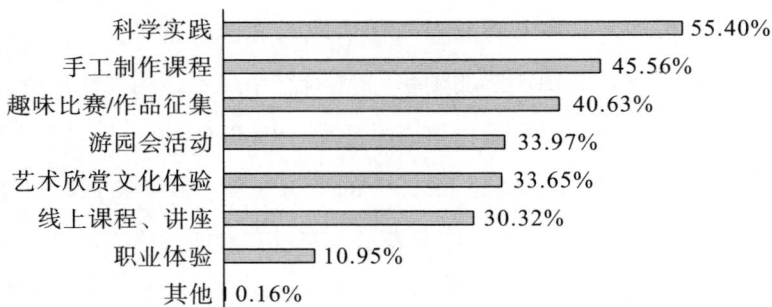

图6 受访者参加博物馆研学活动课程类型

2. 学生及家长对博物馆研学实践教育活动需求情况

（1）研学活动受众关注偏好。 调查结果显示，本次受访者对以往参加过的博物馆研学活动进行了评价，总体满意度得分为82.67分，处于满意水平，其中59.44%评价为比较满意。受访者对活动开展所具备的九大要素进行了重要性排名，其中认为"活动中教育、教学的内容质量水平"是第一重要；其次是"讲解与引导服务水平"和"安全与保障服务水平"；第四至第六重要的要素分别为"交通服务水平""餐饮服务水平""研学活动价格"；第七至第九重要的要素分别为"研学活动时长""研学活动组织主体""品牌知名度"。

受访者对活动开展八大要素进行了需求程度的排名，其中"具有经验的老师"指标得分89.62分，受访者认为在活动开展中其非常有需要，对其亦是最为关注；"学界大咖讲座""集体食宿"指标得分相对较低，分别为75.37分、71.84分，说明在选择参加博物馆研学活动时，受众会优先考虑课程的质量水平和安全保障能力，其次是课程的品牌知名度等影响力。

表15 研学活动具备要素重要性得分表

要素	重要性得分	重要性水平
具有经验的老师	89.62	重要
讲解	88.10	重要
科学实验	87.17	重要
设施设备	84.41	重要
手工制作	83.05	重要
外出考察	79.14	比较重要
学界大咖讲座	75.37	比较重要
集体食宿	71.84	比较重要

（2）研学活动开展吸引形式偏好。通过对调查对象进行潜在吸引需求调查，受访者表示如有机会参加博物馆研学活动，能吸引人的前三种形式分别为科学实践、手工制作课程（编织、拓版画、插花等）、知识科普趣味小册子，占比分别为53.17%、51.90%、46.98%，极少受访者表示线上小游戏具有吸引力，说明线上类形式课程吸引力不太大。

科学实践 53.17%
手工制作课程（编织、拓版画、插花等） 51.90%
知识科普趣味小册子 46.98%
名家讲座 30.48%
文化桌游剧本杀 26.67%
趣味比赛/作品征集 22.54%
游园会 13.65%
艺术欣赏文化体验（古琴、品茶等等） 13.33%
职业体验 12.70%
线上小游戏 6.51%

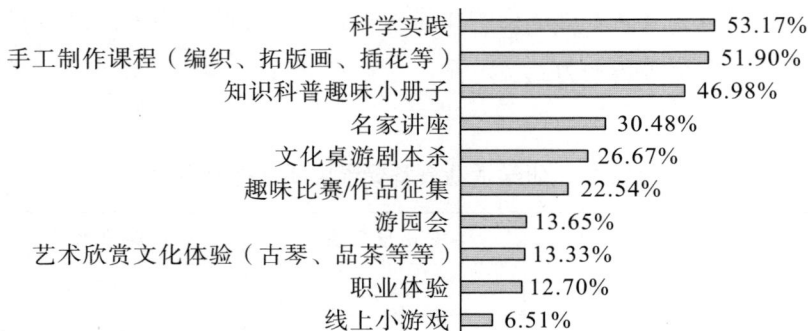

图7　更能吸引调查者参加博物馆研学活动的主要形式

（3）研学活动开展时间偏好。调查结果显示，69.21%的受访者表示会选择在寒暑假参加，其次是学校组织春游或秋游时（57.62%）和周末时间（47.62%），极少受访者表示会选择在课后延时服务时间参加。86.35%的受访者表示选择参加研学活动是出于学习人文历史等相关知识的目的，其次是对博物馆展览的内容非常感兴趣（76.67%），极少受访者（11.75%）表示是出于假期可以托管孩子的目的，这表明家长选择孩子参加博物馆研学活动的出发点是增长知识、开阔眼界。下图为受访者选择参加研学活动时间示意图。

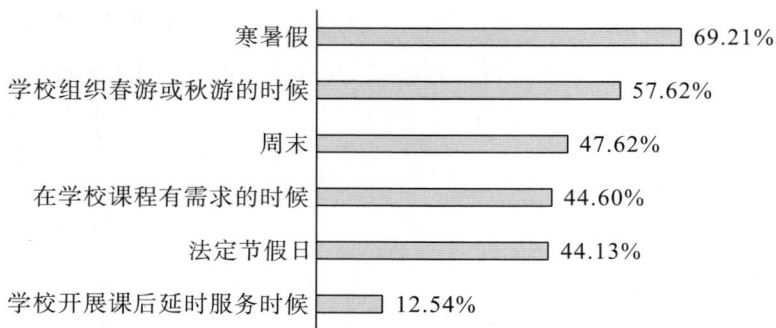

寒暑假 69.21%
学校组织春游或秋游的时候 57.62%
周末 47.62%
在学校课程有需求的时候 44.60%
法定节假日 44.13%
学校开展课后延时服务时候 12.54%

图8　受访者选择参加博物馆研学活动时间

（4）研学活动主题形式偏好。调查显示，82.38%的受访者希望孩子参加优秀传统文化主题的研学活动，其次是民族民俗主题（66.83%）。下图是受访者期盼参加的研学活动主题类型示意图。

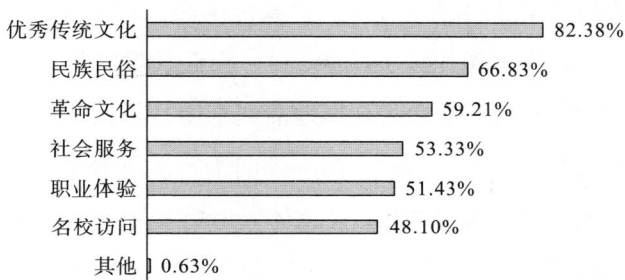

图9　受访者期盼参加的研学活动主题类型

在受访者期盼参加的研学活动主题类型调查中，就读不同年级段的孩子偏好活动主题略有不同，小学阶段偏向于注重优秀传统文化、民族民俗和革命文化，初中阶段开始注重名校访问和社会服务，高中阶段开始注重职业体验，下图表示不同年级学生主要偏好的活动主题示意图。

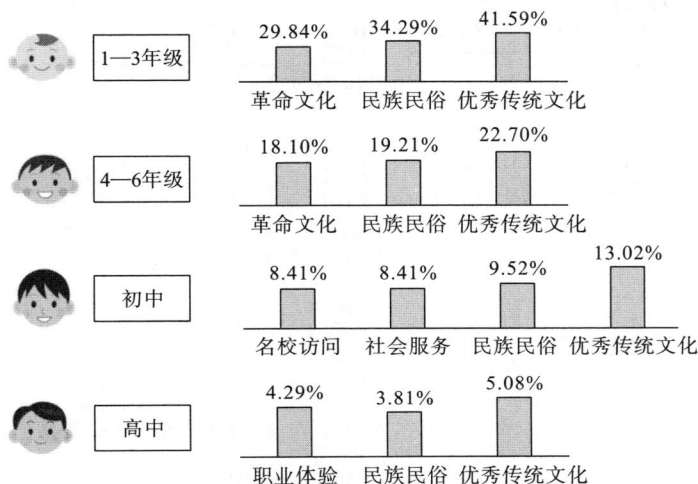

图10　不同年级受访者期盼的研学活动主题

（5）研学活动开展地点偏好。 根据调查结果得出了开展研学活动排名前三的地点，分别为知识科普型（88.41%）：博物馆、科技馆、主题展览、动物园、植物园、历史文化遗产、工业项目、科研场所等；励志拓展型（71.43%）：红色教育基地、大学校园、国防教育基地、军营等；自然观赏型（47.46%）：自然景观较多的地点等。

在受访者期盼的研学活动开展地点调查中，就读不同年级的孩子偏好活动地点差异不大，小学、初中倾向于知识科普型、励志拓展型和自然观赏型地点，高中则开始注重体验考察型地点（农庄、夏令营营地或团队拓展基地等），下图为不同年级受访者期盼的研学活动开展地点示意图。

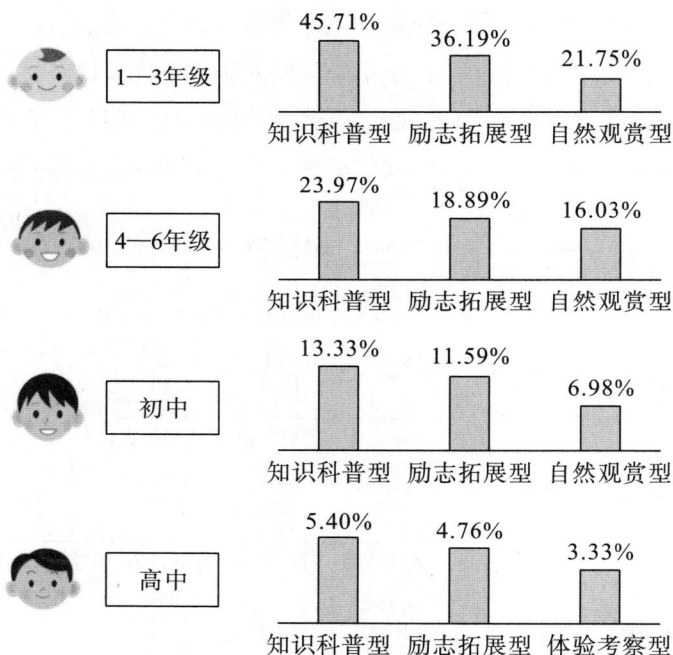

图 11　不同年级受访者期盼的研学活动开展地点

（6）研学活动开展组织主体偏好。 通过本次 630 位受访者的调查，近三年，超七成的受访者参加过成都市内博物馆开展的研学活动，主要通过学校组织到博物馆（60.79%）、博物馆组织的研学教育（46.35%）和专业研学机构组织到博物馆（38.57%）三种方式。同时，希望博物馆和学校来组织活动的占比基本持平，分别为 41.11%、40.95%。这表明受访者更倾向于学校或博物馆来组织研学教育活动。

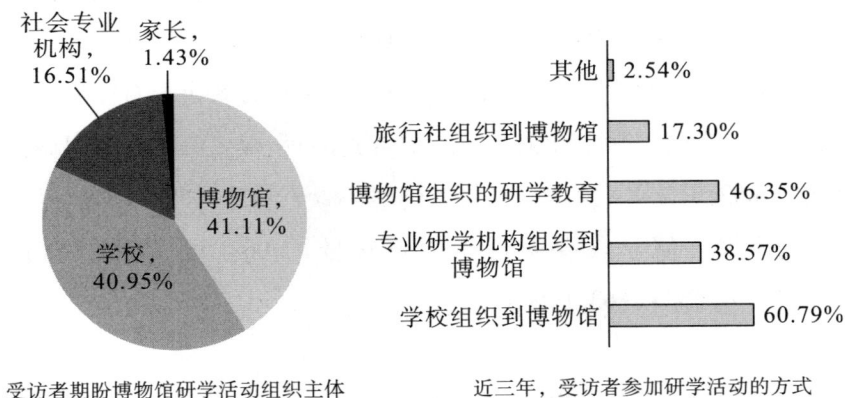

受访者期盼博物馆研学活动组织主体　　近三年，受访者参加研学活动的方式

图 12　博物馆研学活动组织主体偏好

三、博物馆研学实践教育传播力调查分析

（一）博物馆传播方式

调查显示，超四成受访博物馆表示通过学校发布研学实践活动相关信息，普遍表示效果很好；47.22% 受访博物馆表示正计划通过学校发布研学实践活动相关信息。在表示开展过研学活动的受访博物馆中，他们主要通过学校宣讲、宣传手册的方式向学校发布研学活动基础科

普、课程简介、活动宣传报道等内容的信息。

为提升自身的传播力，博物馆纷纷向移动类社交媒体靠拢。调查显示，博物馆微信公众号已取代了官方网站成为最重要的传播媒介。26 家博物馆接受了微信公众号运营情况的调查，均表示开设了微信公众号并使用其宣传报道研学活动，开设时间最早为 2013 年，最晚为2022 年。平均每月 4—6 次更新微信公众号内容的博物馆数量占比为38.46%，占比相对较高，超六成博物馆每月使用 1 次微信公众号宣传报道研学活动。96.15% 博物馆依靠自身运营微信公众号，极少博物馆聘请第三方公司运营。博物馆研学实践教育传播方式主要有微信公众号、博物馆官网、微博和学校，活动信息发布和报名等主要采用微信公众号（97.37%）、博物馆官网（64.47%）、学校（59.21%）等方式。宣传报道展示主要采用微信公众号（100%）、博物馆官网（68.42%）、微博（63.16%）。

（二）学生及家长获取信息调查

通过调查知晓博物馆研学活动的方式，发现 66.67% 的受访者是通过学校通知了解到活动的相关信息，其次是博物馆官网（49.84%）和其他学生家长告知（49.52%），微信公众号（38.89%）也是重要的信息传播途径。受访者对 B 站（3.97%）、快手（8.10%）和小红书（11.43%）App 的依赖性不是很强。通过对受访者年龄属性的分析，不同年龄段获取博物馆研学活动信息的途径基本保持一致，主要是学校通知、博物馆官网和其他学生家长告知。由此可见，博物馆加强与学校的联系与合作，不仅在研学实践活动研发内容上将博物馆资源与教材内容相关联，还要借助学校渠道加强研学活动的宣传，为博物馆研学实践教育的深度和广度形成馆校合作的合力。下图为受访者知晓博物馆研学活动信息的主要途径示意图。

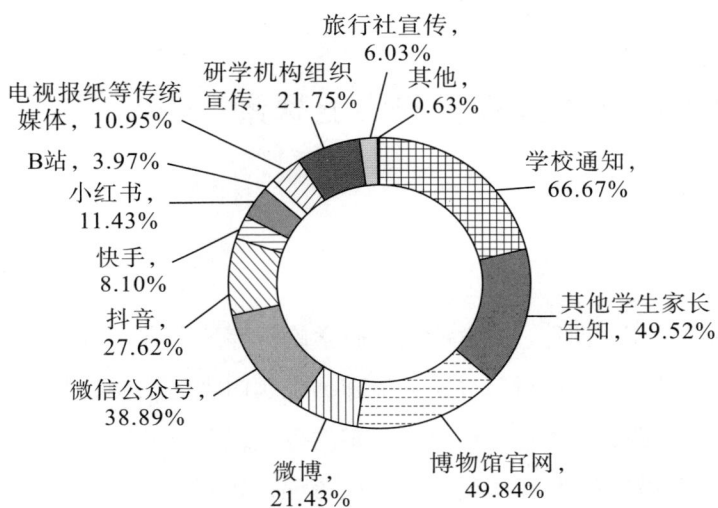

图 13　受访者知晓博物馆研学活动信息的主要途径

|第五章|
博物馆研学实践教育的实施探索

　　本章从研学课程、研学活动、研学旅行等三个方面对博物馆研学实践教育的不同类型进行分析，梳理出主题内容的主要类型、设计取向和策划思路，以求尽量概括出一定的范式或者典型策略和方法，并进一步探讨如何构建基本的研学实践流程，如何设计具有挑战性、参与性，能引发学生探究欲望的学习活动，如何设计学习活动中的驱动性问题等话题。

一、博物馆研学实践课程

　　博物馆研学实践课程是面向中小学生，以研究性学习为导向，依托馆藏文物（标本）开展的校内外跨学科综合实践课程。博物馆研学实践课程应具有课程的基本要素，即课程目标、课程内容、课程结构和课程评价。

（一）常见类型

　　作为综合课程，博物馆研学实践课程跨越了学科界限，各学科在课程中相互联系或融合。从博物馆研学实践课程开发活动的具体方式来说，可以分为以下几种类型。

1. 改编型的博物馆研学实践课程

这一类型的博物馆研学实践课程是博物馆老师与学校老师合作，对正式的学科课程的目标和内容加以修改以适应他们的具体的课堂情境。通过改编，这一类课程加强了本土化内容，更有利于学生了解和热爱生于斯长于斯的家乡。进行课程改编需要充分考虑目的、内容选择、内容组织、学习经验和学习资料等多方面的因素。教师应该对上述 5 个方面进行综合考虑，通过增加、删减和改变顺序与重点等方式对指令性课程等加以修改，从而更好地适应学校和班级的具体情况，更好地促进学生的健康发展①。

笔者主持完成的"2017—2018 年度国家公共文化服务体系制度设计课题"之一的"公共文化服务与教育融合发展研究——巴蜀历史文化课程设计"即属于改编型的博物馆研学实践课程。国家历史课标设计的课程内容是留有余地的，出于增强历史课程的开放性和弹性的目的，一方面为教材编写留下一定的空间，另一方面也为各地区进行乡土历史的教学提供便利，课标中明确鼓励"各地区可根据实际情况开发课程资源"。由于教学时间（国家规定初中历史课时为一周两节）和教学空间（主要在学校教室）的限制，博物馆丰富的历史教学资源并没有在历史课堂教学中充分地运用起来。对于如何开发和利用博物馆资源在国家历史课程标准中也没有具体讲述。而如今的历史课本可谓是"超浓缩"，教材上的人物、事件等信息量大，孩子们要想真正

①　吴刚平. 校本课程开发活动的类型分析［J］. 教育发展研究，1999（11）.

学懂弄通，而不是死记硬背，需要大量的延伸和思考。当初完成这一课题，设计者即是从应用角度开展博物馆研学实践教育研究，分析历史课程标准与博物馆藏品的关系，为博物馆教育与历史学科教育的对接融合探索路径，旨在通过七年级历史课的课程改编，能为历史学科教学提供课程资源运用新模式，还能丰富博物馆教育的内涵和外延。

　　课程改编由四川博物院博物馆教育研究所老师和四川省历史课程赛课优秀教师共同编写完成。首先，由博物馆老师梳理出《四川省博物馆馆藏文物融入初中历史教科书策略建议表》，将馆藏文物与国家课程课标和教科书内容对应并阐释其基本信息、价值和意涵等，以便历史教师上课选用。第二，选取七年级上、下部分课程进行改编，四川富集的馆藏文物能充分地诠释和延展教科书选定课目内容，故选取七上《青铜器与甲骨文》《西汉建立和"文景之治"》《汉武帝巩固大一统王朝》《东汉的兴衰》《三国鼎立》和七下《民族政权的并立》《贞观之治到开元盛世》《统一的多民族国家的巩固和发展》等八课进行改编。课程共分为校内课程教学8次（16课时）、博物馆学习课程6次（12课时，学生自行在博物馆预约），共计14次课，28课时。第三，双师确定改编框架：敲定从所选文物入手，以物述史，史论结合的教学方式，以探究法为主，结合讲授法、讨论法、观察法等开展教学，促进学生更积极、主动地对历史进行感知、理解和探究；分析学习者情况。初中生以形象思维为主，喜欢生动有趣的教学内容、活泼好动表现欲强。以汉代相关主题课程为例，课程结合初一学生的心理特点，采用新材料、新情景来创设一系列思考探究的活动以引领学生深入了解汉朝历史。在问题探究的过程中培养学生分析解决问题的能力，提升学生历史学科素养。通过展示鲁迅设计的北大校徽和川博馆藏"大富"瓦当图片，学生观察分析鲁迅设计校徽的灵感从何而来？

通过创设情境进行历史剧表演，感受西汉初年的经济状况。引入川博馆藏文物"蜀郡铭铁锸"思考铁犁牛耕的推广大大提高了农业生产率，推动了经济恢复发展。通过西汉前期和后期疆域地图、讲经画像砖、汉五铢钱和盐铁官营等文物藏品了解汉武帝巩固大一统王朝的雄才谋略，树立起中华民族多元一体的基本意识，并通过为汉武帝"画像"，培养学生评价历史人物的能力。在四川博物院提供给学校的课程资源包中，不仅有教师手册、授课 PPT、光盘、挂图等常规课程资源，川博还出借"博物院盒子"，包括画像砖、陶俑和钱币等文物仿品用于教学，制作了引导学生课后进入博物馆参观的学习手册、延伸阅读口袋书、历史拼图等互动学具，帮助学生提高观看展览、观察展品的能力，鼓励他们以小组的形式开展研究性学习，在一系列探究活动中，去感受西汉文明的演进，在自主学习过程中建构起自己的知识体系。引导学生从生活中进入历史，从历史中回到现实，实现知识和能力的生成，从而实现在合作中探究、在思考中成长。

2. 整合型的博物馆研学实践课程

整合性的课程关注共同要素，将不同的知识体系统一联结起来，围绕某一主题或任务开发实践课程。课程整合意在减少知识的分割和学科间的隔离，把零散的知识点彼此衔接，从而实现学习资源共享和协同，形成有价值有效率的一个整体。课程整合还能够减少因知识剧增对课程数量的影响，防止学生过重的课业负担。

以博物馆藏品为基础的研学实践课程往往涉及多门学科，例如四川博物院的"学科学·鉴历史"系列课程，包含近 40 个主题，如建筑、服饰、纸文化、木文化、墨文化、天文、农学、体育等。本课程自 2017 年实施以来，开课 300 多次，参与学生超过 5000 人次，并多次获得国家级和省级优秀课程等荣誉。课程不断优化升级，体系逐渐完善。课程不仅传播中华民族灿烂的人文历史，还通过发掘文物中的科学元素，让学生领略古人的科学素养和智慧，从而激发学生的文化认同感和自豪感以及对科学研究的热情。它把语文、数学、物理、化学、生物、历史、美术、音乐等学科串联在一起，运用不同学科的知识综合理解藏品内涵和价值。在课程设计时，老师就科目间的相关问题进行协调统筹设计，例如"人类文明的载体——纸"这门课程就涉及物理、化学、历史、美术等多个学科领域的知识。

在部颁语文教材三年下册中，就有《纸的发明》一课，简要地介绍了中国古人发明纸的历程，但是内容比较简略。如何从纸的实物形态、内部构造到艺术表现方式等维度理解它，课程设计者从科学和历史人文两个领域对"纸"这一主题进行了更深入和宽泛的挖掘和延展。

作为中国古代四大发明之一，造纸术的发明和改进离不开中国古代科技。其中，使用不同材料、不同工艺流程生产出的纸，在抗皱性、润墨性、抗撕裂和抗虫蛀等方面都有很大的不同。这些现象的背后，都蕴含着一定的物理、化学等科学知识。因此，在"学科学"部分，老师会设计若干个实践环节，通过实验和仪器，如电子撕裂度仪、柔软度测定仪和耐折度仪等科技设备，让学生亲手实验、认真观察，测试宣纸、打印纸和纸巾等不同纸张的物理、化学特性，进而理解纸的构造与书画创作及呈现风格的关系。整个环节严格遵循科学探究的步骤，即：观察现象 — 发现问题 — 提出假设 — 实验论证 — 得出结论，训练学生的科学思维，培养学生严谨的科学探究精神。

同时，在"鉴历史"的人文板块中，老师会带领学生穿梭于博物馆的书画藏品之间，从艺术史和美学鉴赏的角度，引导学生感受在不同历史阶段中，中国书法和绘画呈现出的不同艺术风格，不同艺术风格相互之间的传承和发展关系。同时，结合科学部分对纸张特性的探究结果，让学生更加深刻地理解到纸的特性与中国传统书画的关系，进一步思考物理特性与艺术创作的关系。课程最后阶段，学生通过"创意物化"，将自己的想法和创意付诸实践，制作一张属于自己的纸，发展实践创新意识和审美意识，提高创意实现能力。

整合课程不仅告诉学生看到什么，也通过课程设计鼓励学生用猜想、推理、观察、实验、计算等方法揭示其"为什么"，将不同学科的思维能力整合在一门课程中，实现跨学科实践育人的目标。

3. 拓展型的博物馆研学实践课程

拓展型博物馆研学实践课程旨在拓宽正规课程，为学生提供获取知识、内化价值、提高审美和掌握技能的机会。这些东西与学生所学课程学科有关，但却超出了正规课程所覆盖的广度和深度。是否开展此类课程取决于学校办学定位、班级能力水平、教师兴趣专长等。四川博物院"走近张大千"系列课程即属于拓展型的博物馆研学实践课程。

四川博物院在课程开发调研中发现，现在的学校比以往更加重视音体美学科的教育，体育、美育进中考在部分地区已经开始实施。在青少年中开展美术教育可以帮助他们学习图像传达与交流的方法、形成视觉文化的意识和构建面向 21 世纪的创造力，为国家培养具有人文精神、创新能力、审美品位和美术素养的现代公民[1]。美育虽然不是

---

① 中华人民共和国教育部. 义务教育美术课程标准（2011 年版）［M］. 北京：北京师范大学出版社，2012：1.

一种知识教育,但是一种能力教育,通过对美的观察与认知,可以培养学生对美的感受力、理解力,表现和创造能力,以及正确的审美观。但是现阶段,美术等校内课程师资力量、教学研究活动等比较薄弱,许多教育工作者,特别是广大的一线教师没有博物馆教育的概念和利用博物馆资源开展美育的教育理念,很难让自己与学生享受博物馆中的文化盛宴,并主动拓展校外美术教学资源去开展多种形式的美术教育活动。古代艺术品帮助青少年传承传统文化和培养审美能力的价值与作用可以体现在博物馆研学实践课程中。如果说小学阶段的学生艺术教育重在培养感知审美特性,通过临摹可以提高他们的审美感知力,那么进入中学后,他们就需要艺术史的学习以培养审美鉴赏力,提高艺术感觉。

20 世纪 50 年代,张大千先生的亲属将其临摹的敦煌壁画 183 件,及部分古代书画和印章等共 600 余件捐赠给四川博物院,使四川博物院成为张大千画作收藏最多的机构之一。张大千是 20 世纪中国画坛最具传奇色彩的国画大师,绘画、书法、篆刻、诗词等无所不通。其画风工写结合,重彩、水墨融为一体,尤其泼墨泼彩,更是开创了新的艺术风格。“走近张大千”系列课程主要面向小学高年级至初中阶段的学生,课程紧紧围绕张大千生平、艺术路线展开,旨在培养青少年欣赏中国画、创造中国画的能力,提高青少年对中华优秀传统文化、四川风土人情的认识,增强民族自豪感。该课程分为五部分:“生平——张大千的龙门阵”“师古:博物馆藏品阅读;张大千作品临摹”“师自然:青城山考察;山水画写生”“师心:张大千的泼墨泼彩艺术欣赏;夹江手工造纸考察”“手工制作:玩转黑白——有趣的拓片”等共 25 课时,并配套了课件、学习手册、文物仿品、研学地图、写生画具、创意物化工具等在内的资源包,供同学们使用。

以课程第一部分"生平——张大千的龙门阵"为例,以四川人爱摆龙门阵为切入点,课程设计了 19 个话题,从张大千的姓名,少年、青年时的游学经历,到中年的面壁敦煌、萍踪海外,再到老年的画风创新、泼墨泼彩,勾勒出一位传奇、有趣的国画大师形象。课程设计了张大千动漫形象、大千足迹地图、好玩的贴纸等,帮助同学们认识这位一生秉承"忠孝节义"的精神、热爱中国传统文化的艺术家。课程设计充分利用了博物馆藏品丰富、展品直观等特点,四川博物院藏张大千临摹敦煌壁画作品(仿品)作为藏品阅读材料供同学们仔细观看、分析和讨论,让同学们通过接触艺术大家的作品,感知艺术熏陶,培养艺术阅读能力,激发艺术的创造性和实践性。在课程最后一个环节,通过动手操作实践,制作有趣的拓片,同学们感受到了拓片的魅力,认识了拓片的重要价值,体验到碑拓的乐趣,从而激发孩子对我国优秀传统文化艺术的热爱之情,培养孩子对文物的保护意识。该课程还作为优秀博物馆课程资源向海外文化中心宣传推广。

4. 新编型的博物馆研学实践课程

新编课程是全新的课程板块和课程单元。突出地方历史文化、自然风貌等特点的地方性专题课程,如四川博物院的"古蜀文明之光"等课程就可以归为这一类型。该课程在学校综合实践活动课程中进行安排,课程通过展现成都平原周边一系列的考古发掘与研究成果,带领同学们认识古蜀文明的开放性、创造性和独特性,以及在构建中华文明多元一体格局中的重要作用,让同学们进一步认识家乡、热爱家乡。

课程共分为校内课程教学 6 次(12 课时)、学校走进博物馆/遗址地学习 4 次(8 课时)、古蜀街道走访 1 次(2 课时)。本课程在成都市龙泉驿区第一小学、泡桐树小学天府校区、石室小学等 10 余所中小学校推广和授课，都起到了良好效果。课程以文化遗产和现存遗迹遗址等为依托，包括三星堆遗址、金沙遗址、竹瓦街窖藏、马家乡大墓、成都商业街大型船棺葬群、成都百花潭墓群等重大考古发现，以及都江堰水利工程等勾勒出蜀文化较为清晰的发展脉络；课程结合小学语文、数学、道德与法治、科学、美术等学科课程标准，旨在探寻博物馆的优质资源与小学课程的"融合点"，有效弥补学校传统文化教育中的短板，让中华优秀传统文化在学生心中生根、发芽。

通过"深度体验学习""专题性综合学习""主题探索学习""研究性学习"等学习方式开展"古蜀文明之光"课程，从古蜀文明历经的不同阶段，即三星堆文化、金沙（十二桥）文化、青羊宫文化等三个主要发展阶段作为时间节点，从古蜀都城/伴月三星、古蜀遗迹/水润天府、古蜀遗珍/巴蜀交融等方面向小学 4—6 年级学生详细阐述和解析了四川地区 3000 多年前至 2000 多年前的古蜀文明，以及古蜀文明全面融入华夏文明版图的史实。通过认识文物、知识讲授、体验活动、团队攻关、创意物化等环节，培养学生成为具有家国情怀、中华底蕴的中国人，增进学生的国家认同和民族自豪感；培养学生对美术表现、图像识读、文化理解的能力，激发学生的创新实践能力，提升和培养学生的审美能力和科学精神；培养学生分析问题和解决问题的能力；培养学生对历史时间、空间的概念，促进学生积累更丰富的史料、史实，增进学生对历史事件、历史人物的认识和理解，培养学生的历史唯物主义价值观。课程自 2018 年实施以来获得学校、师生和家长的一致好评，2021 年课程配套用书《被收藏的文明——古蜀之光》出版，在今天这样一个门户大开、东西文化八面来风的时代，作者用民族的、本土的故事，培育中小学生读者朋友中华优秀传统文化之根。

（二）设计取向

课程设计可以分别从注重知识因素、注重社会因素和注重学习者因素等三个方面考虑。博物馆研学实践教育课程以培养学生综合素质为导向，强调综合运用各学科知识，在设计课程时可以考虑注重学习者因素和知识因素的设计取向，并结合博物馆学习活动设计遵循的相关原则。

1. 注重知识因素的设计

改编型等课程是在学科领域的基础上进行知识综合的课程形式，它们是传统学科课程的改进和扩展，还是以学科内容的逻辑结构为核心的。但课程经改编和重新设计后，在不同程度上注意了理论与实践之间的关系，试图将理性与经验相结合①。这一类课程要深入研究主要学科的课程标准和逻辑结构，明白课程性质、基本理念、设计思路，将课程目标贯穿到教学设计中，并将其他学科的知识内容编织其中，实现从不同维度构建课程内容的目的。

2. 注重学习者因素的设计

整合性、拓展型、新编型等课程强调面向学生的生活世界，建立学习与生活的联系。学习者取向的课程设计强调以学生的兴趣、需要作为课程设计的核心，是课程适应学习者，而不是学习者适应课程，即学习者的经验是课程的主要内容。符合这一理念的杜威"经验自然

---

① 方红峰. 综合课程的类型及其设计取向 [J]. 学科教育，2000（5）.

主义课程理论”对博物馆界影响比较深远。这一理论认为，学习是通过学生的主动行为发生的，学生的学习取决于他做了什么，而不是教师呈现了什么内容。学习者取向的课程设计强调：学习者是主体，学习者参与学习是因为环境中某些特征吸引他；教育者的使命是为学习者的自主选择提供情景、创造条件和机会，并在学习者需要时提供指导①。博物馆展厅参观与观众的沉浸式体验和实践操作等都是“经验自然主义课程理论”在博物馆的充分运用。这一类课程设计的主要构思是围绕着学生感兴趣的活动或问题，综合地学习学科知识。如纺纱、织布、烹饪、木工、金石、陶艺、考古等由这些活动引出的学科包括数学、植物学、动物学、化学、物理学、地理、历史、地质和矿物学、生理学等。活动不仅导向系统知识的学习，也为课程综合提供了良方。

3. 牢记立德树人的根本任务

立德，就是坚持德育为先，通过正面教育来引导人、感化人、激励人；树人，就是坚持以人为本。孩子们将自己的思维和认知放置于中华历史文明的长河中，从中所寻找到的自我身份认同与归属感，将会形成孩子的终身记忆②。中国博物馆青少年教育的着力点应该在哪里呢？笔者认为，重点应放在培养学生关键的能力、核心的品格，即养育学生的核心素养。立德树人成为国家中长期教育改革和发展规划锁定的根本任务，也成为义务教育课程标准2011年修订版确定的大纲任务。博物馆课程开发不管采取何种方式、何种途径，它必须回到立

---

① 方红峰. 综合课程的类型及其设计取向 [J]. 学科教育，2000（5）.
② 黄琛. 成长，在博物馆发生 [J]. 教育家，2021（40）.

德树人上来。中华优秀传统文化是立德树人的根与魂，是每一位中国人应该继承与传扬的中华文脉，是落实立德树人的根本保障。"立德"强调修己，强调三大素养：社会责任、国家认同、国际理解。"树人"，首先把学生培养成人，进而把学生培养成为一个具有乡土情怀的社群人，在这个基础上把学生培养成为具有家国情怀、中华底蕴的中国人。当然，还要把学生培养成为具有国际视野、国际素养的世界人。

4. 展品选择原则

每一件展品都是历史、艺术、科技价值的结晶，博物馆课程设计所选择的展品应该能够突出体现立德树人教育根本任务三个层次，即个人、社会、国家的内涵表达。将中华优秀传统文化、革命文化和社会主义先进文化融入国民教育，融入道德建设，融入文化创造，融入时代科技，融入文化战略。设计者通过整理博物馆藏品中蕴藏的心理健康教育内容，增强文化认同和文化自信自强，从文物、典籍等资源中选择那些对于不良世道人心和社会风俗具有积极的针砭、治疗作用的传统文化典籍，赋予其新的时代内涵和表现形式。课程所选择的展品应该有利于讲好中国故事，使外界真正了解中国的历史和文化，认同中华文化蕴含的价值观，以促进中国与世界文化的交流与互鉴。

5. 展品阐释原则

笔者在多年的博物馆教育实践中发现，展览是博物馆最大的教育载体，但教育活动并不能完全依靠展览。展览的策划，包括观众研究、学习场景、展品阐释、展览故事线设计等诸多方面，都不是为了博物馆教育活动而构建的。因此，博物馆教育的从业者掌握关于学习的理论和知识对于设计学习场景以及最终能否达成教育的目的具有重大的意义。博物馆课程设计需要对展览和展品重新解构，挑选符合学习主题的展品后，应尽可能阐释丰富的信息，实现为课程所用。如果将展览比喻为一条珍珠项链，其传统的线性策展思维强调板块、单元、组的结构，忽略了展品这一颗一颗的"珍珠"作为串联展览故事线的核心功能。在博物馆研学实践课程的开发与阐释过程中，研究者需要重新梳理对展品基本信息和课程价值的阐释，实为"再创作"，融展品的时代背景、功用价值、美学意趣、科技应用，创作故事、流传过程、以古鉴今、中外对比等维度进行阐释。

（三）流程构建

流程，即教学过程。就是在教师指导下为达到一定的教学目标的学习过程。博物馆研学实践课程以研究性学习为导向，鼓励学生发现自己感兴趣的方面，通过成立研究小组，在合作中完成一定水平的科研任务。

1. 确定课程主题

首先，设计者要对教学目标进行分析，确定课程主题。博物馆研学实践课程不仅仅要完成知识传授的任务，更重要的是促成学生自主学习能力的培养和问题解决能力的提高。在这一阶段，设计者需要确立主题、选定展品、优选学科、敲定形式。博物馆课程不同于学校学科的教学过程，它没有既定的教学目标和教科书，设计者需要根据主题特点自己编写课程设计；强调运用相应学段各学科中学到的知识和技能，内容超过校内书本知识；注重实践性、体验性和操作性；参与学习的学生年龄接近但并非同一年级，他们之间因共同的兴趣在一起学习。如四川博物院原创展览《山高水阔 长流天际——长江流域青铜文明特展》研学课程，分别以"礼"之器、"乐"之器、"兵"之器、"美"之器确定课程主题，选择的展品支撑课程主题呈现，且有利于学生提出问题、分析问题，开展研究性学习。

2. 创设教学情境

情境教学是运用具体生动的场景以激起学生主动学习的兴趣、提高学习效率的教学方法。这一阶段可以是大组教学，博物馆的展厅是可应用的学习场景之一。另外，教师还可以通过图片、视频、音乐、服饰、道具等引入或创设与主题相关的场景或氛围，为学生提供亲身经历与现场体验的机会，帮助学生迅速地进入知识导引环节，激发他们的探究欲望。教师指导学生锁定信息资源并精准获取，教师指导重在激励、启迪、点拨、引导，而不是包办代替学生的活动过程。

3. 倡导自主学习

因材施教实现学生自主学习，当学生找到自己感兴趣的问题并形成兴趣小组后，教师要特别注意建设一种合作、沟通、讨论、竞争的学习模式，让学生最大程度地发挥他们的主动性、积极性和创造性，开展小组协作学习，最终使他们探寻到解决问题的路径。如要解决什么样的纸分别更适合呈现工笔画或山水写意画，那么学生就会通过相应的实验、观察和对比等方法得出相应的结论。在活动总结阶段，教师要指导学生选择合适的结果呈现方式，鼓励多种形式的结果呈现与交流，如绘画、戏剧与表演、图表说明等，对活动过程和活动结果进行系统梳理和总结，促进学生自我反思与表达、同伴交流与对话。学生通过体验得出结论，在轻松和愉快中掌握了知识，增长了独立探索未知的能力，增强了学生之间的互助合作意识，从而培养出学生的高尚人格。

4. 评价学习结果

课程评价是依据课程目标对教学过程及结果进行价值判断并为教学决策服务的活动，是对教学活动现实的或潜在的价值作出判断的过程。博物馆研学实践课程评价目的在于让学生及时获得关于学习过程的反馈，改进后续活动。评价应注重过程而不是结果，问题最终是否得到解决并不是最重要的，而在于解决问题的过程。课程从问题意识、思考能力、合作共享、动手实践等方面综合评价，从过程和结果的观点看待学生的表现，评价方式多种多样，主要有：研学手册记录、藏品阅读能力、问题提出能力、观察实验报告、口语交际能力、小组协作能力等，这些评价方式相辅相成、共同作用以综合评价学生的学习效果和教师教学工作过程。

5. 定位教师角色

在博物馆研学实践课程中，要处理好学生自主实践与教师有效指导的关系。课程强调学生的主体作用，教师是课程的组织者、参与者和促进者。在整个教学过程中教师既不能"教"课程，也不能推卸指导的责任，而是将指导贯穿于博物馆研学实践课程的全过程。课程总是让学生思考，学生与教师的和谐互动营造了一个平等的教学氛围。教师教给学生正确的评价观点、意见或证据等并作出自己的判断或决定将大大有助于学生获取真知①。

二、博物馆研学实践活动

博物馆研学实践活动以学生自主的实践交往为主获取直接经验，与博物馆研学实践课程相比，它更突出情境式、场景化，为学生提供可以动手参与、动脑思考的学习任务，激发学生深入探究现象背后的规律，充分拓展学生的思维空间。作为活动型课程，博物馆研学实践活动借助展馆场域，营造出符合活动主题的情境，有利于学生更好地融入活动主题，理解活动背景，深入探究活动内容。博物馆研学实践活动可以分别从基于博物馆藏品和学校学科两个方面去策划。

以文化为主题的研学实践活动，以主题为线索串联相关展品，实现深度体验学习和思考的目的，四川博物院和成都体育学院博物馆合作的《勇者之戏——古代体育研学活动》就属于此种类型。"云间影过秋千女，地上声喧蹴鞠儿""蹴鞠场边万人看，秋千旗下一春忙"，唐宋文豪们的这些诗词为我们留下了古代男女体育的鲜活图景。博物馆里的文物也生动地记载了中华体育的悠久辉煌。西周射礼、战国蹴鞠、汉代百戏、魏晋养生，唐人热衷打球，两宋流行蹴鞠。研学实践活动选取了射箭、投壶、蹴鞠、木射四个古代体育项目进行设计，并高度还原了这些项目的实物道具，并充分融入展厅内具有体育文化内涵的文物进行活动策划。

该类型的研学实践活动适合团队人数较多的情况，如一个年级逾

---

① 孟祥林. 英国日本教学过程比较与我的发展策略研究［J］. 湖南师范大学教育科学学报，2006（1）.

400 人可以分三个大组实施，分别通过展厅参观、课程教学和活动体验等环节分散学生，使其可以有充分的时间和空间沉浸式体验知礼行礼，在博物馆里"玩"转古代体育游戏。习射画像砖、收获弋射画像砖、青铜箭镞、新石器时代的陶球……展厅参观环节，博物馆老师以古代体育为线索将展厅文物进行了新的主题解构和阐释；课程教学环节，老师向孩子们讲解了蹴鞠、弋射、投壶等项目的起源和发展，并教授如何行古代作揖礼，以及"礼"的文化价值；活动体验环节，同学们分成两组对阵，看谁脚法好、射箭准、投壶稳。贯穿这一系列活动的主轴则是"体育即育人""尊重对手""公平竞争""正确的胜负观"等价值理念。

学生在 5 个小时的研学课程中，体验了古代体育文化。每一项运动前，孩子们都相互鞠躬敬礼，课程设计者意在通过研学活动，让孩子们看文物、听讲座、知礼节、玩游戏。古代体育研学课程不仅是在追求一种古典礼仪和游戏的复原，而是通过学习追求游戏中人与人的相互礼让与虔敬，包容与谅解，无论输赢都能够心平气和、和睦相处，学习这种以君子之风相处相争的态度，让孩子们理解中华文化的内涵，传承优秀传统文化。

学科主题的实践活动则围绕学科内容，以反映关联学科趣味科学内容为主，"科学集市"正是这类研学实践活动。活动包括"科学达人讲堂"——邀请科学家通过有趣好玩的科学实验深入浅出讲解科学原理；"科学小站"——将"防晒霜的秘密""文物保护黑科技""玩转化学分子式模型"等十余个沉浸式科学实验散布在展馆角落，让学生开展实验、观察或比较，他们三五成群地结伴而行，一边在志愿者老师的指导下完成实验，一边讨论和分析其产生变化的原因，研究性学习就这样悄无声息地开展起来了。

这一研学活动最开始也是为大型学生团队来博物馆学习而设计的，学生通过观看、聆听、实验、测验、对比、分析等活动加强了科学感知，当进入展厅后，他们在博物馆老师的指导下能更准确地观看展品细节并思考其背后的"为什么"。

三、博物馆研学旅行

研学，即研究性学习，它继承和发展了我国传统游学"读万卷书，行万里路"的教育理念和人文精神，研学旅行是研究性学习与旅行体验相结合的校外教育活动，是学校教育与校外教育衔接的创新教育形式，是综合实践育人的有效途径。博物馆研学旅行则是在文博场馆开展，适合不同学龄段学生，由博物馆与学校共同开发和学校教育内容相衔接的校外教育活动。文博场馆因具备中华优秀传统文化、革命传统教育、国情教育、国防科工、自然生态、劳动教育等主题研学旅行实践课程，而成为中小学生研学旅行的主要目的地之一。不少的博物馆推出了文博主题的研学旅行，充分利用各地文博教育资源优势结合青少年学生学段特点、认知特点打造了一系列的研学旅行课程，让中小学生在研学旅行中学会生活、学会学习、学会生存。如四川博物院自 2016 年始就开发并实施了 15 条研学旅行路线，包括古蜀文明、蜀汉三国、历史名人、古都印象、大千文化、地质公园等主题，行程安排从 1 天到 7 天不等，由川博教师、学校教师与旅行社导游共同组成教职工作团队，保障研学旅行的教学、服务和安全管理等。

（一）设计取向

研学旅行作为一种校外教育活动形式，必须采取适切的课程设计策略、实施路径和组织方法，使之有机融入学校课程体系中。陶行知先生提出"生活即教育，社会即学校"，揭示了教育的深意——教育要与生活和社会相融，不能成为一座孤岛。集体旅行和集中食宿正是让学生从真实的生活中培养集体观念、团队精神、生活技能、健全人格、行为习惯，从小养成文明旅游意识和良好的社会公德。在学习方式层面，研学旅行需要学生动手动脑、进行多感官学习，采用自主学习、合作学习、探究学习、体验学习等学习方式，经历主题学习、项目式学习等真实的学习过程[①]。

1. 注重多学科知识的融合

研学旅行课程的设计，可以引导学生学会运用多学科知识完成任务，并实现研学旅行的育人价值，在课程设计与实施中对学生进行爱国主义教育、社会主义核心价值观教育、中华优秀传统文化教育、革命传统教育、生态文明教育、行为习惯养成教育等诸多方面的教育，使研学旅行教育成效最大化。研学旅行中，要引导学生主动运用各门学科知识分析解决实际问题，使学科知识在综合实践活动中得到延伸、综合、重组与提升。比如四川博物院在设计为期三天的"自贡世界地质公园研学旅行"活动中，就由语文、数学、科学、历史、地理等学

---

① 吴颖惠，宋世云，刘晓宇. 中小学研学旅行课程设计与实施策略［J］. 上海教育科研，2021（3）.

科教师与地质公园恐龙博物馆、盐业历史博物馆和燊海井博物馆等场馆的老师合作设计涵盖一些学科核心知识与基本原理的活动内容，其主旨不是把学科学习分散在研学旅行中，而是用学科知识解决研学旅行中遇到的问题和选择的课题。自然界是综合存在的，社会是综合存在的，研学旅行中，学生对语文课文中"读不完的大书"有更直观和深刻的感知，通过运用数学学科中学习的表格统计和对比更有利于掌握地层学知识，将世界地质公园的地质构造、形成原因及文化遗产、人文底蕴、非遗体验等运用科学、历史和地理等学科知识加以理解，更能帮助学生将在研学旅行中所发现的问题在相关学科教学中分析解决，把所获得的知识在相关学科教学中拓展加深。

2. 培养团队合作意识

一个成功的研学旅行活动，学生在完成时需要有团队协作的精神和共情力。在研学旅行活动设计中，策划者应设计需要团队协作的任务，给学生带来新鲜感、形象感，并在参与中产生主动性、自觉性和积极性。如学生来到自贡世界地质公园，目睹无数侏罗纪中期的恐龙化石层层叠叠地堆积在砂岩中，呈现出 1.6 亿年前的埋藏状态。他们对"如何让一只恐龙站立"的任务就会跃跃欲试，期待通过自己与团队的努力能较好地复原一只恐龙。通过研学任务，学生不仅要运用所学习的地质学和生物学等学科知识去辨析恐龙的骨骼，还要运用美术等学科能力去呈现和展示恐龙的姿态，并发挥团队合作攻坚能力，去组装零星的化石骨架。学生们 5 人为一小组，上手任务前进行人员分工，有的负责确立骨骼位置，有的负责准备工具，有的负责拍照和记录；大型骨骼往往需要几位同学在专业人员的指导下同时上手搭建；经过大半天的工作，一具恐龙骨架的装架工作才基本成型。学生亲身经历研学活动，在"动手做""探究""设计""创作""反思"的过程中进行"体验""体悟""体认"，在全身心参与的活动中，发现、分析和解决问题，体验和感受生活，发展实践创新能力。

3. 塑造多种技能

研学旅行活动需要学生观察、调查、动手实验、探究分析、筛选甄别、交流分享等，在活动中逐渐提升观察能力、协同能力、思辨能力、创新能力等。如学生参加四川博物院"蜀汉三国研学旅行"，通过"三国文化行旅"课程重点感知三国文化中所体现的蜀汉忠义精神，这是中华优秀传统文化的精髓，是英雄价值的体现。在为期 5 天的研学旅行中，学生通过参观"三国遗迹"——武侯祠，认识并理解诸葛亮及蜀国文臣武将；通过在四川博物院"两汉至三国"展厅参观，了解两汉、三国的历史背景；通过观看"三国人物"戏曲表演，感知刘备之仁义、诸葛亮之智慧、关羽之忠义、张飞之勇猛、曹操之奸诈等，"体验三国"环节，学生通过三段三国主题的情景剧加老师讲授、解读，充分理解人物、表现人物；学生从成都出发前往川北，通过"蜀道三国"游览阆中古镇、广元千佛崖、明月峡、翠云廊，亲身见证古蜀道交通邮驿系统及其遗存的高度文明，从蜀道中学习古人建筑的工匠精神，感受多元文化融合之美。研学旅行课程内容丰富，形式多样，包括了系统讲授、现场体验、互动游戏、角色扮演等，是一场知识与能力的碰撞，人与自然的结合的课程，学生在研学旅行中需要为所选择的三国人物写小传，分析蜀汉三国与当下生活的关联，绘制出成都街巷中的"三国"印记，并展示小组研究成果。

（二）流程构建

研学旅行涉及课程教学、出行保障、安全教育、生活管理等，除了课程相关内容外，动线流畅和安全预案是工作的重点。

1. 出行前

策划者应提前踏勘规划研学旅行路线上的教学点位、住宿地点等并修改完成研学旅行手册。制定安全管理制度，构建完善有效的安全防控机制，包括研学旅行安全管理工作方案、应急预案及操作手册、安全评估制度和安全教育培训制度等。明确安全管理人员及工作职责。每30位学生应配置一名带队老师，带队老师全程带领学生参与研学旅行各项活动，并配备至少1名安全员、1名生活管理师。指导学生做好准备工作，如阅读相关书籍，查阅相关资料，制订学习计划，准备研学实践装备、生活用品，了解研学实践目的地、自然环境、社会习俗，做好吃苦耐劳攻坚克难的思想准备，并做好规避风险的身心准备等①。

2. 旅行过程中

组织学生参与研学课程和活动，指导学生撰写研学日记或手册、调查报告等，积极参与实践操作，在实践活动中争取发现问题，在分析问题中思考设计解决问题的可行性实践方案。指导学生安排好生活

---

① 四川省教育学会研学实践专委会，四川省旅游学会研学游学分会. 四川中小学研学实践课程标准.

与学习，形成适应集体旅行集体研学的节奏，关心同学，关心集体，养成团结互助的品格。针对研学活动内容具有开放性等特点，鼓励学生自主研究，为学生自主活动留出余地。

3. 旅行结束后

组织学生分享心得体会，展示研学成果。对研学旅行项目教育效果进行评价，持续改进教育服务。

| 第六章 |
博物馆研学实践教育的促进实施

　　博物馆研学实践教育将博物馆的藏品资源引入中小学生研学实践教育，需要博物馆人准确提炼并展示中华优秀传统文化的精神标识，潜心研究和挖掘文物的历史价值、文化价值、审美价值、科技价值、时代价值，以及学生的学习需求、心理特征和认知方式，将这些信息体系化，并通过一种新的方式组合展现给受众，开展一系列延伸及拓展型的实践活动。促进博物馆研学实践教育往广度和深度发展，需要各级政府完善保障机制，博物馆与学校建立更加紧密的合作机制，社会各界支持促进研学实践教育的全面发展。

一、制定博物馆研学实践课程标准

　　博物馆研学实践教育要实现课程化，关键还在于课程标准建设。标准是指通过标准化活动，按照规定的程序经协商一致制定，为各种活动或其结果提供规则、指南或特性，供共同使用和重复使用的文件①。在研学范畴内，目前仅《LB/T 054 - 2016 研学旅行服务规范》②是国家层面发布的唯一一项推荐性行业标准，其他以地方标准和企业标准数量最多。根据标准所呈现的具体内容，进一步可分为导师标准、基（营）地标准、服务标准、课程标准等（表16）。其中，课程标准7 项、服务标准27 项、基地（营地）标准27 项，导师标准9 项。

　　博物馆研学实践课程标准，即在基础教育阶段，依据基础教育的目标定位与培养计划，以学生综合素养的培养与提高为核心而确立的、依托博物馆藏品开展的研究性学习课程设置、开发、实施、评价，以及教学内容和考核标准等一系列共同的规范与准则。博物馆研学实践教育在全国普遍开展，但课程开发存在主题不清、主体模糊、规划随意、评价单一片面等问题③，也与教育传统观念的制约，受制于复合型师资人才匮乏等原因有关。要使该弊端转化为优势，课程标准需先行。中央宣传部、国家发展改革委、教育部、文化和旅游部、国家文物局等九部委在《关于推进博物馆改革发展的指导意见》中亦强调"发挥教育功能，制定博物馆教育服务标准"。只有结合学段特点、地域特色和育人目标等，制定符合与博物馆研学实践教育相适应的课程标准体系，才能指导各文博场馆开发出高质量的博物馆研学实践课程。博物馆研学实践标准包括课程性质与基本理念、课程目标、课程内容、

---

① 标准化工作指南：第1 部分 标准化和相关活动的通用术语 GB/T 20000.1—2014［S］. 北京：中国标准出版社，2015.
② 《研学旅行服务规范》（LB/T 054 - 2016）由国家旅游局于2016 年12 月19 日发布，于2017 年5 月1 日起正式实施。规范对服务提供方、人员配置、研学旅行产品、服务项目以及安全管理等几大类内容进行了详细规定。
③ 于书娟，王媛，毋慧君. 我国研学旅行问题的成因及对策［J］. 教学与管理，2017（19）：11 - 13.

实施建议等方面。

表 16　研学标准统计表（现行）　　　　单位：项

类别	行业标准	地方标准	团体标准	企业标准	合计
课程标准	–	5	–	2	7
服务标准	1	18		8	27
基地（营地）标准	–	21	1	5	27
导师标准		4	–	5	9
合计	1	48	1	20	70

资料来源：全国标准信息公共服务平台，数据截至 2023 年 2 月 13 日

（一）课程性质与基本理念

博物馆研学实践课程是基于博物馆藏品，从学生的真实生活和发展需要出发，从生活情境中发现问题，转化为活动主题，学生学会运用观察、聆听、触摸、嗅闻、品尝、调查、实验、扮演、制作等参与体验方式，培养学生综合素质的跨学科实践性课程。博物馆研学实践课程涉及自然标本、历史文物、艺术作品、科技产品等，学生参与其中获得自然的、历史的、艺术的、科学的丰富实践经验，并提升对自然、社会和自我之内在联系的整体认识，建立学习与生活的有机联系，从而形成积极健康的人格和良好的心理品质。博物馆研学实践课程是开放和动态的，在实施过程中，随着活动的不断展开，学生根据自身兴趣对课程的目标与内容、组织与方法、过程与步骤等作出动态调整，使课程不断深化。

（二）课程目标

　　博物馆研学实践教育要落实总体的课程目标，既要遵循《中小学综合实践活动课程指导纲要》中提出的课程目标要求，坚持教育与生产劳动、社会实践相结合，从价值体认、责任担当、问题解决和创意物化等方面去构建课程设计，响应具体目标；还应当在研学活动中实现具体的三个维度目标，即情感态度与价值观、过程与方法、知识与技能的教学目标，引导学生深入理解和践行社会主义核心价值观，逐步实现人的全面发展。但与学科教学课程目标不同的是，博物馆研学实践教育课程目标应着眼于情感、态度与价值观的塑造，培养自我探索和自我学习的方法，提高跨学科学习和运用所学知识解决问题的能力。课程目标的确立需要博物馆和学校紧密合作，既要从学生需求出发，对学生学情分析到位，又要选取恰当的文博资源对标融合；而在学校和博物馆内部，还需要分别从不同学科育人特点、文博资源的立体式研究等方面入手整合课程资源，以跨学科、实践性和连续性等原则为指导方向开展课程设计。

（三）课程内容

　　博物馆研学实践教育以博物馆收藏和展示的自然与人类历史文化遗产为教学材料，学生通过探究、服务、制作、体验等方式，开展跨学科实践学习。博物馆研学实践教育在内容的选择上，既可以选择以时间轴为线索分阶段确定研学主题，如"古蜀文明之光""三国文化行旅"等；也可以按照人物或事件为线索深化研究性学习内容，如

"人人都爱苏东坡""走进大千世界"等；还可以按照某一主题联动省内外文博场馆开展纵向和横向的对比研究，如"长江文化研学游径""学科学鉴历史""一字一课"等。课程内容应立足于当地自然、历史与人文资源，突出区域特色，以小见大，从认识家乡、热爱家乡着手，进而开展家国情怀教育、社会关爱教育和人格修养教育，传承发展中华优秀传统文化、革命文化和社会主义先进文化。

博物馆研学实践教育强调从自身生活和兴趣经验出发，开展研究性学习活动，实现知行合一。通过调查观察，学生借助野外考察、社会调查、研学旅行等方式，运用实地观察、访谈、实验等方法，获取材料，形成理性思维、批判质疑和勇于探究的精神。通过志愿服务，参与社会活动，以自己的劳动满足社会组织或他人的需要，在满足被服务者需要的过程中，获得自身发展，促进相关知识技能的学习，提升实践能力，成为履职尽责、敢于担当的人。通过探讨探究，将自己的创意、方案付诸现实，转化为物品或作品，提高技术意识、工程思维、动手操作能力等。通过扮演表演，在实际工作岗位上或模拟情境中见习、实习，体认职业角色的过程，获得对职业生活的真切理解，发现自己的专长，培养职业兴趣，提升生涯规划能力。

博物馆研学实践教育应该突出实物教育的特点和动手实践对学生的吸引力，将科学、生态、考古、文物、古籍、艺术、非遗等领域内容通盘考虑，实现跨专业跨领域开展教学设计，让研学主题视野更加开阔，研学活动类型更加丰富。在活动设计时可以有所侧重，以某种方式为主，兼顾其他方式；也可以整合方式实施，使不同活动要素彼此渗透、融合贯通。

（四）实施建议

1．教学建议

博物馆研学实践教育在博物馆和学校实施，馆方和校方要明确实施人员、组织方式等，加强过程指导和管理，确保课程实施到位。按照《中小学综合实践活动课程指导纲要》，小学1—2年级，平均每周不少于1课时；小学3—6年级和初中，平均每周不少于2课时；高中执行课程方案相关要求，完成规定学分。博物馆开展研学实践教育的时间更灵活，周内开展学校组织和实施的研学实践活动，周末和寒暑假开展亲子或学生的研学活动，寒暑假则长途研学旅行得以开展，给予学生广阔的探究时空环境。

学校应按照《中小学综合实践活动课程指导纲要》要求落实相应课时、实施人员，思考组织方式，明确教师职责和科学评价。博物馆应成立研学实践教育活动工作专班，结合本馆馆藏文物和资源禀赋设置教研组或研学中心，承担博物馆研学实践教育活动的实施规划、组织、协调与管理等方面的责任，整合馆内外文博资源，统筹协调馆内外相关部门的关系，联合各方面的力量，特别是加强与中小学校的馆校合作，保证博物馆研学实践教育活动的有效实施。要充分发挥博物馆在文旅融合发展中的优势作用，将研学课程、研学旅行等综合实践活动方式有机结合，增强馆际间的资源整合，为中小学生研学实践贡献博物馆力量。

博物馆从事研学实践教育工作的教师，要加强自身对教育理论和教育方法的掌握与应用，对不同学段不同学科的国家课程标准和教材要深刻研究，具备围绕文物开展综合研究和活化转化的能力。同时，教师要处理好学生自主实践与教师有效指导的关系，不能将博物馆研学等同于展厅讲解，将博物馆研学实践教育活动变为教师"教"综合实践活动，教师应当成为博物馆研学实践教育活动的组织者、参与者和促进者。教研组应在活动的准备、实施和总结阶段，分别为学生构思选题、提出问题，找到适合学生自己的学习方式和实践方式，确定合适的结果呈现方式、反思与总结等给予相应的指导。

2. 评价建议

评价的主要目的是全面了解学生博物馆研学实践教育活动的过程和结果，激励学生主动学习和自主学习，促进学生综合素质提高和全面发展，以及提高博物馆研学实践教育活动的策划与实施水平。在评估博物馆研学实践教育活动时，应该充分考虑参与者——学生的具体需求，一门课程对于某一群体的教师和学生非常适合，而对于另一群体的教师和学生就可能很不适合。综合实践活动课程的学生评价可简单概括为对学生在综合实践活动开展过程中的表现、进展和变化进行观察、描述、分析、解释的过程；关注的重点不是学生所习得的能力（learned abilities），而是学生学习的能力（learning abilities）；不是要对学生的活动结果作出或肯定或否定的结果，而要揭示学生在活动过程中的体验和表现，以及他们是如何解决问题的①。

博物馆研学实践教育活动评价主体应由专家、教师、家长、社区与学生自评相结合，评价内容应以研学实践课程的"课程目标"和"课程内容"为依据，注重目标、实施和评价的一致性，运用科学、可行和多样的评价方式，对学生的研学实践过程和效果进行价值判断。

---

① 张华. 综合实践活动课程研究［M］. 上海：上海科技教育出版社，2009.

博物馆要制定教育规划，实施研学活动应做到心中有数。教师要以促进学生综合素质持续发展为目的设计与实施博物馆研学实践教育活动评价。通过对学生研学过程的观察、记录、分析，了解学生的个性与特长，让学生及时获得关于学习过程的反馈，改进后续活动。

博物馆研学实践教育在博物馆场域发生，通过创设的真实而富有意义的情境开展综合实践活动，对学生评价更接近情境化评价，评价标准要有丰富而复杂的情境，如从语言、数理逻辑、视觉空间、音乐节奏、人际关系、自省反思、身体动觉、自然探索等八个方面明确方向①。教师要指导学生填写博物馆研学活动记录单，客观记录参与活动的具体情况，并收集现场照片、创意作品、研究报告等相关材料，为博物馆研学实践教育活动评价提供必要基础，并为学生参与社会教育综合评价做好写实记录，建立档案资料。

文博研学旅行是学生集体参加的有组织、有计划、有目的的在各文博场馆间的参观体验实践活动。研学旅行强调学生学会生存生活，学会做人做事。文博研学旅行在时空的转换中，且处于动态、变化的情境之中，而学生的学习、表现却具有较强的内隐性，仅凭教师肉眼观察和经验判断很难准确、客观评价。此外，在开放、广阔的外部环境中，如何照顾每一位学生的差异、全面评估学生在活动中的表现，同样给教师带来了评价难度②。教育主管部门应建立研学旅行评价机制，将其纳入学校整体工作和德育工作评价体系之中；中小学校应尝试探索、制定多种评价方式，做到过程性评价与结果性评价兼顾。旅

---

① 朱恬恬. 基于多元智能理论的综合实践活动课程评价研究［J］. 当代教育论坛，2011（9）.
② 于书娟，王媛，毋慧君. 我国研学旅行问题的成因及对策［J］. 教学与管理，2017（19）.

行结束后，馆校双方通过举办征文、摄影、绘画、演讲、戏剧等活动，展示研学成果，提升学生的综合素质。

博物馆研学实践教育除课程标准外，对实施研学活动的导师、场馆等可进一步细分导师标准、服务标准、安全规范等；对于收费类的研学活动，还应制定相应的研学活动收费标准。

二、安全与保障机制

如前所述，英、美、日等国博物馆教育虽有其各自的发展特点，但都将博物馆纳入教育体系的一部分，注重用政策为中小学生研学实践教育活动提供制度支撑，以实现博物馆教育全面育人的理念。我国在近十年相继出台了《公共文化服务保障法》《博物馆条例》等相关法律法规和政策文件等，修改了《文物保护法》，从一定程度上推动了博物馆数量的显著增加和质量的明显提升。但博物馆发展不平衡不充分与人民美好生活需要之间的矛盾仍很突出，博物馆教育与学校教育对接融合的机制尚需完善提升。

（一）教师培训与教研指导

在很长一段时间里，博物馆内从事教育工作的人员都缺乏教育相关专业的学习，重视藏品研究，忽视教育理论和方法研究，缺少对学习是如何发生的思考。要开展对博物馆研学实践教育教师的培训，通过开展相应的培训班、座谈会等方式加大对研学教师的培训力度，明确培训目标，努力提升教师的教育理论水平，跨学科知识整合能力，观察、研究学生的能力，指导学生规划、设计与实施活动的能力，课程资源的开发和利用能力等。通过参与式培训、案例培训和项目研究等，让教师在具体的实践过程中积累经验，茁壮成长。

另一方面，教育和文物行政主管部门应联合开展对博物馆研学实践教育教师的岗位培训，让教师清楚博物馆的教育职能和利用博物馆的方法。师范类院校应当将博物馆教育纳入中小学综合实践活动课程专兼职教师培训计划中，培养他们懂得如何使用博物馆资源开展教学，并提高他们的文化修养。要发展相关学科，培养专业的研学实践活动导师人才，切实保证研学实践教育活动的专业性；文、理专业则要形成专业互补，理科专业要培养学生的人文情怀，文科专业也应适当开展自然科学课程，为培养综合性的研学人才打下基础。除此之外，应重点推进师范院校和高职院校的合作进程，使师范生和旅游专业的学生进行相互交流、优势互补，为其成为一名合格的研学旅行导师打下基础①。

馆际间和各学校要通过专业引领、同伴互助、合作研究，积极开展以本单位为主的教研活动，及时分析、解决课程实施中遇到的问题，提高课程实施的有效性。各级教研机构要补上综合实践活动专职教研员缺乏的短板，博物馆行业协会或联盟应加强对各馆研学实践教育课程的指导和培育，并组织开展专题教研、区域教研、网络教研等，通过协同创新、校际联动、馆际合作、区域推进，提高博物馆研学实践教育活动整体水平。

---

① 于书娟，王媛，毋慧君. 我国研学旅行问题的成因及对策［J］. 教学与管理，2017（19）.

（二）共建文博研学实践教育项目库

文物、教育行政主管部门、教研机构和博物馆、学校要丰富博物馆研学实践教育课程体系，为中小学生利用博物馆学习提供有力支撑，共建教育项目库，推动各类博物馆数字资源接入国家数字教育资源公共服务体系。四川博物院早在 2017 年就与四川省电教馆合作，结合各学科课程标准，积极探索文博教育与中小学德育、语文、数学、历史、地理、物理、化学、生物、社会、艺术、体育等学科教育有效衔接，将博物馆资源应用到学科教育和综合实践活动课程中，提升教师和学生文化实力，开发本地特色文博教育资源，在四川省教育资源公共服务平台上开设了"立足川博 辐射全川"的"文博专区"，进而共同建设"四川省文博教育课程资源库"，积极将成果应用于学科教学和综合实践课堂。在这五年多的历程中，双方通过建设文博教育资源，探索搭建学校博物馆、开展文博优课竞赛活动、遴选优秀文博课堂直播、实施博物馆研学实践活动、开办文博教师沙龙等活动，逐步丰富了四川地区的文博研学实践教育项目库。在此基础上，四川博物院与四川省电教馆在全省培育了 68 所文博示范学校，培养了一批各市州县的中青年中小学教师探索实施文博研学实践课程，让广大中小学生经常走进身边的文化遗产地和博物馆、纪念馆，浸润中华优秀历史文化、革命文化和社会主义先进文化。

（三）硬件配套与利用

博物馆要为研学实践教育活动的实施提供配套硬件资源与耗材，

满足学生、学校和家庭在馆学习的需要。博物馆应建立整体教育观，秉承博物馆为全民学习服务的理念，安排相应的经费予以保障，充分发挥博物馆的实验室、文物保护与修复工作室、观影室、活动体验装备等各类教学设施在研学实践教育课程实施过程中的作用，提高使用率。学习空间面积不足或设施设备缺乏的博物馆可以改造现有的场馆空间为研学中心或专用活动室，实现公共资源与观众共享，方便学校利用校外博物馆开展学习。

（四）经费保障

文物行政主管部门和博物馆要确保开展研学实践教育活动所需经费，支持研学实践教育活动课程资源建设、专题研究等。地方教育主管部门应逐步完善"学资"相关政策，保障中小学生综合实践活动的开展。笔者通过调研发现，各地在"学资"保障方面差别很大，有的地区完全没有任何经费保障在校学生的校外实践活动；有的地区保障力度不够；有的地区通过项目制提高经费使用收益，保证活动组织规范化、活动内容标准化和活动设计科学化，切实推进中小学社会主义核心价值观教育工作。如北京市教育委员会和北京市财政局 2016 年出台的《北京市中小学生培育和践行社会主义核心价值观"四个一"活动项目管理办法》中就明确要求，北京市学生在中小学学习阶段至少走进一次中国国家博物馆、首都博物馆和中国人民抗日战争纪念馆，参加一次天安门升旗仪式，通过"四个一"活动，北京市在全市实施中小学生培育和践行社会主义核心价值观。"四个一"不仅从组织与管理角度规定了教育部门和学校的相关职责，还规定了经费支持标准，即根据各博物馆接待能力、资源和课程内容的不同，经费支持标准分别为中国国家博物馆 22 元/人次，首都博物馆 20 元/人次，中国人民抗日战争纪念馆 18 元/人次。经费主要用于项目承担单位按照市教委委托完成年度接待任务的课程及资源建设和开发、教师培训、组织学生开展主题教育活动、为学生提供专门讲解、购置必要的教学资料和学习耗材等①。北京市的"四个一"活动政策既保障了中小学生校外实践活动的资费，又促进了承担实践活动的场馆提升课程质量，值得其他地区学习和借鉴。

（五）安全保障

学校开展校外实践活动，安全是第一要素。作为研学实践教育活动的承办单位，博物馆要建立安全管控机制，分级落实安全责任。博物馆要设立安全风险预警机制，建立规范化的安全管理制度和安全风险管理措施。完善研学实践指导教师和安全员及课程开发人员的岗位职责和岗位作业标准，增强研学实践活动相关工作人员的安全意识，制定安全守则并科学设置研学实践安全员与学生比例。馆校联合加强学生安全教育。在进入博物馆开展研学实践教育活动前，应对学生进行安全教育；根据行程安排及具体情况及时进行安全提示与警示，强化学生安全防范意识。另外，博物馆应结合开展的有关研学课程和接待量合理购买责任保险、意外保险等保险。

---

① 北京市教育委员会，北京市财政局. 关于印发《北京市中小学生培育和践行社会主义核心价值观"四个一"活动项目管理办法》的通知：京教财〔2016〕25 号［A/OL］.（2016 - 10 - 29）. http://jw. beijing. gov. cn/xxgk/zfxxgkml/zfgkzcwj/zwgkxzgfxwj/202001/t20200107_ 1563005. html.

三、馆校合作机制

我们与欧美等博物馆文化发达国家在研学实践教育方面的最大差异是我们的学校教师尚未成为博物馆教育的主要力量。学校教师直接面向学生，他们拥有博物馆教师不具备的优势，如课堂掌控能力强、教学经验丰富、了解学生及他们的需求等，如果学校教师掌握了更多更好的教育资源，无疑对学生的自主学习和跨学科学习大有裨益。博物馆可以通过与中小学成为共建单位，搭建博物馆与学校良好互动与合作的平台，为学校组织学生到馆学习提供方便，让博物馆教学跟学校教学一样便利；通过成立教师会等组织，搭建博物馆与教师和教育界人士的沟通平台；通过举办研讨会和考察等活动，探讨博物馆与学校如何开展学生校外教育工作；通过举办讲座、开展教师进修课程、向教师提供文化包，即教案、图录、海报、手工制作模型、游戏、视频等内容，帮助教师开设文博或与文博相关的艺术、历史、自然、科学、文化类讲座或选修课程，进而吸引学生走进博物馆；通过向教师开放博物馆的资源，如图书室、藏品数据库、活动教室和展厅指南等，帮助学校教师灵活运用博物馆开展教研活动；博物馆还可以让一些来自中小学的教师，与博物馆老师一起设计针对性较强的实践活动，以激发学生进入博物馆学习和社交的兴趣，更好地实现博物馆学习的目的。总之，博物馆应该积极向教师提供优质的教育资源，帮助学校教师掌握使用博物馆的方法①。

---

① 钟玲. 基于博物馆资源的青少年美术教育研究——以四川博物院汉代艺术典藏为例[D]. 成都：四川大学，2015.

教育部、文旅部、国家文物局等部门分别或联合出台了不少推动馆校合作的宏观导向和政策，但到了省、自治区、直辖市，乃至更基层的市、县等地方，缺乏博物馆教育与学校教育如何对接融合的实施清单，导致馆校合作发展逐渐式微。学校与博物馆还需要更高频率地"双向奔赴"。各地和学校应明确综合实践活动课程教师考核要求和办法，科学合理地计算教师工作量，将指导学生综合实践活动的工作业绩作为教师职称晋升和岗位聘任的重要依据，对取得显著成效的指导教师给予表彰奖励。博物馆领导层应重视研学实践教育工作，从人员配置、资金保障、教学教研、考核激励、硬件设施等方面给予切实保障，从而提高博物馆教育水平，吸引更多学校和师生常去常新。

博物馆和学校合作的优秀成果可以依托专业组织、教科研机构、基础教育课程中心等，开展文博研学实践教育活动课程展示交流活动，激发广大中小学生实践创新的潜能和动力。教育主管部门应将中小学综合实践活动课程探索成果纳入基础教育教学成果评选范围；文物主管部门应将博物馆与学校合作与服务的效能作为博物馆定级和运行评估的依据。馆校联手对优秀成果予以奖励，发挥优秀成果的示范引领作用，激励广大中小学教师和专职研究人员持续性从事博物馆研学实践教育活动课程研究和实践探索。

结　语

我国博物馆青少年教育正在经历从单一到多元的发展历程，从以讲解和导览为主逐步向以讲解、课程、活动等多维度发展的格局，博物馆教育的理论和实践亦在不断探索和深化。博物馆教育事业的发展势必受到国家文化和教育战略调整变化的影响。按照"保护第一、加强管理、挖掘价值、有效利用、让文物活起来"的新时代文物工作方针的引领，博物馆应当肩负国家文化建设主体的使命，成为助力国家软实力提升的中坚力量。新时代以来党中央始终把教育置于民族复兴和国家发展中的优先位置来考虑和谋划，在教育地位作用的认识上不断深化。随着国家将"立德树人"作为教育根本任务，以及博物馆社会功能定位关键性的调整，博物馆融入教育领域的工作逐步加深，博物馆所处的内外部环境发生深刻变化，对博物馆教育高质量发展的要求和研究更加紧迫。

本书以博物馆研学实践教育为核心，绪论、第一章系统分析博物馆研学实践教育的基础概念、核心价值和发展变化等，主要探讨对博物馆研学实践教育的认识问题——"怎么认识"，博物馆研学实践教育的核心价值应从自主学习、科学创新、文化多样性三个维度实现对人和社会的意义，为中小学学生的自主学习奠定坚实的物质基础，为培养创新型人才营造积极有利的环境，为体验文化多样性提供更多的机会。第二章至第三章探讨国际博物馆研学实践教育现状和开展理论辨析——"怎么分析",通过解析英国、美国、日本等国家的博物馆研学实践实施模式、主要特点、有利条件和案例举例,并对博物馆研学实践课程目标、内容选择、实施策略等开展讨论,梳理出既注重继承我国综合实践活动课程建设的成功经验,也充分借鉴并吸收国际课程改革新成果,增强博物馆研学实践教育活动课程的综合性、实践性,探索出符合中国"立德树人"教育根本任务的博物馆研学实践教育的路径。第四章开展实证研究——"怎么研究",通过对相关群体的访谈和调查,分析博物馆研学实践教育目标认同,现状利用和传播效力等情况,以便掌握提升博物馆研学实践教育工作的方向和路径。第五章探讨博物馆研学实践教育如何实施——"怎么实践",通过对博物馆研学实践课程、活动和研学旅行的常见类型、设计取向和流程构建进行系统梳理,总结了博物馆开展研学实践教育的基本方法和实施思路。第六章探讨如何促进博物馆研学实践教育活动的高质量发展——"怎么解决",通过制定博物馆研学实践标准,建立安全与保障机制,推动馆校合作制度化常态化实施,促进博物馆研学实践教育更具有教育性和专业性,推动中华优秀传统文化的创造性转化和创新性发展,发挥博物馆立德树人、培根铸魂的重要作用。

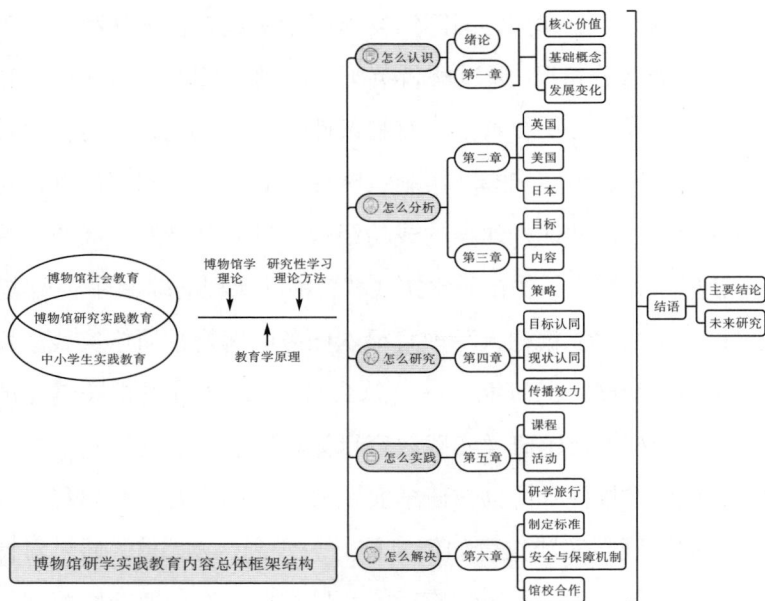

图14　博物馆研学实践教育内容总体框架结构

　　在20余年的博物馆理论和实践研究中，笔者深切感受到博物馆社会职能的巨大变化和博物馆教育工作发展的艰巨性。当人们对博物馆不再仅仅只是偶尔浏览的简单需求，而是希望在博物馆学习理解自然、历史、文化、艺术作品中所蕴含的丰富意义，满足社交和欣赏等目的，博物馆工作者最重要的使命与任务，就是扮演知识转化的中介角色，涵育全民的人文和科学素养，并创造出更丰富的客观精神及意义。博物馆研学实践教育旨在提高中小学生自主学习能力、培养科学创新精神，在多样性的文化环境中坚定中华文化自信自强。博物馆高质量发展对满足人民群众对美好生活的向往有至关重要的作用。博物馆通过藏品实证历史文化、丰富精神文化生活，融入国民教育体系，为每一个人的终身发展服务。提高教育服务水准对于藏品和资源等不占优势的中小博物馆来说是更加灵活和有效的公共文化服务方式，对大型博物馆来讲，博物馆教育活动策划与实施的质量，也成为衡量博物馆成功与否的一项重要标准。

综上，得出如下研究结论。

第一，博物馆研学实践教育是落实"立德树人"教育根本任务的有机组成部分。广大中小学生通过实物教育和研究性学习了解并热爱中华优秀传统文化，积极践行社会主义核心价值观。博物馆的珍贵自然和文化遗产所蕴含的知识融入终身教育体系，单一的学科知识往往不能完全解决教育教学和学生成长面临的若干问题，博物馆天然的"综合学习"方式可以将各学科的教学内容联系起来，变"被动"为"主动"，培养学生发现问题，主动学习和思考，综合运用所学知识，独立判断，更好地解决问题的素质和能力。中小学校利用博物馆学习的长效机制，必将会越来越成为基础教育成果的一部分，也是博物馆完善青少年教育功能成果的一部分。

第二，关于博物馆研学实践教育制度与效能的问题。在全面推进依法治国的征程上，只有建立健全博物馆建立、管理和运行等与时俱进的法律法规和制度设计，才能逐步实现整个社会，尤其是政府部门对博物馆的角色认识趋于统一，给予博物馆充分的政策保障和财政保障。实现博物馆研学实践教育的高质量发展关键在确立博物馆为教育机构，博物馆与学校肩负共同的育人目标，把博物馆资源的研究与保护和活化利用与中小学课堂教学、综合实践活动的实施有机结合。对博物馆研学实践教育的认识，应置于社会发展的广度和时代发展的高度的范畴。社会主义经济又好又快发展和社会繁荣稳定，中华文明五千年的丰厚积淀和中华民族始终如一的重视教育的理念应该孕育出中国发达的博物馆文化，并形成自己相应的优势和特色。我们应该有这样的自信去建立和完善相应的制度设计，去激活博物馆教育朝着更专业和更实效的目标实现可持续发展。

未来关于博物馆教育的研究要持续关注和推进以下方向。

第一，依靠立法的保障，健全社会教育领域的法律体系，明确博物馆教育在社会教育中的角色和功能，引导博物馆的发展。博物馆教育注重系统性与开放性，用先进的教育理念确保博物馆的建馆宗旨和教育使命。

第二，注重与学校教育的融合，致力于与学校建立良好的合作关系。基础教育改革与博物馆社会职能的转变是研学实践教育发展的双翼，教育是整个社会的责任，博物馆教育活动设计与学校课程教学的配合一致，可以明确地带来教育效果的有效性。

第三，加强师资培养，师范类院校和教师职业发展等阶段强化博物馆资源活化利用培训，博物馆建立"人人为教育"的工作理念，突破原有藏品研究利用的局限，以"让文物活起来"为引领，提高博物馆公共文化服务水平。

| 附　录 |

2022 年四川省博物馆研学实践教育活动调查问卷（博物馆卷）

先生/女士，您好！

受四川省文博研学联盟的委托，现开展四川省博物馆研学实践教育活动问卷调查，以便了解研学实践教育活动的受众需求，进一步提高博物馆研学活动的服务质量和服务水平。本次调查只为了解您的真实情况，问题的回答无对错之分，请您如实填写，我们将对您所有的回答严格保密。再次感谢您对本次调查工作的支持。

2023 年 1 月

甄别题

S1. 请问您在贵馆的职务是：

1. 博物馆高层管理者　　　　2. 博物馆中层管理者

3. 其他（结束调查）

背景信息题

A1. 请问您所在博物馆名称：＿＿＿＿＿＿＿；地址：＿＿＿＿市＿＿＿＿区【填空题】

A2. 贵馆面积：＿＿＿＿平方米【填空题】

调查正文

B1. 请问您认为什么是"研学活动"?【填空题】

_____

B1.1 请问您认为研学实践教育的目标是什么?【填空题】

_____

B1.2 请问您认为研学课程实施方式包含哪些方面?【填空题】

_____

B1.3 请问您认为研学课程与其他课程间的区别或独特性表现在哪些方面?【填空题】

_____

B2. 贵馆是否开展过研学活动?【单选题】

1. 开展过(跳转B3)　　　2. 未开展过

B2.1 未开展过的原因是:

_____

［"研学"即研究性学习,博物馆研学指利用博物馆资源(藏品、展品、空间、人员等)开发系列课程,在博物馆内开展或者由博物馆方面组织开展的,采用小班制授课(20人左右),由中小学生参与并自主地运用研究性学习方式获得和应用知识,发现和提出问题,探究和处理解决问题的博物馆学习活动。**以下调查内容中所指"研学活动"均为以上定义**。］

B3. 贵馆是否开展过博物馆研学活动?【单选题】

1. 开展过(跳转B4)　　　2. 未开展过

B3.1 未开展过的原因是:【填空题】

_____

B3.2 未来是否有计划开展博物馆研学活动？【单选题】（跳转 B17）

1. 正在准备开展　　2. 未来有意向开展　　3. 暂时没有计划

B4. 贵馆从什么时间开始开展博物馆研学活动？ _____年_____ 月【填空题】

贵馆最近一次开展博物馆研学活动是什么时间？ _____年_____ 月【填空题】

B5. 贵馆开展博物馆研学活动组织实施方式有以下哪些？【多选题】

1. 博物馆自行组织　　　　2. 博物馆与第三方机构组织
3. 学校组织到博物馆　　　4. 博物馆和学校及第三方机构合作
5. 其他（请注明）_____

B6. 贵馆开展过以下哪些主题的博物馆研学活动？【多选题】

1. 优秀传统文化　2. 革命文化　3. 民族民俗　4. 名校访问
5. 职业体验　6. 社会服务　7. 其他（请注明）_____

B7. 近三年来，贵馆和多少所学校合作开展过博物馆研学活动？【单选题】

1. 1—5 所　　2. 6—10 所　　3. 11—15 所　　4. 15 所以上
B7.1 请列举合作过的学校：_____【填空题】

B8. 整体来说，贵馆一年中平均每月开展博物馆研学活动的次数是?【单选题】

1. 0 次　2. 1—2 次　3. 3—4 次　4. 5—10 次　5. 10 次以上

B9. 贵馆发布研学活动参与信息等主要采用以下哪些方式?【多选题】

1. 微信公众号　2. 微博　3. 博物馆官网　4. 学校　5. 抖音
6. 小红书　7. 其他（请注明）_____

B10. 贵馆宣传报道研学活动主要采取以下哪些方式?【多选题】

1. 微信公众号　2. 微博　3. 博物馆官网　4. 抖音　5. 快手
6. 小红书　7. 学校　8. 电视报纸等传统媒体
9. 其他（请注明）_____

B11. 贵馆是否已通过或正计划通过学校发布研学实践活动信息?【单选题】

1. 是的，已经通过学校发布研学实践活动信息（跳转 B12）
2. 是的，正计划通过学校发布研学实践活动信息（跳转 B15）
3. 否

B11.1 未通过学校发布活动信息的原因是:【填空题】（跳转 B15）

_____

B12. 贵馆通过学校发布什么内容的研学实践活动信息?【多选题】

1. 研学活动基础科普　2. 研学活动课程简介

3. 研学活动开展时间表　4. 研学活动报名信息

5. 研学活动宣传报道　6. 博物馆藏品等资源介绍

7. 其他（请注明）＿＿＿＿＿

B13. 贵馆通过以下什么渠道向学校发布研学实践活动信息？【多

选题】

1. 宣传手册　2. 学校宣讲　3. H5 等线上链接分享

4. 学校官网　5. 学校微博　6. 学校微信公众号

7. 其他（请注明）＿＿＿＿＿

B14. 通过学校发布活动信息效果如何？【单选题】

1. 非常好（跳转 B15）　2. 比较好（跳转 B15）

3. 一般（跳转 B15）　4. 不好　5. 非常不好

B14.1 不好或非常不好的原因是：

＿＿＿＿＿＿＿＿＿＿＿＿＿＿＿＿＿＿＿＿＿＿＿＿＿＿＿＿＿＿＿＿

B15. 整体来说，请贵馆对博物馆研学活动开展效果作出评价?

【勾选题】

一级指标	二级指标	三级指标	非常好	比较好	一般	不好	非常不好
研学活动开展效果	学生综合素质提升	增强学生分析问题能力					
		增强学生动手操作能力					
		增强学生创新意识					
		增强学生自理能力					
		增强学生自主学习能力					
	博物馆自身研学活动的发展	提高学生学习积极性					
		开发博物馆藏品内容					
		丰富博物馆教学课程					
		增大参观人流量					
		提高博物馆知名度					
		增加博物馆收入					
		增强博物馆传播力					

B15.1 您认为开展博物馆研学活动还有哪些比较好或有待提升的地方?【填空题】

_____

B16. 整体来说,贵馆与学校联合开展博物馆研学过程中,沟通情况如何?【单选题】

1. 非常顺利(跳转 B17)　 2. 比较顺利(跳转 B17)

3. 一般(跳转 B17)　 4. 不顺利　5. 非常不顺利

B16.1 不顺利或非常不顺利有以下哪些原因?【多选题】

1. 学校配合度低　2. 学校参与欲望不强烈　3. 学校应付工作

4. 学校工作忙　5. 其他(请注明)_____

B17. 在开展博物馆研学教育过程中,贵馆对以下自主学习价值的认同情况如何?请分别进行评分(勾选题,1—10 分进行评分,1 分为最不认同,10 分最认同)

一级指标＼评分	二级指标	1分	2分	3分	4分	5分	6分	7分	8分	9分	10分
1. 学习动机	学习兴趣										
	活动吸引力										
	学习任务										
2. 学习时间	灵活自由										

续表

一级指标 ＼ 评分	二级指标	1分	2分	3分	4分	5分	6分	7分	8分	9分	10分
3. 学习策略	设置目标										
	制订计划										
	完成目标										
	巩固成果										
4. 学习内容	学会理论知识										
	学会探究方法										
	学会解决问题										

以上部分词汇注释：

1. **自主学习：** 是指学生作为学习的主体，通过学生独立地分析、探索、实践、质疑、创造等方法来实现学习目标。

2. **学习动机：** 是指引发与维持学生的学习行为，并使之指向一定学业目标的一种动力倾向。根据学习动机的动力来源，可以分为内部学习动机和外部学习动机。内部动机又称内部动机作用，是指由个体内在的需要引起的动机。例如，学生的求知欲、学习兴趣、改善和提高自己能力的愿望等内部动机因素，会促使学生积极主动地学习。外部动机又称外部动机作用，是指个体由外部诱因所引起的动机。例如，某些学生为了得到教师或父母的奖励，或避免受到教师或父母的惩罚而努力学习，他们从事学习活动的动机不在学习任务本身，而是在学习活动之外。

3. **学习策略：** 是指学习者为了提高学习的效果和效率，有目的、有意识地制订的有关学习过程的复杂方案。元认知策略是其一种分类方式，是指学生对自己认知过程的策略，包括对自己认知过程的了解和控制策略，有助于学生有效地安排和调节学习过程，包括计划策略、监控策略（注意策略）和调节策略。

4. **学习**：狭义的是指通过阅读、听讲、研究、观察、探索、创新、实验、实践等手段获得知识、提高认知或技能的过程，是一种使一个人可以得到持续变化（知识和技能，方法与过程，情感与价值的改善和升华）的行为方式。

B17.1 在自主学习价值中，还有哪些您比较认同的要素？【填空题】

_____

B18. 在开展博物馆研学教育过程中，贵馆对以下科学创新价值的认同情况如何？请分别进行评分（勾选题，1—10 分进行评分，1 分为最不认同，10 分为最认同）

一级指标 ＼ 评分	二级指标	1分	2分	3分	4分	5分	6分	7分	8分	9分	10分
1. 专业活动	研学课程开发										
	小组合作方式										
	小班授课制										
	教师指导										
2. 观察展品	馆藏展品										
3. 探寻内涵	探究式学习										

续表

一级指标 ＼ 评分	二级指标	1分	2分	3分	4分	5分	6分	7分	8分	9分	10分
4. 实践融合	解决问题										

B18.1 在科学创新价值中，还有哪些您比较认同的要素？【填空题】

_____

B19. 贵馆认为博物馆是否是文化交流的窗口，可向各国以及社会大众展示文化多样性？【单选题】

1. 是（跳转 B20）　2. 否

B19.1 您认为博物馆不是文化交流的窗口有以下哪些原因？【多选题】

1. 展览场次少　2. 藏品数量少　3. 藏品种类少

4. 博物馆面积小　6. 其他（请注明）_____

B20. 贵馆引进和展示的展览有以下哪些类型？【多选题】

1. 地方展览　2. 国内其他地区展览　3. 国外展览

4. 其他（请注明）_____

B21. 在开展博物馆研学教育过程中，贵馆对以下文化多样性价值的认同情况如何？请分别进行评分（勾选题，1—10分进行评分，1分为最不认同，10分为最认同）

一级指标 ＼ 评分	二级指标	1分	2分	3分	4分	5分	6分	7分	8分	9分	10分
1. 认识不同文明	不同地域藏品										
2. 文明交流互鉴	不同类型展览										
3. 增强中华文化自信自强	不同主题研学										

B21.1 在文化多样性价值中，还有哪些您比较认同的要素？【填空题】

以下部分词汇注释：

1. **价值体认**： 根据学段目标的不同，分为小学阶段、中学阶段和高中阶段目标，即（1）小学阶段，通过亲历、参与少先队活动、场馆活动和主题教育活动，参观爱国主义教育基地等，获得有积极意义的价值体验。理解并遵守公共空间的基本行为规范，初步形成集体思想、组织观念，培养对中国共产党的朴素感情，为自己是中国人感到自豪。（2）中学阶段，积极参加班团队活动、场馆体验、红色之旅等，亲历社会实践，加深有积极意义的价值体验。能主动分享体验和感受，与老师、同伴交流思想认识，形成国家认同，热爱中国共产党。通过职业体验活动，发展兴趣专长，形成积极的劳动观念和态度，具有初步的生涯规划意识和能力。（3）高中阶段，通过自觉参加班团活动、走访模范人物、研学旅行、职业体验活动，组织社团活动，深化社会规则体验、国家认同、文化自信，初步体悟个人成长与职业世界、社会进步、国家发展和人类命运共同体的关系，增强根据自身兴趣专长进行生涯规划和职业选择的能力，强化对中国共产党的认识和感情，具有中国特色社会主义共同理想和国际视野。

2. **责任担当**：根据学段目标的不同，分为小学阶段、中学阶段和高中阶段目标，即（1）小学阶段，围绕日常生活开展服务活动，能处理生活中的基本事务，初步养成自理能力、自立精神、热爱生活的态度，具有积极参与学校和社区生活的意愿。（2）初中阶段，观察周围的生活环境，围绕家庭、学校、社区的需要开展服务活动，增强服务意识，养成独立的生活习惯；愿意参与学校服务活动，增强服务学校的行动能力；初步形成探究社区问题的意识，愿意参与社区服务；初步形成对自我、学校、社区负责任的态度和社会公德意识；初步具备法治观念。（3）高中阶段，关心他人、社区和社会发展，能持续地参与社区服务与社会实践活动，关注社区及社会存在的主要问题，热心参与志愿者活动和公益活动，增强社会责任意识和法治观念，形成主动服务他人、服务社会的情怀，理解并践行社会公德，提高社会服务能力。

3. **问题解决**：根据学段目标的不同，分为小学阶段、中学阶段和高中阶段目标，即（1）小学阶段，能在教师的引导下，结合学校、家庭生活中的现象，发现并提出自己感兴趣的问题。能将问题转化为研究小课题，体验课题研究的过程与方法，提出自己的想法，形成对问题的初步解释。（2）初中阶段，能关注自然、社会、生活中的现象，深入思考并提出有价值的问题，将问题转化为有价值的研究课题，学会运用科学方法开展研究。能主动运用所学知识理解与解决问题，并作出基于证据的解释，形成基本符合规范的研究报告或其他形式的研究成果。（3）高中阶段，能对个人感兴趣的领域开展广泛的实践探索，提出具有一定新意和深度的问题，综合运用知识分析问题，用科学方法开展研究，增强解决实际问题的能力。能及时对研究过程及研究结果进行审视、反思并优化调整，建构基于证据的、具有说服力的解释，形成比较规范的研究报告或其他形式的研究成果。

4. **创意物化：**　根据学段目标的不同，分为小学阶段、中学阶段和高中阶段目标，即（1）小学阶段，通过动手操作实践，初步掌握手工设计与制作的基本技能；学会运用信息技术，设计并制作有一定创意的数字作品。运用常见、简单的信息技术解决实际问题，服务于学习和生活。（2）初中阶段，运用一定的操作技能解决生活中的问题，将一定的想法或创意付诸实践，通过设计、制作或装配等，制作和不断改进较为复杂的制品或用品，发展实践创新意识和审美意识，提高创意实现能力。通过信息技术的学习实践，提高利用信息技术进行分析和解决问题的能力以及数字化产品的设计与制作能力。（3）高中阶段，积极参与动手操作实践，熟练掌握多种操作技能，综合运用技能解决生活中的复杂问题。增强创意设计、动手操作、技术应用和物化能力。形成在实践操作中学习的意识，提高综合解决问题的能力。

B22. 在理论状态下，贵馆认为开展博物馆研学教育课程，对以下课程目标实现程度情况如何？请分别进行评分（勾选题，1—10 分进行评分，1 分为最不认同，10 分为最认同）

目标＼评分	二级指标	1 分	2 分	3 分	4 分	5 分	6 分	7 分	8 分	9 分	10 分
1. 价值体认	集体思想										
	组织观念										
	行为规范										
	主动分享										
	爱国爱党										
2. 责任担当	自理能力										
	自立精神										
	热爱生活										
	积极参与										
3. 问题解决	发现问题										
	课题研究										
	提出问题										
4. 创意物化	设计制作能力										
	运用信息技术										
	服务学习和生活										

B22.1 在实际实施中，贵馆认为开展博物馆研学教育课程，对以下课程目标实现程度情况如何？请分别进行评分（勾选题，1—10 分进行评分，1 分为最不认同，10 分为最认同）

目标＼评分 / 二级指标	二级指标	1分	2分	3分	4分	5分	6分	7分	8分	9分	10分
1. 价值体认	集体思想										
	组织观念										
	行为规范										
	主动分享										
	爱国爱党										
2. 责任担当	自理能力										
	自立精神										
	热爱生活										
	积极参与										
3. 问题解决	发现问题										
	课题研究										
	提出问题										
4. 创意物化	设计制作能力										
	运用信息技术										
	服务学习和生活										

以下部分词汇注释：

1. **自主性**：在主题开发与活动内容选择时，要重视学生自身发展需求，尊重学生的自主选择。教师要善于引导学生围绕活动主题，从特定的角度切入，选择具体的活动内容，并自定活动目标任务，提升自主规划和管理能力。同时，要善于捕捉和利用课程实施过程中生成的有价值的问题，指导学生深化活动主题，不断完善活动内容。

2. **实践性：** 综合实践活动课程强调学生亲身经历各项活动，在"动手做""实验""探究""设计""创作""反思"的过程中进行"体验""体悟""体认"，在全身心参与的活动中，发现、分析和解决问题，体验和感受生活，发展实践创新能力。

3. **开放性：** 综合实践活动课程面向学生的整个生活世界，具体活动内容具有开放性。教师要基于学生已有经验和兴趣专长，打破学科界限，选择综合性活动内容，鼓励学生跨领域、跨学科学习，为学生自主活动留出余地。要引导学生把自己成长的环境作为学习场所，在与家庭、学校、社区的持续互动中，不断拓展活动时空和活动内容，使自己的个性特长、实践能力、服务精神和社会责任感不断获得发展。

4. **整合性：** 综合实践活动课程的内容组织，要结合学生发展的年龄特点和个性特征，以促进学生的综合素质发展为核心，均衡考虑学生与自然的关系、学生与他人和社会的关系、学生与自我的关系这三个方面的内容。对活动主题的探究和体验，要体现个人、社会、自然的内在联系，强化科技、艺术、道德等方面的内在整合。

5. **连续性：** 综合实践活动课程的内容设计应基于学生可持续发展的要求，设计长短期相结合的主题活动，使活动内容具有递进性。要促使活动内容由简单走向复杂，使活动主题向纵深发展，不断丰富活动内容、拓展活动范围，促进学生综合素质的持续发展。要处理好学期之间、学年之间、学段之间活动内容的有机衔接与联系，构建科学合理的活动主题序列。

B23. 在理论状态下，贵馆认为开展博物馆研学教育，课程中遵循以下原则情况如何？请分别进行评分（勾选题，1—10分进行评分，1分为最不认同，10分为最认同）

原则 / 评分	二级指标	1分	2分	3分	4分	5分	6分	7分	8分	9分	10分
1. 自主性	尊重学生										
	引导学生										
2. 实践性	亲身体验										
	动手参与										
3. 开放性	多领域融合										
	多空间互动										
4. 整合性	整合学生特征										
	整合科技、艺术、道德										
5. 连续性	课程周期连续										
	课程内容连续										

B23.1 在实际实施中，贵馆认为开展博物馆研学教育，课程中遵循以下原则情况如何？请分别进行评分（勾选题，1—10 分进行评分，1 分为最不认同，10 分为最认同）

原则＼评分	二级指标	1分	2分	3分	4分	5分	6分	7分	8分	9分	10分
1. 自主性	尊重学生										
	引导学生										
2. 实践性	亲身体验										
	动手参与										
3. 开放性	多领域融合										
	多空间互动										
4. 整合性	整合学生特征										
	整合科技、艺术、道德										
5. 连续性	课程周期连续										
	课程内容连续										

B24. 贵馆对博物馆课程进校园是否了解？【单选题】

1. 非常了解　　　2. 比较了解　　　3. 一般　　　4. 不了解

B25. 贵馆认为博物馆课程进校园，将博物馆资源转化为学校教育教学资源是否能满足学生的教育发展需求？【单选题】

1. 能满足（跳转 B26）　2. 不能满足　3. 不清楚

B25.1 不能满足或不清楚的原因是：【填空题】

_____

B26. 请简要谈论一下博物馆教育与学校教育之间的联系？【填空题】

_____

B27. 请简要谈论一下博物馆教育与学校教育之间的不同？【填空题】

_____

B28. 未来，贵馆对博物馆课程进校园是否支持？【单选题】

1. 非常支持（跳转 B29）　　2. 比较支持（跳转 B29）

3. 一般（跳转 B29）　　4. 不支持　　5. 非常不支持

B28.1 不支持或非常不支持的原因是：【填空题】

_____

B29. 除了以上方面，您觉得博物馆研学还有哪些是比较重要的呢？【填空题】

_____

B30. 针对当前博物馆进校园工作，您有什么意见和建议？【填空题】

_____

2022年四川省博物馆研学实践教育活动调查问卷（教师卷）

先生/女士，您好！

受四川省文博研学联盟的委托，现开展四川省博物馆研学实践教育活动问卷调查，以便了解研学实践教育活动的受众需求，提高博物馆研学活动的服务质量和服务水平。本次调查只为了解您的真实情况，问题的回答无对错之分，请您如实填写，我们将对您所有的回答严格保密。再次感谢您对本次调查工作的支持。

2023年1月

背景信息题

A1. 请问您在贵校的职务是?【单选题】

1. 学校领导（跳转A4）　2. 德育主任　3. 参与德育的授课教师　4. 其他教师　5. 非学校教务人员（结束调查）

A2. 请问您所教年级是?【单选题】

1. 一年级　2. 二年级　3. 三年级　4. 四年级　5. 五年级
6. 六年级　7. 初一　8. 初二　9. 初三　10. 高一　11. 高二
12. 高三

A3. 请问您所教学科是?【单选题】

1. 语文　2. 数学　3. 英语　4. 音体美等其他学科

A4. 请问您所在学校名称：＿＿＿＿＿＿＿＿；地址：＿＿＿＿市＿＿＿＿区【填空题】

A5. 请问您的教龄是?【单选题】

1. 1年以下　2. 1（含）—5年　3. 5（含）—10年　4. 10（含）—20年　5. 20年及以上

调查正文

B1. 请问您认为什么是"研学活动"?【填空题】

_____

B1.1 请问您认为研学实践教育的目标是什么?【填空题】

_____

B1.2 请问您认为研学课程实施方式包含哪些方面?【填空题】

_____

B1.3 请问您认为研学课程与其他课程间的区别或独特性表现在哪些方面?【填空题】

_____

B2. 贵校是否开展过研学活动?【单选】

1. 开展过（跳转B3）　　　2. 未开展过

B2.1 未开展过的原因是:【填空题】

_____

［"研学"即研究性学习,博物馆研学指利用博物馆资源（藏品、展品、空间、人员等）开发系列课程,在博物馆内开展或者由博物馆方面组织开展的,采用小班制授课（20人左右）,由中小学生参与并自主地运用研究性学习方式获得和应用知识,发现和提出问题,探究和处理解决问题的博物馆学习活动。**以下调查内容中所指"研学活动"均为以上定义。**］

B3. 贵校是否开展过博物馆研学活动？【单选题】

1. 开展过（跳转B4）　　　2. 未开展过

B3.1 您认为当前未开展的原因有以下哪些？【多选题】

1. 学生参与积极性不高　2. 家长支持力度不足　3. 计划安排难度较大　4. 安全保障压力较大　5. 其他（请注明）_____

B3.2 未来是否有计划开展博物馆研学活动？【单选题】（跳转B20）

1. 正在准备开展　2. 未来有意向开展　3. 暂时没有计划

B4. 贵校从什么时间开始开展博物馆研学活动？_____年_____月【填空题】

贵校最近一次开展博物馆研学活动是什么时候？_____年_____月【填空题】

B5. 贵校开展博物馆研学活动的目的是？【多选题】

1. 激发学生学习兴趣　2. 帮助学生理解知识点　3. 提升学生学科素养　4. 丰富课堂形式与内容　5. 其他（请注明）_____

B6. 贵校开展博物馆研学活动的组织实施的方式有哪些？【多选题】

1. 学校自行组织　　2. 学校与第三方机构组织　3. 学校和博物馆及第三方机构合作　4. 其他（请注明）_____

B7. 贵校开展过以下哪些主题的博物馆研学活动？【多选题】

1. 优秀传统文化　2. 革命文化　3. 民族民俗　4. 名校访问　5. 职业体验　6. 社会服务　7. 其他（请注明）_____

B8.　贵校开展过以下哪些教学形式的博物馆研学活动？【多选题】

1.　探究式学习　2.　项目式学习　3.　参观式学习　4.　小组式学习　5.　其他（请注明）_____

B9.　近三年来，贵校和多少所博物馆合作开展过博物馆研学活动？【单选题】

1.　1—3 所　2.　4—6 所　3.　7—9 所　4.　10 所及以上

B9.1 请列举合作过的博物馆：_____【填空题】

B10.　整体来说，贵校每年开展博物馆研学活动的次数是？【单选题】

1.　1 次　2.　2—3 次　3.　4—5 次　4.　5 次及以上

B11.　整体来说，贵校平均开展博物馆研学活动的时长是？【单选题】

1.　半天　2.　一天　3.　两天　4.　两天以上

B12.　贵校开展过以下哪些时间段的博物馆研学活动？【多选题】

1.　周内（周一至周五）上课日　2.　周内（周一至周五）延时课

3.　周末　4.　寒暑假　5.　法定节假日　6.　学校组织春游或秋游的时候　7.　其他时间段（请注明）_____

B13.　贵校认为开展博物馆研学活动较为合适的时间段是？【多选题】

1.　周内（周一至周五）上课日　2.　周内（周一至周五）延时课

3. 周末   4. 寒暑假   5. 法定节假日   6. 学校组织春游或秋游的时候   7. 其他时间段（请注明）＿＿＿＿＿＿＿

B14. 贵校发布研学活动参与信息等主要采用以下哪些方式？【多选题】

1. 微信公众号   2. 微博   3. 学校官网   4. 家长群   5. 其他（请注明）＿＿＿＿＿＿＿

B15. 贵校宣传报道研学活动主要采取以下哪些方式？【多选题】

1. 微信公众号   2. 微博   3. 学校官网   4. 抖音   5. 快手

6. 小红书   7. 电视报纸等传统媒体   8. 其他（请注明）＿＿＿＿＿

B16. 整体来说，请贵校对博物馆研学活动开展效果作出评价？【勾选题】

一级指标	二级指标	三级指标	非常好	比较好	一般	不好	非常不好
研学活动开展效果	学生综合素质提升	增强学生分析问题能力					
		增强学生动手操作能力					
		增强学生创新意识					
		增强学生自理能力					
		增强学生自主学习能力					
		提高学生学习积极性					
	学校自身研学活动的发展	提升学生综合管理素质					
		提高教师教学能力					
		丰富学校研学活动课程					
		增强家长对学校的信任度					
		提高学校影响力					

B16.1 您认为开展博物馆研学活动还有哪些比较好或有待提升的地方？【填空题】

B17. 贵校对博物馆研学活动是否设置了评价体系？【单选题】

1. 是（跳转 B18）　　2. 否

B17.1 未设置评价体系的原因是：【填空题】（跳转 B19）

B18. 贵校对博物馆研学活动设置了哪些评价方法？【多选题】

1. 书面考试　2. 口头评价　3. 竞赛评比　4. 作品展示　5. 汇报表演　6. 手抄报　7. 其他（请注明）_____

B19. 就您而言，平均一年利用博物馆资源开展研学活动课程的次数？【单选题】

1. 利用过3次以上（跳转B20）　　2. 利用过1—3次（跳转B20）　　3. 没有利用过

B19.1 没有利用过的原因是：【填空题】

_____

B20. 您是否前往过博物馆参观学习？【单选题】

1. 是（跳转B21）　2. 否

B20.1 未前往参观的原因是：【填空题】（跳转B22）

B21. 就您而言，前往博物馆参观学习是出于以下哪些目的？【多选题】

1. 个人参观学习　2. 学校课程开发　3. 学校工作组织

4. 其他（请注明）_____

B22. 贵校是否组织过研学活动相关培训？【单选题】

1. 组织过（跳转B22.1）　　2. 未组织过（跳转B22.2）

B22.1 贵校组织过以下哪种形式的研学活动相关培训？【多选题】

1. 学校自行组织开展的培训　2. 聘请高校教师进行技能培训

3. 聘请研学相关机构进行技能培训　4. 与博物馆合作组织开展

培训　5.　其他（请注明）＿＿＿＿＿

B22.2 未组织的原因是：【填空题】

＿＿＿＿＿＿＿＿＿＿＿＿＿＿＿＿＿＿＿＿＿＿＿

B23.　请您对以下研学活动开展 9 大要素重要程度进行评分（勾选题，1—10 分进行评分，1 分为最不重要，10 分为最重要）。

评分 要素	1分	2分	3分	4分	5分	6分	7分	8分	9分	10分
1.　活动中教育、教学的内容质量水平										
2.　讲解与引导服务水平										
3.　安全与保障服务水平										
4.　交通服务水平										
5.　餐饮服务水平										
6.　研学活动价格										
7.　研学活动时长										
8.　研学活动组织主体										
9.　品牌知名度										

B23.1 您认为，一次有意义的博物馆研学活动还应该具备哪些要素?【填空题】

＿＿＿＿＿＿＿＿＿＿＿＿＿＿＿＿＿＿＿＿＿＿＿

B24. 贵校对开展博物馆研学活动所具备要素的需求程度是?【勾选题】

要素	非常有需要	比较有需要	一般	没有需要	完全不需要
1. 讲解服务	1	2	3	4	5
2. 具有经验的老师	1	2	3	4	5
3. 设施设备	1	2	3	4	5
4. 安全保障服务	1	2	3	4	5
5. 经费支持	1	2	3	4	5
6. 专业培训	1	2	3	4	5

B24. 1 您认为还有哪些需求比较重要?

_____

B25. 在实施博物馆研学教育过程中,您认为实现了以下哪些价值体认目标?【勾选题】

要素　　　　评价	实现	未实现
1. 集体思想		
2. 组织观念		
3. 行为规范		
4. 主动分享		
5. 爱国爱党		

B25. 1 在实施博物馆研学教育过程中,请您对以下价值体认目标实现程度分别进行评分(勾选题,1—10 分进行评分,1 分为最不认同,10 分为最认同)。

要素＼评分	1分	2分	3分	4分	5分	6分	7分	8分	9分	10分
1．集体思想										
2．组织观念										
3．行为规范										
4．主动分享										
5．爱国爱党										

B26. 在实施博物馆教育过程中，您认为实现了以下哪些责任担当目标?【勾选题】

要素＼评价	实现	未实现
1．自理能力		
2．自立精神		
3．热爱生活		
4．积极参与		

B26.1 在实施博物馆研学教育过程中，请您对以下责任担当目标实现程度分别进行评分（勾选题，1—10 分进行评分，1 分为最不认同，10 分为最认同）。

要素＼评分	1分	2分	3分	4分	5分	6分	7分	8分	9分	10分
1．自理能力										
2．自立精神										
3．热爱生活										
4．积极参与										

B27. 在实施博物馆教育过程中，您认为实现了以下哪些问题解决目标？【勾选题】

要素 ＼ 评价	实现	未实现
1. 发现问题		
2. 课题研究		
3. 提出想法		

B27.1 在实施博物馆研学教育过程中，请您对以下问题解决目标实现程度分别进行评分（勾选题，1—10 分进行评分，1 分为最不认同，10 分为最认同）。

要素 ＼ 评分	1分	2分	3分	4分	5分	6分	7分	8分	9分	10分
1. 发现问题										
2. 课题研究										
3. 提出想法										

B28. 在实施博物馆教育过程中，您认为实现了以下哪些创意物化目标？【勾选题】

要素 ＼ 评价	实现	未实现
1. 设计制作		
2. 信息技术		
3. 服务学习和生活		

B28.1 在实施博物馆研学教育过程中，请您对以下创意物化目标实现程度分别进行评分（勾选题，1—10 分进行评分，1 分为最不认

同，10 分为最认同）。

要素＼评分	1 分	2 分	3 分	4 分	5 分	6 分	7 分	8 分	9 分	10 分
1. 设计制作										
2. 信息技术										
3. 服务学习和生活										

B29. 贵校对博物馆课程进校园是否了解？【单选题】

1. 非常了解　　　　　2. 比较了解　　　　　3. 一般

4. 不了解

B30. 贵校认为博物馆课程进校园，将博物馆资源转化为学校教育教学资源是否能满足学生的教育发展需求？【单选题】

1. 能满足　　　　　2. 不能满足　　　　　3. 不清楚

B30.1 不能满足或不清楚的原因是：

_____

B31. 请简要谈论一下学校教育与博物馆教育之间的联系？【填空题】

_____

B32. 请简要谈论一下学校教育与博物馆教育之间的不同？【填空题】

_____

B33．未来，贵校对博物馆课程进校园是否支持？【单选题】

1．非常支持（跳转 B34）2．比较支持（跳转 B34）　3．一般
（跳转 B34）　4．不支持　5．非常不支持

B33.1 不支持和非常不支持的原因是：

B34．除了以上方面，您觉得博物馆研学还有哪些是比较重要
的呢？

_____

B35．针对当前博物馆进校园工作，您有什么意见和建议？

_____

2022 年四川省博物馆研学实践教育活动——博物馆微信公众号运营情况调查问卷

_____先生/女士，您好！

受四川省文博研学联盟的委托，现开展四川省博物馆研学实践教育活动问卷调查，以便了解研学实践教育活动的受众需求，提高博物馆研学活动的服务质量和服务水平。本次调查只为了解您的真实情况，问题的回答无对错之分，请您如实填写，我们将对您所有的回答严格保密。再次感谢您对本次调查工作的支持。

2023 年 1 月

甄别题

S1. 请问您在贵馆的职务是：

1. 微信公众号运行工作人员

2. 非微信公众号运行工作人员（直接结束）

背景信息题

A1. 请问您所在博物馆名称：_____【填空题】

调查正文

B1. 贵馆是否开设微信公众号？【单选题】

1. 是（跳转 B2）   2. 否（结束调查）

B1.1 未开设的原因是：

_____

B2. 贵馆微信公众号名称：＿＿＿＿＿＿＿；开设时间：＿＿＿＿年
＿＿＿＿月【填空题】

B3. 贵馆微信公众号日常运营的主体是?【单选题】

1. 博物馆自己　　　2. 聘请第三方公司运营　　　3. 其他（请
注明）＿＿＿＿＿

B4. 截至目前，贵馆微信公众号是否正常运营?

1. 是（跳转B5）　　　2. 否

B4.1 未正常运营的原因是：

＿＿＿＿＿＿＿＿＿＿＿＿＿＿＿＿＿＿＿＿＿＿＿＿＿＿＿＿＿＿＿

B5. 截至目前，贵馆是否使用过微信公众号宣传报道研学实践教
育活动?

1. 是　　　2. 否（跳转B9）

B5.1 未使用的原因是：

＿＿＿＿＿＿＿＿＿＿＿＿＿＿＿＿＿＿＿＿＿＿＿＿＿＿＿＿＿＿＿

B6. 贵馆最近一次使用微信公众号宣传报道研学实践教育活动是
什么时间：＿＿＿＿年＿＿＿＿月；阅读量是多少：＿＿＿＿＿＿；报道主要
内容是：＿＿＿＿＿＿【填空题】

B7. 近一年，贵馆使用微信公众号宣传报道研学实践教育活动总
次数：＿＿＿＿＿＿；总篇次：＿＿＿＿＿＿；总阅读量：＿＿＿＿＿＿【填
空题】

B8. 整体来说，贵馆平均每月使用微信公众号宣传报道研学实践教育活动的次数是？【单选题】

1. 1 次　　2. 2—3 次　　3. 4 次及以上

B9. 整体来说，贵馆平均每月更新微信公众号内容的次数是？【单选题】

1. 1—3 次　　2. 4—6 次　　3. 7—9 次　　4. 10 次及以上

B10. 贵馆日常运营微信公众号有以下哪些主题内容？【多选题】

1. 研学活动内容　2. 博物馆宣传介绍　3. 博物馆工作动态

4. 博物馆展览活动　5. 其他（请注明）＿＿＿＿＿＿＿

272 · 博物馆研学实践教育研究

2022年四川省博物馆研学实践教育活动
学校教师访谈提纲

访谈时间：_____　　访谈地点：_____

访谈者：_____　　受访者：_____

受访者所在单位：_____

受访者职务：_____

背景介绍：

您好，我们受四川省文博研学联盟的委托，现开展四川省博物馆研学实践教育活动访谈，以便了解研学实践教育活动的受众需求，进一步提高博物馆研学活动的服务质量和服务水平。

1. 当前教育部门支持学校开展研学活动，您认为博物馆教育对学生的教育是否必要，怎么看待？具有哪些意义？

［"研学"即研究性学习，博物馆研学指利用博物馆资源（藏品、展品、空间、人员等）开发系列课程，在博物馆内开展或者由博物馆方面组织开展的，采用小班制授课（20人左右），由中小学生参与并自主地运用研究性学习方式获得和应用知识，发现和提出问题，探究和处理解决问题的博物馆学习活动。］

2. 请问贵校是否开展了该类型的研学活动？

（若开展过，需要了解以下信息）

2.1 了解从多久开始与博物馆联合开展研学活动，活动场所、活动目的（对学生的培养方向）、活动时间、活动频率、覆盖年级、覆盖学生数量？

2.2 开展过哪些主题的研学活动课程？课程开展大致流程？（包含从活动前期准备、课程如何设计、授课方式、授课老师一般来自哪里等方面）

2.3 在课程设计过程中，您是如何将课程与博物馆资源相结合，过程中是否存在困难?

2.4 活动课程的开展主体是谁?（学校完全自主开展，还是需和第三方机构合作）学校和哪些机构开展了合作?

（若未开展过，需要了解以下信息）

2.5 未开展的原因（分别从政策、资源、客观的其他条件等了解追问），存在哪些困难?（资金、时间、政策、安全、内容等）

2.6 贵校认为如何有效地将博物馆资源和学校资源相结合，开发设计出高质量的课程?（如博物馆层面、学校层面以及其他层面）

2.7 学校在博物馆资源转化为学校教育教学资源方面，有什么现实需求/支持?（特别询问博物馆层面需提供的支持）

3. 您认为博物馆研学课程和学科课程两者之间的联系与差异，相较于学科课程有哪些作用?

4. 您认为博物馆教育和学校教育两者之间有什么相同与不同?

5. 贵校的领导和老师对博物馆进校园工作是什么态度?

6. 当前，教育部等部门提倡利用博物馆资源开展中小学生教育教学，四川省博物馆拟联合学校，聚焦学生综合素质教育提升，结合博物馆资源开发设计出如手工、科学探索等方面的延时课程，活动开展地点可以是博物馆或学校，请问贵校是什么态度? 是否支持合作? 您认为哪些方面重要?

7. 您对博物馆课程进校园工作的建议和意见?

2022 年四川省博物馆研学实践教育活动
博物馆访谈提纲

访谈时间：_____　　访谈地点：_____

访谈者：_____　　受访者：_____

受访者所在单位：_____

受访者职务：_____

背景介绍：

您好，我们受四川省文博研学联盟的委托，现开展四川省博物馆研学实践教育活动访谈，以便了解研学实践教育活动的受众需求，进一步提高博物馆研学活动的服务质量和服务水平。

1. 当前教育部门支持学校开展研学活动，您认为博物馆教育对学生的教育是否必要，怎么看待？具有哪些意义？

［"研学"即研究性学习，博物馆研学指利用博物馆资源（藏品、展品、空间、人员等）开发系列课程，在博物馆内开展或者由博物馆方面组织开展的，采用小班制授课（20 人左右），由中小学生参与并自主地运用研究性学习方式获得和应用知识，发现和提出问题，探究和处理解决问题的博物馆学习活动。］

2. 请问贵馆是否开展过此类的研学活动？（若开展过，需要了解以下信息）

2.1 了解从多久开始开展的，开展过哪些主题，活动时间、活动频率，主要覆盖哪些年级、覆盖多少学生？

2.2 活动开展地点？（博物馆内、学校还是其他地方）

2.3 课程设计过程中，如何将课程与博物馆资源相结合，过程中是否存在困难？

2.4 课程开展大致流程？（包含从活动前期准备、课程如何设计、

授课方式、授课老师一般来自哪里等方面）

2.5 活动开展模式？（博物馆完全自主开展，还是需和学校或第三方机构合作？哪些学校或第三方机构？）

（若未开展过，需要了解以下信息）

2.6 未开展的原因（分别从政策、资源、客观的其他条件等了解追问），存在哪些困难？（资金、时间、政策、安全、内容等）

2.7 贵馆认为如何有效地将博物馆资源和学校资源相结合，开发设计出高质量的课程？（如博物馆层面、学校层面以及其他层面）

3. 您认为博物馆研学课程和学科课程两者之间的联系与差异，相较于学科课程有哪些作用？

4. 您认为博物馆教育和学校教育两者之间有什么相同与不同？

5. 贵馆对博物馆进校园工作是什么态度？

6. 当前，教育部等部门提倡利用博物馆资源开展中小学生教育教学，四川省博物馆拟联合学校，聚焦学生综合素质教育提升，结合博物馆资源开发设计出如手工、科学探索等方面的延时课程，活动开展地点可以是博物馆或学校，请问贵馆有什么好的建议或意见？

7. 您对博物馆课程进校园工作的建议和意见？

| 主要参考文献 |

一、研究著作

陈端志编著：《博物馆学通论》，上海：上海市博物馆，1936 年。

段勇：《当代美国博物馆》，北京：科学出版社，2003 年。

费畊雨、费鸿年编：《博物馆学概论》，上海：中华书局，1936 年。

顾明远主编：《教育大辞典》，上海：上海教育出版社，1998 年。

黄琛：《中国博物馆教育十年思考与实践》，《中国学术期刊（光盘版）》电子杂志社有限公司，2017 年。

刘占兰：《学前儿童科学教育（第二版）》，北京：北京师范大学出版社，2008 年。

单霁翔：《从"馆舍天地"走向"大千世界"——关于广义博物馆的思考》，天津：天津大学出版社，2011 年。

宋向光：《物与识——当代中国博物馆理论与实践辨析》，北京：科学出版社，2009 年。

苏东海：《博物馆的沉思——苏东海论文选》，北京：文物出版社，2006 年。

王宏钧：《中国博物馆学基础》，上海：上海古籍出版社，1990 年。

夏征农、陈至立：《辞海：第六版缩印本》，上海：上海辞书出版社，2010 年。

严建强：《博物馆的理论与实践》，杭州：浙江教育出版社，1998 年。

杨玲、潘守永主编：《当代西方博物馆发展态势研究》，北京：学苑出版社，2005 年。

叶澜主编：《教育学原理》，北京：人民教育出版社，2007 年。

张华：《综合实践活动课程研究》，上海：上海科技教育出版社，2009 年。

张晓云：《县级博物馆治理研究——基于现代公共文化服务体系视角》，北京：科学出版社，2021 年。

郑奕：《博物馆教育活动研究》，上海：复旦出版社，2015 年。

中国博物馆协会社会教育专业委员会：《中国博物馆开放服务指南》，北京：《中国学术期刊（光盘版）》电子杂志社有限公司，2019 年。

中国大百科全书总编辑委员会《文物·博物馆》编辑委员会：《中国大百科全书·文物博物馆》，北京：中国大百科全书出版社，2004 年。

中国社会科学院语言研究所词典编辑室：《现代汉语词典》（第 5 版），北京：商务印书馆，2005 年。

中华人民共和国教育部制定：《义务教育美术课程标准》，北京：北京师范大学出版社，2011 年。

钟启泉：《现代课程理论》，上海：上海教育出版社，1989 年。

［法］斯坦尼斯拉斯·迪昂著；周加仙译：《脑的阅读》，北京：中信出版社，2011 年。

［美］杰罗姆·S. 布鲁纳：《教育过程》，上海：上海人民出版社，1963 年。

［美］乔治 E. 海因著；李中、隋荷译：《学在博物馆》，北京：北京

燕山出版社，2010 年。

〔美〕贾珀尔·L. 鲁普纳林、詹姆斯·E. 约翰逊主编；黄瑾等译：《学前教育课程》，上海：华东师范大学出版社，2004 年。

〔苏〕B. A. 苏霍姆林斯基著；杜殿坤编译：《给教师的建议》，北京：教育科学出版社，1984 年。

〔英〕帕特里克·博伊兰主编；黄静雅、韦清琦译：《经营博物馆》，北京：译林出版社，2010 年。

American Association of Museums （AAM）: Excellence and Equity, Washington DC, 1992.

Jerome S. Bruner: The Process of Education, Harvard University Press, 1960.

Department for Education and Skills: Learning Outside the Classroom Manifesto, Department for Education and Skills Publications, 2006.

Eilean Hooper-Greenhill, Jocelyn Dodd, Claire Creaser-LISU, Richard Sandell, Ceri Jones, Anna Woodham: Inspiration, Identity, Learning: The Value of Museums （SECOND STUDY）. Research Centre for Museums and Galleries （RCMG）, 2007.

Eilean Hooper-Greenhill: Museum and Gallery Education, Leicester University Press, 1994.

George E. Hein: Learning in the Museum, Routledge, 2002.

Hirzy, E. （Ed）: True Needs, True Partners: Museum Transforming Schools. Institute of Museum and Library Services, 1996.

Institute of Museum and Library Services （IMLS）: True Needs, True Partners: Museums Serving Schools 2002 Survey Highlights, 2002.

Jocelyn Dodd, Ceri Jones: Articulate: An Evaluation of the National

Gallery's Secondary School Literacy Project (2008 – 2009), Research Centre for Museums and Galleries (RCMG), 2009.

John Dewey: Democracy and Education: An Introduction to the Philosophy of Education, MacMillan Company, 1916.

John Howard Falk, Lynn Diane Dierking: Learning from Museums: Visitor Experiences and the Making of Meaning, Altamira Press, 2000.

Kaleen E. Povis: A Unifying Curriculum for Museum-Schools, University of Washington, 2011.

Lawrence Black: "Making Britain a Gayer and More Cultivated Country": Wilson, Lee and the Creative Industries in the 1960s, Contemporary British History, 2006.

Martin S. Dworkin: Dewey on Education Selections: My Pedagogic Creed, Teachers College, Columbia University, 1959.

National Council for the Social Studies: Expectations of Excellence: Curriculum Standards for Social Studies. Washington: NCSS, 1994.

L. J. Rennie: "Learning Science Outside of School", Norman G. Lederman, Sandra K. Abell (Ed): Handbook of Research on Science Education, Routledge, 2007.

Viv Golding: Learning at the Museum Frontiers: Identity, Race and Power, Ashgate Publishing Company, 2012.

［日］浜田弘明:《博物館の理論と教育》, 朝倉書店, 2014。

小笠原喜康、並木美砂子、矢島國雄共編著:《博物館教育論: 新しい博物館教育を描きだす》, 日本: ぎょうせい, 2012。

《新しい時代の博物館制度の在り方について》, 2007。

二、研究论文

安来顺：《二十世纪博物馆的回顾与展望》，《中国博物馆》2001 年第 1 期。

陈曾路：《体系和品牌——博物馆未成年人教育的一些思考与实践》，《中国博物馆》2017 年第 4 期。

陈慰：《博物馆教育课程设计的理论与实践》，《中国博物馆》2020 年第 4 期。

陈娅：《当代日本美术馆学艺员制度研究》，《中国美术馆》2016 年第 2 期。

董丹：《日本博物馆的公众教育》，《故宫学刊》2014 年第 2 期。

范并思：《核心价值：图书馆学的挑战》，《图书与情报》2007 年第 3 期。

方红峰：《综合课程的类型及其设计取向》，《学科教育》2000 年第 5 期。

郭红霞：《综合实践活动如何落实价值体认?》，《中国德育》2018 年第 2 期。

果美侠：《大都会艺术博物馆教育工作述评》，《中原文物》2011 年第 2 期。

何琦、王军：《从人本主义学习论看博物馆的展览设计 ——来自现代欧洲博物馆的启示》，《科普研究》2008 年第 3 期。

核心素养研究课题组：《中国学生发展核心素养》，《中国教育学刊》2016 年第 10 期。

湖南省博物馆"中国博物馆与青少年儿童教育项目"赴美学习考察小组：《浅谈当代美国博物馆教育——湖南省博物馆教育人员赴美考察报告》，《湖南省博物馆馆刊（第七辑)》，2011 年。

黄琛：《成长，在博物馆发生》，《教育家》2021 年第 40 期。

黄琼：《中小学职业体验活动要抓住关键要素——〈中小学综合实践活动课程指导纲要〉"职业体验"主题解读》，《人民教育》2018 年第 Z1 期。

姜英敏、闫旭：《研学旅行制度建设的国际经验》，《人民教育》2019 年第 24 期。

李飞：《社会、学校与家庭：民国人对博物馆教育功能的引介和实践》，《东南文化》2014 年第 1 期。

李河：《"一臂间距"原则与艺术理事会》，《中国社会科学院院报》2008 年第 5 期。

李宏坤：《近年来英国博物馆的新变化》，《博物馆研究》2015 年第 3 期。

李文晴：《博物馆探究式学习单引导孩子探究式学习的尝试 ——以上海科技馆智慧之光展区"哪个滚得快"展品为例》，《科普研究》2019 年第 6 期。

梁烜：《中小学如何开展考察探究活动 ——〈中小学综合实践活动课程指导纲要〉"考察探究"主题解读》，《人民教育》2018 年第 Z1 期。

廖敦如：《我的教室在博物馆：英美"馆校合作"推展及对我国的启示》，《博物馆学季刊》19 卷 4 期，2005 年。

刘伟霞：《馆校结合场馆内开展职业体验课程探索》，《科技视界》2021 年第 6 期。

刘玉珍：《浅议博物馆免费开放后的社会教育工作》，《中原文物》2008 年第 5 期。

柳夕浪、张珊珊：《素养教学的三大着力点》，《中小学管理》2015 年第 9 期。

孟令红：《日本中小学的综合学习时间课程》，《北京教育（普教版）》2010 年第 9 期。

孟祥林：《英国日本教学过程比较与我国的发展策略研究》，《湖南师范大学教育科学学报》2006 年第 1 期。

穆瑞凤：《一臂间距：英国政府对博物馆的管理》，《博物馆管理》2020 年第 3 期。

庞维国：《90 年代以来国外自主学习研究的若干进展》，《心理学动态》2000 年第 4 期。

庞维国：《论学生的自主学习》，《华东师范大学学报（教育科学版）》2001 年第 2 期。

曲晓亮：《从美国的太空营看我的科普教育》，《国际人才交流》2019 年第 10 期。

冉源懋、王浩霖：《研学旅行的英国实践及启示》，《西南交通大学学报（社会科学版）》2019 年第 3 期。

任翠英、朱益明：《英国校外场馆教育活动的开展及启示》，《基础教育》2017 年第 2 期。

单霁翔：《博物馆的社会责任与社会教育》，《东南文化》2010 年第 6 期。

宋超、孟俊岐：《发达国家环境教育体验式教学特点探析》，《环境教育》2016 年第 4 期。

宋时春、田慧生：《问题解决学习：综合实践活动实施的重要方法》，《课程·教材·教法》2015 年第 7 期。

宋向光：《大学博物馆核心价值：知识构建与科学创新》，《中国高等教育》2015 年第 1 期。

苏东海：《〈中国博物馆群众教育工作手册〉序言》，《中国博物馆》

1992 年第 4 期。

唐秀美：《浅谈维果茨基及"社会文化历史发展理论"对我国教育的启示》，《科技信息》2011 年第 34 期。

万瑾、陈勇：《发达国家森林教育的发展及其教育启示》，《外国中小学教育》2013 年第 8 期。

王彬：《免费开放后区域博物馆如何更好地发挥教育职能》，《中国博物馆》2008 年第 4 期。

王芳：《活力与故事的力量——美国博物馆联盟 2013 年年会纪实》，《中国博物馆》2013 年第 3 期。

王国云：《英国博物馆式教育对我国综合实践活动的启示》，《教学与管理》2016 年第 8 期。

王文：《美术馆是现代国民教育体系的重要组成部分——英国第一地点当代艺术馆交流记》，中国对外文化交流协会编：《他山之石可以攻玉——艺术专业与管理人才国际交流项目成果册（综合）》，江苏凤凰美术出版社，2019 年。

王霞、何云峰、高志强：《研学实践活动的国际向度及本土镜鉴》，《煤炭高等教育》2021 年第 3 期。

王晓燕：《研学旅行的基本内涵和核心要义——〈关于推进中小学生研学旅行的意见〉读解》，《中小学德育》2017 年第 9 期。

王学东：《语言：语文课程的本体价值》，《中学语文教学》2015 年第 3 期。

吴刚平：《校本课程开发活动的类型分析》，《教育发展研究》1999 年第 11 期。

吴颖惠、宋世云、刘晓宇：《中小学研学旅行课程设计与实施策略》，《上海教育科研》2021 年第 3 期。

严建强：《博物馆与观众——介绍肯尼思·赫德森的〈博物馆社会史〉》，《中国博物馆》1987 年第 1 期。

阳黔花：《美国多学科艺术教育模式对我国艺术教育的启示》，《河南社会科学》2009 年第 3 期。

杨培禾：《实践育人：综合实践活动课程的核心价值》，《中国德育》2018 年第 2 期。

杨铁男：《美国非营利机构现状——以纽约艺术基金会为例》，中国对外文化交流协会编：《他山之石可以攻玉——艺术专业与管理人才国际交流项目成果册（综合）》，江苏凤凰美术出版社，2019。

于书娟、王媛、毋慧君：《我国研学旅行问题的成因及对策》，《教学与管理》2017 年第 19 期。

张春莉、王艳芝、程黎等：《创意物化的理论探析与实践思考》，《中国教育学刊》2020 年第 9 期。

张华：《论"研究性学习"课程的本质》，《教育发展研究》2001 年第 5 期。

张华：《论"综合实践活动"课程的本质》，《全球教育展望》2001 年第 8 期。

张华：《论课程目标的确定》，《外国教育资料》2000 年第 1 期。

张曦：《当代英国博物馆教育研究》，《辽宁省博物馆馆刊》2010 年。

赵政原：《日本研学旅行的发展历程与启示》，《旅游论坛》2020 年第 5 期。

郑旭东、李洁：《经验、教育与博物馆：走近杜威的博物馆教育思想》，《现代远程教育研究》2019 年第 1 期。

郑旭东：《从博物馆教育到场馆学习的演进：历史与逻辑》，《现代教育技术》2015 年第 2 期。

钟玲：《"家庭学习"理念与博物馆教育研究初探——以美国印第安纳波利斯儿童博物馆为例》，《博物馆研究》2016 年第 2 期。

钟玲：《成为重要的教育合作伙伴——美国博物馆青少年美术教育理念及案例研究》，《中国美术教育》2016 年第 3 期。

钟玲：《创新博物馆教育，传承和保护非物质文化遗产》，《国际博物馆（中文版）》2016 年 Z1 期。

钟玲：《美国"站起来反对霸凌"教育活动及我国校园霸凌预防策略》，《现代中小学教育》2016 年第 5 期。

钟玲：《美国儿童博物馆的"家庭学习"理念及儿童需求导向》，中国对外文化交流协会编：《他山之石可以攻玉——艺术专业与管理人才国际交流项目成果册（视觉）》，江苏凤凰美术出版社，2019。

钟玲：《一个延伸的"城市博物馆之旅"》，中国国家博物馆社会教育部主编：《馆校合作背景下博物馆实践课程开发研究与探索论文集》，商务印书馆国际有限公司，2020 年。

朱峤：《将博物馆资源融入学校教育的制度设计研究》，《中国博物馆》2016 年第 3 期。

朱峤：《美国博物馆学校的运营模式和教育实践初探》，《博物馆研究》2016 年第 2 期。

朱恬恬：《基于多元智能理论的综合实践活动课程评价研究》，《当代教育论坛》2011 年第 9 期。

［美］海伦·香农、伍彬：《美国博物馆教育的历史与现状》，《博物院》2018 年第 4 期。

［日］犬丸直，郁阳译：《日本博物馆现状及其社会教育》，《中国博物馆》1989 年第 2 期。

［日］天笠茂，李季湄译：《论综合学习与综合学习课程》，《教育发

展研究》2001 年第 1 期。

Ambach, G.: Museums as Places of Learning. Museum News, 1986, 65 (2).

Elliott Kai-Kee: Professional Organizations and the Professionalizing of Practice, Journal of Museum Education, 2012.

Emily Curran: Discovering the History of Museum Education, The Journal of Museum Education, 1995 (2).

George E. Hein: The Constructivist Museum, Journal of Education in Museums, 1995 (16).

George E. Hein: John Dewey and Museum Education, Curator: The Museum Journal, 2004 (4).

George E. Hein: Museum Education, Sharon Macdonald: A Companion to Museum Studies, Malden, MA: Blackwell, 2006.

Geraline Kendall: Trends Watch Takeover Days, Museums Journal, 2014, 11.

Kipi Rawlins: Educational Metamorphosis of the American Museum, Studies in Art Education, 1978 (1).

David F. Labaree: Progressivism, Schools and Schools of Education: An American Romance, Paedagogica Historica, 2005 (1 - 2).

McGrath, K., M.: Tax Reform Act of 1969, Museum News, 1970 (6).

Schauble L., Leinhardt G., Martin L.: A Framework for Organizing a Cumulative Research Agenda in Informal Learning Contexts, The Journal of Museum Education, 1997, 22 (2).

Seybolt, G., C.: Letter to the Editor, Art in America, 1971 (6).

Maria Xanthoudaki: Is It Always Worth the Trip? The Contribution of Museum and Gallery Education Programmes to Classroom Art Education, Cambridge Journal of Education, 1998, 28 (2).

三、学位论文

董丹：《中日博物馆理论与实践比较研究——以博物馆展览、教育、修复为例》，中国艺术研究院硕士学位论文，2011 年。

段炼：《从二十世纪美国博物馆教育理念看博物馆教育角色的演变》，中南大学硕士学位论文，2012 年。

李慧竹：《中国博物馆学理论体系形成与发展研究》，山东大学博士学位论文，2007 年。

李树培：《综合实践活动课程学生评价研究》，华东师范大学硕士学位论文，2003 年。

陆芳芳：《美国博物馆教育研究》，浙江大学硕士学位论文，2013 年。

杨小婵：《小学研学旅行课程目标制定的检视——以成都市 S 小学为例》，四川师范大学硕士学位论文，2020 年。

杨兴国：《幼儿园科学领域课程目标研究》，西南大学硕士学位论文，2011 年。

张曦：《英国博物馆教育的初步研究》，吉林大学硕士学位论文，2008 年。

钟玲：《基于博物馆资源的青少年美术教育研究——以四川博物院汉代艺术典藏为例》，四川大学硕士学位论文，2015 年。

朱华俊：《日本博物馆教育研究》，华中师范大学硕士学位论文，2018 年。

四、法律法规、规范性文件

北京市教育委员会、北京市财政局：关于印发《北京市中小学生培育和践行社会主义核心价值观"四个一"活动项目管理办法》的通知，2016 年 10 月 13 日。

国际博物馆协会：《国际博物馆协会章程》，2007 年 8 月 24 日。

国家文物局、教育部：《关于加强文教结合、完善博物馆青少年教育功能的指导意见》，2015 年 5 月 6 日。

国家文物局：《博物馆定级评估办法》，2020 年 1 月。

国家文物局：《博物馆事业中长期发展规划纲要（2011—2020 年）》，2011 年 12 月 28 日。

国家文物局：《博物馆运行评估办法》，2022 年 11 月 8 日。

国家文物局：《国家文物事业发展"十三五"规划》，2017 年 2 月 21 日。

国务院：《博物馆条例》，2015 年 3 月 20 日。

国务院：《中华人民共和国文物保护法实施条例》，2003 年 7 月 1 日。

全国人民代表大会常务委员会：《中华人民共和国公共文化服务保障法》，2016 年 12 月 25 日。

全国人民代表大会常务委员会：《中华人民共和国文物保护法》，2017 年 11 月 5 日。

中共中央办公厅、国务院办公厅：《关于加快构建现代公共文化服务体系的意见》，2015 年 1 月 14 日。

中共中央办公厅、国务院办公厅：《关于全面加强和改进新时代学校美育工作的意见》，2020 年 10 月 15 日。

中共中央办公厅、国务院办公厅：《关于实施中华优秀传统文化传承发展工程的意见》，2017 年 1 月 25 日。

中共中央办公厅、国务院办公厅：《新时代爱国主义教育实施纲要》，2019 年 11 月。

中共中央办公厅、国务院办公厅：《新时代公民道德建设实施纲要》，2019 年 10 月。

中华人民共和国教育部、国家文物局：《关于利用博物馆资源开展中小学教育教学的意见》，2020 年 9 月 30 日。

中华人民共和国教育部：《中小学德育工作指南》，2017 年 8 月 17 日。

中华人民共和国教育部：《中小学综合实践活动课程指导纲要》，2017 年 9 月 25 日。

中华人民共和国文化部：《博物馆管理办法》，2005 年 12 月 22 日。

中共中央宣传部、财政部、文化部、国家文物局：《关于全国博物馆、纪念馆免费开放的通知》，2008 年 1 月 23 日。

中央宣传部、国家发展改革委、教育部等：《关于推进博物馆改革发展的指导意见》，2021 年 5 月 24 日。

五、报纸期刊

《习近平春节前夕赴陕西看望慰问广大干部群众》，《人民日报》，2015 - 02 - 17。

曹兵武：《关于博物馆的核心价值——苏东海先生访谈》，《中国文物报》，2007 - 12 - 28。

黄燕：《量身定制：打造馆校合作立体化平台——国外博物馆教育经验及启示》，《中国教育报》，2021 - 05 - 20。

单霁翔：《抓住历史机遇，推进新时期中国博物馆的蓬勃发展》，《光明日报》，2010 - 11 - 05。

沈岩：《从免费开放反思当前博物馆教育的改革》，《中国文物报》，2010 - 02 - 24。

王珏：《人民日报新评弹：把博物馆装进书包》，《人民日报》，2014 - 05 - 15。

|后 记|

　　本书是十年来笔者在博物馆实践、研究和思考的结晶，汇聚了这个阶段笔者 20 余篇论文、一部青少年文化读本、10 个课题和若干项目的研究成果，也反映了四川博物院在这十年间博物馆教育的经历和发展轨迹。2008 年至 2011 年，笔者由原文化部选派赴美国洛杉矶，担任中国驻美国洛杉矶总领事馆文化副领事，从那时起笔者就持续关注欧美博物馆的运营和发展。回国后笔者一直从事博物馆教育及中国古代文化史的研究与实践。2015 年，笔者受中国对外文化交流协会和国家艺术基金委派，前往美国印第安纳波利斯儿童博物馆开展实习交流，重点是博物馆儿童教育、陈列展示及博物馆公共文化服务研究，在"后台"观察和研究美国博物馆同行是如何工作的，并一起开展讨论，这大大提升了笔者的博物馆研究水平，回国后对实际工作亦大有裨益。

　　2015 年底，笔者担任了四川省博物馆教育研究所（以下简称博教所）所长，博教所是经省文化厅、教育厅党组批准，由四川博物院与四川省教育科学研究所联合发起创建，旨在搭建馆校合作平台，促进博物馆教育与学校教育深度融合的机构。博教所通过申请国家级与省级课题，利用互联网＋深化远程教育项目，在"四川省教育资源公共服务平台"上建立了"文博教育"板块，在全省创建了 68 所文博教育示范学校，举办文博赛课，建立学校博物馆，培养中小学教师利用博物馆资源开展教学，将研究成果惠及四川广大民族地区及偏远地区，建立广覆盖、普惠性的远程博物馆教育体系。2018 年，由笔者主持的省部级课题"公共文化服务与教育融合发展研究——巴蜀历史文化课程设计"顺利结项，其成果及课程设计模式也成功运用到多个博物馆研学实践课程中。与国内其他博物馆一样，四川博物院的教育之路也是从无到有，课程与活动是在懵懵懂懂摸索的过程中逐渐丰富起来的。"好事尽从难处得，少年无向易中轻。"可贵的是，笔者和同事们坚持走在奋斗之路上，秉承"一个博物院就是一所大学校"的使命感和责任感，提高文物研究阐释和展示传播水平，努力让文物真正活起来，成为加强社会主义精神文明建设的深厚滋养。

本书成书的最大难度在于，"教育学""课程论"等并非笔者的专业，需要在工作中边学习边实践，再从实践中不断反思和总结。"知之愈明，则行之愈笃。行之愈笃，则知之益明。"笔者和同事一同策划、研发和执行课程，在无数次的磨课以及与学生面对面的教学和交流中，将博物馆研学实践教育的思路和方向逐渐厘清。如何突破行业发展的瓶颈，落实博物馆培根铸魂使命的路径也渐渐明晰，我们终究要向着提出理论性的、普适性的、属于博物馆的教育理念迈进，并在这样的理念下做到"知而后行"，夯实博物馆研学实践教育的根基，助力博物馆教育高质量发展。

"博观而约取，厚积而薄发。"笔者成书的艰辛在于利用时间的缝隙写作。工作任务繁重，需要在管理和事务性工作与学术研究间寻找平衡，唯有高效才能突破。除了工作以外，生活、家庭，为人妻、为人母、为人子，多重角色缺一不可，不敢轻言放弃，始终以"踔厉奋发、勇毅前行"的精神鼓励自己坚持写作。整块的时间没有，就利用碎片时间思考，先写上要点，有时间写作的时候方能一气呵成。历经一年多时间，本书得以最终成稿，顿感如释重负。尤其值得高兴的是，自己用心用情将所思所行倾注于笔尖，用"立言"的方式可以让后来人少走弯路，减少挫折和失败，站在新起点上创造更好的成绩，这对笔者来说正是写作本书的意义和价值所在。

党的二十大报告提出"健全学校家庭社会育人机制"，进一步确立了家庭教育、社会教育在我国教育体系中的重要地位。全社会应该在教育理念、教育方式和促进儿童全面而有个性的发展等方面协同，为儿童提供良好的环境和高质量的课程、实践活动等。二十大报告明确了"健全现代公共文化服务体系""增强中华文明传播力影响力"等发展方向，为博物馆人推进文化自信自强，增强中华文明传播力影响力擘画了美好蓝图。博物馆教育工作在新时代必然能焕发蓬勃生机和活力，想到这里，笔者内心就生发出无限的动力。对我国博物馆研学实践教育的研究和推广还将继续，并且随着越来越多的博物馆、学校和家庭充分投入这项功在当代，利在千秋的事业中来，中国的博物馆学的理论研究也必将更加深入和完善，中国的博物馆事业必将用社会主义先进文化、革命文化、中华优秀传统文化培根铸魂，为建设社会主义文化强国，全面建设社会主义现代化国家、全面推进中华民族伟大复兴贡献博物馆力量。

这里我要衷心感谢我的服务单位四川博物院的领导和同事们对我无私的支持与信任，赋能我持续不断地在博物馆研学实践教育和公共文化服务之路上的探索与追求。在本书的撰写过程中，我有幸得到了深圳博物馆黄琛馆长，成都师范学院副教授、四川省基础教育研究中心副主任徐猛老师等给予的专业指导。此外，鸣谢为本研究提供了数据支持的四川省文博研学联盟的同志们，以及接受本研究调查与访谈的所有校长、教师、文博同人、同学和家长。四川大学博物馆的张苹教授为本书的顺利出版给予了不可或缺的贡献，非常感谢。四川人民出版社的编辑王卓熙老师、设计师张迪茗老师等为本书提出了特别好的专业性修改意见。没有各位师长的关爱和支持，就没有本书的顺利面世，在此，深深表达我的致敬和谢意！

此外，要特别感谢我的家人，默默承担家务和育儿的重任，用爱、包容与无私的支持帮助我如期完成本书，鼓励我坚持与奋斗，令我感动万分。

博物馆浩如烟海的藏品需要我们深度挖掘内涵，展示和传播的背后是以科学研究作为强有力的支撑。我有幸选择与博物馆同行，为能向社会提供高水平的公共文化服务而自豪，为参与构建终身学习体系贡献博物馆力量而深感荣幸。

人生如逆旅，我亦是行人。

钟玲

2023 年 2 月于成都浣花溪